Unterrichtsmodell

Christa Wolf

Kassandra

erarbeitet von Barbara Schubert-Felmy

herausgegeben von Johannes Diekhans

EinFach DEUTSCH

Schöningh

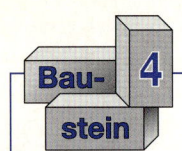

Bau-stein 4

Kassandra Stufen ihrer Entwicklung S. 39–50 im Modell

4.1	Kassandra als Priesterin und Seherin	z.B.: S. 6, 28f., 34f., 66, 138 (Rückgriff auf Arbeitsblatt 2) 79	Textarbeit, Folienbild, Mimetisches Gespräch (Kassandra), Schreibaufgabe, Szenisches Spiel
4.2	Kassandras Angst und Todesbereitschaft und ihr Wunsch nach einem ganzheitlichen, selbstbestimmten Leben	Rückgriff auf Arbeitsblatt 2 ges. Buch	Erstellen eines Clusters Einzelarbeit/Unterrichtsgespräch Tafelbild Mimetisches Gespräch mit den Gewährsfiguren für Kassandra Zusatzmaterial 6: Auszüge aus dem Roman: *Nachdenken über Christa T.* Einzelarbeit/Unterrichtsgespräch
4.3	Kassandras Erkenntnisdrang und Ich-Suche im Vergleich mit anderen literarischen Figuren und mit Zielen moderner Jugendlicher	ges. Buch	Partnerarbeit/ Unterrichtsgespräch, Tafelbild Arbeitsblatt 4: Auszug aus der „Zeit": *Lebenslustig. Welche Ziele Studenten sich für die Zukunft setzen* Schreibaufgabe
4.4	Kassandra im Vergleich mit herkömmlichen und eigenen Vorstellungen von einer Seherin. Kritische Reflexion des bisherigen Reihenablaufs	Rückgriff auf Arbeitsblatt 1	Arbeitsblatt 5 Schreibaufgabe/Unterrichtsgespräch

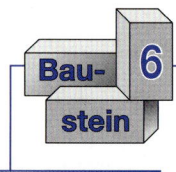

Bau-stein 6

Veröffentlichung und Rezeption der Erzählung S. 63–70 im Modell

6.1	Kassandras Botschaft – und die Botschaft Christa Wolfs	S. 97, S. 159, S. 164 u.a.	Arbeitsblatt 8
6.2	Christa Wolf im Spannungsfeld zwischen Ablehnung und Begeisterung: Unterschiedliche Textausgaben in Ost und West.	Auszüge aus den Textausgaben der DDR und BRD	Zusatzmaterial 7 Gruppenarbeit Zusatzmaterialien 8 und 9 Schreibaufgabe Unterrichtsgespräch
6.3	Überlegungen zur Dialektik von rationaler Weltsicht und dem Rückgriff auf den Mythos		Arbeitsblatt 9: Der Mythos: Definitionen und Erläuterungen Zusatzmaterialien 10 und 11 Zusatzmaterial 12 Korrektur eines Schüleraufsatzes

Bau-stein 5

Liebe und Sexualität S. 51–62 im Modell

5.1	Kassandra und Aineias, eine Liebe zwischen Erfüllung und Abschied	S. 22, 33f., 48, 79, 105f., 131, 156f., 158, 162f.	Gruppenarbeit Folie Streitgespräch
5.2	Anteilnahme und Barmherzigkeit – Liebe jenseits von Sexualität	S. 58ff., 110f., 136, 139f., 146f.	Tafelskizze Schreibaufgabe
5.3	Machtgier und Sexualität. Polyxena als Lockvogel	S. 9, 38, 49f., 57, 99, 129f., 136, 162	Schreibaufgabe. Malauftrag. Szenisches Spiel
5.4	Die Frau als Objekt. Weibliches Schreiben		Arbeitsblatt 6: Textauszug aus den *Voraussetzungen*
5.5	Schönheit und Sexualität in der griechischen Mythologie		Zusatzmaterial 9: Auszug aus dem *Homerischen Hymnos auf Aphrodite* Einzelarbeit Unterrichtsgespräch
	Wiederholung und Überprüfung von Kenntnissen		Arbeitsblatt 7

Bau-stein 7

Andere Bearbeitungen des Mythos und Möglichkeiten des Vergleichs S. 71–78 im Modell

7.1	Friedrich von Schillers Ballade *Kassandra*	Zusatzmaterial 13 Schreibaufgabe Szenisches Spiel
7.2	Die Figur der Kassandra bei Gustav Schwab	Zusatzmaterial 14 Schreibaufgabe Tafelbild
7.3	Die Figur der Kassandra bei Hans Erich Nossack und Peter Michael Hamel	Referat Zusatzmaterial 15 Unterrichtsgespräch
7.4	Beispiele aus der antiken Vasenmalerei	Zusatzmaterial 16 Bildbetrachtung/ Unterrichtsgespräch Lehrervortrag

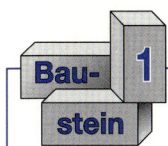

Bau-stein 1

Der Mythos von der Seherin Kassandra
S. 17–23
im Modell

1.1	Vorstellungen und Kenntnisse der Schülerinnen und Schüler von Sehern, Propheten und Wahrsagern		Aktivierung von Vorkenntnissen und Vorstellungsbildern Arbeitsblatt 1: Lexikon-Auszüge mit Begriffsdefinitionen
1.2	Vorbereitung und Beginn der häuslichen Lektüre	ges. Buch	Arbeitsblatt 2: Schwerpunkte der Lektüre Zusatzmaterial 1: Personenliste
1.3	Der Trojanische Krieg und der Kassandra-Mythos		Referate: Zusatzmaterial 2: Textauszug zur griechischen Mythologie
1.4	Christa Wolfs Annäherung an die Figur	*Voraussetzungen einer Erzählung, S. 10f., S. 96f.*	Zusatzmaterial 3: Textauszüge aus den *Voraussetzungen* Schreibaufgabe/Unterrichtsgespräch

Bau-stein 2

Annäherung an die Erzählung
S. 24–28
im Modell

2.1	Erarbeitung der Erzählstruktur: Rahmenhandlung und Retrospektive der Ich-Erzählerin	S. 5, S. 164	Bildbetrachtung, Textarbeit Gemeinsame Lektüre und Interpretation des Erzählanfangs und -schlusses Tafel- oder Folienbild
2.2	Kassandras Ankunft in Mykene: Erste Erinnerungen. Wirkungen der Seherin auf die Mykener	S. 5–14, ggf. Hörkassette	Zusatzmaterial 1 Mimetisches Gespräch (Marpessa, Myrine, Aineias, Penthesilea, Hekabe) Schreibaufgabe
2.3	Der Inhalt der Erzählung und die Zeitstruktur	ges. Buch	Arbeitsblatt 3: Die Chronologie der Ereignisse Schreibaufgabe

Unterrichts-modell

Christa Wolf Kassandra

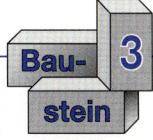

Bau-stein 3

Die Welt der Mächtigen, der Kriegstreiber, und die Welt der Friedens-sucher
S. 29–38
im Modell

3.1	Der Wandel in den Machtstrukturen der Palastwelt und der Aufstieg des Eumelos	S. 40f., 59, 67, 78f., 80 83f., 84f., 101f., 110, 120	Textarbeit, Tafelbild, Mimetisches Gespräch (Eumelos), Szenisches Spiel, Textarbeit, Schreibaufgabe
3.2	Die Helden		Zusatzmaterial 4: Auszüge aus der Ilias Mimetisches Gespräch (Agamemnon, Achill, Hektor, Paris, Penthesilea)
3.3	Die Gegenwelt am Skamander. Arisbe und Anchises als Leitfiguren	S. 24f., 56, 59, 140f., 145, 156, 157	Exemplarische Feinanalyse, Mimetisches Gespräch (Arisbe, Anchises), Schreibaufgabe, Szenisches Spiel

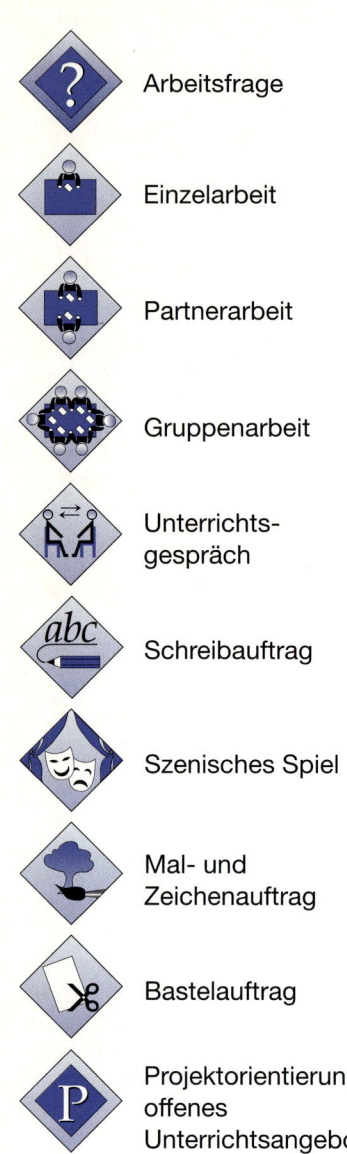

?	Arbeitsfrage
	Einzelarbeit
	Partnerarbeit
	Gruppenarbeit
	Unterrichts-gespräch
abc	Schreibauftrag
	Szenisches Spiel
	Mal- und Zeichenauftrag
	Bastelauftrag
P	Projektorientierung, offenes Unterrichtsangebot

Vorwort

Der vorliegende Band ist Teil einer Reihe, die Lehrerinnen und Lehrern erprobte und an den Bedürfnissen der Schulpraxis orientierte Unterrichtsmodelle zu ausgewählten Ganzschriften und weiteren relevanten Themen des Faches Deutsch bietet.

Im Mittelpunkt der Modelle stehen Bausteine, die jeweils thematische Schwerpunkte mit entsprechenden Untergliederungen beinhalten.

In übersichtlich gestalteter Form erhält der Benutzer/die Benutzerin zunächst einen Überblick zu den im Modell ausführlich behandelten Bausteinen.

Es folgen:

- Hinweise zu den Handlungsträgern
- Zusammenfassung des Inhalts und der Handlungsstruktur
- Vorüberlegungen zum Einsatz des Buches im Unterricht
- Hinweise zur Konzeption des Modells
- Ausführliche Darstellung der einzelnen Bausteine
- Zusatzmaterialien

Ein besonderes Merkmal der Unterrichtsmodelle ist die Praxisorientierung. Enthalten sind kopierfähige Arbeitsblätter, Vorschläge für Klassen- und Kursarbeiten, Tafelbilder, konkrete Arbeitsaufträge, Projektvorschläge. Handlungsorientierte Methoden sind in gleicher Weise berücksichtigt wie eher traditionelle Verfahren der Texterschließung und -bearbeitung.

Das Bausteinprinzip ermöglicht es dabei den Benutzern, Unterrichtsreihen in unterschiedlicher Weise und mit unterschiedlichen thematischen Akzentuierungen zu konzipieren: Auf diese Weise erleichtern die Modelle die Unterrichtsvorbereitung und tragen zu einer Entlastung der Benutzer bei.

Das vorliegende Modell bezieht sich auf folgende Textausgabe:
Christa Wolf: Kassandra. Luchterhand Literaturverlag © 2000, 2004.
ISBN: 978-3-630-62073-2

Aus urheberrechtlichen Gründen sind die Texte von Christa Wolf nicht in reformierter Schreibung wiedergegeben.

© 2004 Bildungshaus Schulbuchverlage
Westermann Schroedel Diesterweg Schöningh Winklers GmbH
Braunschweig, Paderborn, Darmstadt

www.schoeningh-schulbuch.de
Schöningh Verlag, Jühenplatz 1–3, 33098 Paderborn

Druck A ^{5} ^{4} ^{3} / Jahr 2009 08 07
Alle Drucke der Serie A sind im Unterricht parallel verwendbar.
Die letzte Zahl bezeichnet das Jahr dieses Druckes.

Umschlagmotiv: Die Schauspielerin Katharina Schmallenberg als Kassandra.
2006, Deutsches Theater in Berlin. © picture-alliance/dpa-Report

Druck und Bindung: AZ Druck und Datentechnik GmbH/Kempten (Allgäu)

ISBN 978-3-14-022393-5

Inhaltsverzeichnis

1. Die Hauptpersonen   8

2. Der Inhalt der Erzählung   10
   Die Sage vom Trojanischen Krieg und der Kassandra-Mythos   11

3. Vorüberlegungen zum Einsatz der Erzählung im Unterricht   13

4. Konzeption des Unterrichtsmodells   15

5. Die thematischen Bausteine des Unterrichtsmodells   17

   Baustein 1: Der Mythos von der Seherin Kassandra   17
   1.1 Vorstellungen und Kenntnisse der Schülerinnen und Schüler von
        Sehern, Propheten und Wahrsagern   17
   1.2 Vorbereitung und Beginn der häuslichen Lektüre   18
   1.3 Der Trojanische Krieg und der Kassandra-Mythos   18
   1.4 Christa Wolfs Annäherung an die Figur   19
   Arbeitsblatt 1: Definitionen: Seher, Prophet, Wahrsager   22
   Arbeitsblatt 2: Schwerpunkte der Lektüre   23

   Baustein 2: Annäherung an die Erzählung   24
   2.1 Erarbeitung der Erzählstruktur und Retrospektive der Ich-Erzählerin   24
   2.2 Kassandras Ankunft in Mykene: Erste Erinnerungen. Wirkungen
        der Seherin auf die Mykener   26
   2.3 Der Inhalt der Erzählung und die Zeitstruktur   27
   Arbeitsblatt 3: Die Chronologie der Ereignisse   28

   *Baustein 3: Die Welt der Mächtigen, der Kriegstreiber, und die Welt
                 der Friedenssucher*   29
   3.1 Der Wandel in den Machtstrukturen der Palastwelt und der Aufstieg
        des Eumelos   29
   3.2 Die Helden   32
   3.3 Die Gegenwelt am Skamander. Arisbe und Anchises als Leitfiguren   34

   Baustein 4: Kassandra. Stufen ihrer Entwicklung   39
   4.1 Kassandra als Priesterin und Seherin   39
   4.2 Kassandras Angst und Todesbereitschaft und ihr Wunsch nach einem
        ganzheitlichen, selbstbestimmten Leben   43
   4.3 Kassandras Erkenntnisdrang und Ich-Suche im Vergleich mit anderen
        literarischen Figuren und mit Zielen moderner Jugendlicher   46
   4.4 Kassandra im Vergleich mit herkömmlichen und eigenen Vorstellungen
        von einer Seherin. Kritische Reflexion des bisherigen Reihenablaufs   48
   Arbeitsblatt 4: Lebenslustig. Welche Ziele sich Studenten für die Zukunft
                   setzen   49
   Arbeitsblatt 5: Anregungen zur Reflexion der Ergebnisse, des Reihenablaufs
                   und der Methoden   50

   Baustein 5: Liebe und Sexualität   51
   5.1 Kassandra und Aineias, eine Liebe zwischen Erfüllung und Abschied   51
   5.2 Anteilnahme und Barmherzigkeit – Liebe jenseits von Sexualität   54
   5.3 Machtgier und Sexualität. Polyxena als Lockvogel   56
   5.4 Die Frau als Objekt. Weibliches Schreiben   59
   5.5 Schönheit und Sexualität in der griechischen Mythologie   59
   Arbeitsblatt 6: Der Mensch als Objekt   61
   Arbeitsblatt 7: Fragebogen zur Sicherung von erworbenen Kenntnissen   62

Baustein 6: Veröffentlichung und Rezeption der Erzählung 63
6.1   Kassandras Botschaft – und die Botschaft Christa Wolfs 63
6.2   Christa Wolf im Spannungsfeld zwischen Ablehnung und Begeisterung:
        Unterschiedliche Textausgaben in Ost und West 64
6.3   Überlegungen zur Dialektik von rationaler Weltsicht und dem Rückgriff
        auf den Mythos 67
Arbeitsblatt 8: Die Bedeutung der Botschaft in der Erzählung *Kassandra* 69
Arbeitsblatt 9: Das Wesen und die Bedeutung des Mythos 70

Baustein 7: Andere Bearbeitungen des Mythos und Möglichkeiten
des Vergleichs 71
7.1   Friedrich v. Schillers Ballade *Kassandra* 71
7.2   Die Figur der Kassandra bei Gustav Schwab 73
7.3   Die Figur der Kassandra bei Hans Erich Nossack und
        Peter Michael Hamel 76
7.4   Beispiele aus der antiken Vasenmalerei 77

6. Zusatzmaterial 79
Z1   Personenliste / Stellen zu Christa Wolf: *Kassandra* 79
Z2   Kassandras Familie. Die Berufung zur Seherin 85
Z3   Die Annäherung an die Figur Kassandra 86
Z4   Homer: Ilias (Auszüge) 87
Z5   Christa Wolf: *Nachdenken über Christa T.* (Auszüge) 89
Z6   *Hymnos auf Aphrodite* 90
Z7   *Kassandra* (West) – *Kassandra* (Ost) 93
Z8   Rezeption in Ost und West 95
        1. Wilhelm Girnus und Christa Wolfs Replik
        2. Manfred Jäger: Kassandra: *Wider die Macht der Erfahrung.*
            Mythos und Utopie
Z9   Sibylle Cramer: *Kassandra, eine weibliche Widerstandsfigur* (Rezension) . . 97
Z10   Die Konzeption der Kassandra-Figur 98
Z11   Die Bedeutung von Literatur 99
Z12   Von der Unmöglichkeit, einen Mythos zu verfassen – ein Schüleraufsatz . . 100
Z13   Friedrich von Schiller: *Kassandra* 101
Z14   Gustav Schwab: *Die Zerstörung Trojas* 103
Z15   Peter Michael Hamel: *Szenarium zu „Kassandra"* 105
Z16   Antike Vasen 106
Z17   Lebenslauf der Christa Wolf 108

7. Literaturhinweise 109

Das Löwentor von Mykene

„Hier war es. Da stand sie. Diese steinernen Löwen, jetzt kopflos, haben sie angeblickt." (Christa Wolf, Kassandra, S. 5)

„Hier ist es. Diese steinernen Löwen haben sie angeblickt. Im Wechsel des Lichts scheinen sie sich zu rühren." (Ebd., S. 164)

Die Hauptpersonen

Achill: Im Gegensatz zu sonst gültigen Überlieferungen, nach denen Achill als einer der tapfersten griechischen Helden gilt, wird er in Christa Wolfs Erzählung als blutrünstig und grausam dargestellt und als Vieh betitelt. Er ist homosexuell veranlagt, begehrt aber auch Polyxena. Ihr vertraut er an, dass er nur an der Ferse verwundbar sei. Achill köpft Troilos, Kassandras Bruder, im Tempel, tötet Hektor im Kampf und schleift ihn mehrfach um die Burg. Er schändet die tote Penthesilea. Voll Zorn über den Tod seines Geliebten Patroklos schlachtet Achill zwölf gefangene Trojaner. Achill wird von Paris getötet.

Agamemnon: Nach dem „Raub" Helenas, der Ehefrau seines Bruders Menelaos, führt Agamemnon das griechische Heer gegen die Trojaner. Er befolgt den Rat des Sehers Kalchas und opfert seine Tochter Iphigenie.Christa Wolf stellt ihn als Schwächling und Dummkopf dar. Nach dem Untergang Trojas nimmt Agamemnon Kassandra als seine Gefangene mit nach Mykene. Dort wird er von seiner Frau Klytaimnestra und ihrem Geliebten Ägisthus ermordet.

Aineias: Abweichend von allen anderen Überlieferungen besteht zwischen Aineias, dem Sohn des Anchises, und Kassandra, auch wenn sie sich nur selten treffen, ein inniges Liebesverhältnis. Aineias verbirgt sich in den Bergen und versucht, sich vom Krieg fern zu halten. Das gelingt ihm nur eine Zeit lang. Beim Untergang Trojas flieht er mit seinem Vater. Kassandra weigert sich, mit ihm zu gehen.

Anchises: Er ist zunächst politisch aktiv und verhandelt mit den Griechen. Da er die Kriegstreiberei des Eumelos durchschaut, distanziert er sich von der Welt des Palastes. Er berät Menschen, die unsicher und in Not sind, auch die Königin Hekabe, sammelt Gleichgesinnte um sich, belehrt sie. Die Wachheit seines Geistes siegt über die Gebrechlichkeit seines Körpers. Mit Anchises wird ein hochsensibler und kreativer Mensch gezeigt, der in Übereinstimmung mit der Natur, mit anderen und sich selbst zu leben versteht.

Arisbe: Arisbe ist der weibliche Gegenpol zu Anchises, eine massige, humorvolle, kluge, in sich ruhende Frau. Sie besucht Kassandra, als diese gefangen gehalten wird, deutet ihre Träume und macht ihr Mut, sich von der Palastwelt zu lösen und selbstbestimmt zu leben.

Eumelos: Eumelos ist Sohn eines niedrigen Schreibers und einer Sklavin aus Kreta. Es gelingt ihm, seinen Einfluss auf den König Priamos so zu vergrößern, dass dieser den Rat seiner Frau Hekabe verschmäht und sich in Abhängigkeit von ihm, dem Kriegstreiber, begibt. Mit einem ausgebauten Spitzel- und Sicherheitssystem schafft Eumelos in Troja eine Atmosphäre totalen Misstrauens.

Hekabe: Sie ist die Frau des Priamos. Von ihren zahlreichen Söhnen lassen viele im Kampf um Troja ihr Leben. Priamos schätzt ihre Klugheit, verweigert ihr jedoch später unter dem Einfluss des Eumelos die Teilnahme an Ratssitzungen. Hekabe verflucht den Krieg und sucht Zuflucht und Rat bei Anchises. Sie erkennt Kassandras Klugheit und herausragende Bedeutung.

Hektor: Hektor, Hekabes Erstgeborener, ist ein kräftiger junger Mann mit weichem Gemüt. Kassandra weiß sich ihm sehr verbunden. Eumelos baut Hektor zum Helden auf. Dieser benutzt seine Schwester Polyxena als Lockvogel für Achill. Hektor wird von Achill getötet und geschleift. Sein Leichnam wird mit dem Gold der Trojaner aufgewogen.

Kassandra:	Kassandra, in hohem Maße an Politik interessiert, ist die Lieblingstochter des Priamos. Das Verhältnis zu ihrer Mutter ist kühl. Kassandra möchte Priesterin sein, weil ihr das Ansehen und Macht garantiert. Sie begehrt die Sehergabe, um Zusammenhänge zu durchschauen und sich von Menschen ihrer Umgebung unabhängig zu machen. Sie will mit sich selbst ein Zeichen setzen und Zeuge sein. Das gelingt ihr allerdings nur in ständiger Auseinandersetzung mit ihren eigenen Bedürfnissen, durch die Hinwendung zu den Menschen am Skamander, die Akzeptanz von Angst und Schmerz und dadurch, dass sie sich von Aineias trennt.
Marpessa:	Marpessa ist Kassandras Dienerin und Vertraute, die Tochter ihrer Amme Parthena. Marpessa, welche mehrfach vergewaltigt wurde, fühlt sich zu den Frauen am Skamander und Idaberg hingezogen und macht Kassandra mit ihrer Lebensweise bekannt. Sie begleitet Kassandra nach der Zerstörung Trojas nach Mykene und behütet deren Zwillinge.
Myrine:	Sie kämpft erbittert im Gefolge der Amazone Penthesilea und sucht schwer verwundet bei den Frauen außerhalb Trojas Hilfe. Kassandra bewundert und liebt Myrine um ihrer Unbedingtheit und Leidenschaft willen. Als das Pferd der Griechen nach Troja gebracht wird, hält Myrine dort Wache und wird von dem ersten Griechen, der aus dem Pferd steigt, getötet.
Phantoos:	Panthoos ist Grieche. Er kommt bei der Rückkehr der ersten Expedition der Trojaner nach Griechenland freiwillig nach Troja, wird dort als Beutestück ausgegeben und von Priamos als Priester des Apolls eingesetzt. Er schafft die Knabenopfer ab und versieht zusammen mit Kassandra den Dienst im Tempel, ängstlich bedacht, nicht aufzufallen. In der Auseinandersetzung mit seiner Angst und seiner zynischen Weltsicht gewinnt Kassandra trotz gelegentlicher sexueller Kontakte ihre eigene Position. Panthoos wird von den Amazonen umgebracht.
Paris:	Paris liebt es, wenn man von seiner göttlichen Herkunft redet. Er gilt als Sohn der Hekabe und Apolls. Wegen düsterer Träume Hekabes wurde Paris als Säugling ausgesetzt, kehrt jedoch später an den Königspalast zurück und kämpft um Anerkennung. Die Entführung Helenas, der Gemahlin des Menelaos, täuscht Paris nur vor. Der Krieg mit den Griechen wird also um ein Phantom geführt. Paris sympathisiert mit Eumelos und tötet Achill. Er selbst geht qualvoll an Wundbrand zugrunde.
Penthesilea:	Penthesilea kämpft nicht nur gegen die Griechen, sondern gegen alle Männer. Sie nimmt das Angebot der Leute am Skamander, die ihr ein Leben in Frieden ausmalen, nicht an. Lieber will sie im Kampfe sterben als versklavt zu leben.
Polyxena:	Sie ist die schönste Tochter der Hekabe und des Priamos. Wie Kassandra begehrt sie das Priesteramt, das diese ihr missgönnt. Sie möchte beliebt sein und macht sich dabei zum Liebesobjekt der Männer. Bereitwillig gibt sie sich für den Plan her, Achill in den Tempel zu locken, damit Paris ihn dort töten kann. Polyxena verliert nach dieser Tat den Verstand. Sie fürchtet die Rache der Griechen.
Priamos:	Eumelos degradiert ihn, der in jungen Jahren an der Seite der Hekabe ein weiser Herrscher war, zum blinden Werkzeug. Kassandra hängt mit besonderer Liebe an ihrem Vater und will ihm helfen, aber er nimmt diese Hilfe nicht an, schlägt ihre Warnungen in den Wind, nimmt sie gefangen, entfernt sie vom Hofe und verheiratet sie ungefragt mit Eurypylos, um dessen kriegerischen Beistand zu erreichen. Als Troja untergeht, ist aus dem mächtigen Priamos ein gebrechlicher Greis von schauerlicher Gestalt geworden.

Der Inhalt der Erzählung

Die Erzählung setzt kurz vor Kassandras Tod in Mykene ein. Sie befindet sich mit ihrer Dienerin Marpessa und ihren beiden Kindern als Beute Agamemnons vor dem Löwentor, weiß um sein und ihr eigenes baldiges Ende und gibt sich Rechenschaft über ihr Leben als Priesterin und Seherin Trojas. Ihre Erinnerungen sind bruchstückhaft und ungeordnet. Sie wechseln zwischen dem Hier und Heute in Mykene und wichtigen Begebenheiten der Vergangenheit. Es ist Sache des Lesers, den Lebenslauf der Protagonistin zu rekonstruieren und ihre Selbsteinschätzung, ihre Beurteilung von Menschen und Ereignissen in einen Zusammenhang zu bringen.

Die Erinnerungen Kassandras umfassen die Zeit des „Vorkriegs", die zehn Kriegsjahre mit dem Untergang Trojas, ihre Gefangennahme mit der Überfahrt nach Griechenland und ihre Ankunft in Mykene.

Kassandra wächst in der Geborgenheit einer großen Familie auf. Sie ist die Lieblingstochter ihres Vaters Priamos. Das Verhältnis zu ihrer Mutter Hekabe ist zwar distanziert, aber Kassandra schätzt deren Lebenserfahrung und Klugheit. Mit großer Aufmerksamkeit verfolgt sie bereits als Kind Gespräche der Eltern und Geschwister und Vorgänge im familiären Bereich.

Der Tod ihres Bruders Asaikos stürzt Kassandra in eine erste ernste Krise. Sie erleidet einen epileptischen Anfall; weitere folgen, als sie im Zuge politischer Verhandlungen und Begegnungen zwischen Trojanern und Griechen – sie werden mit drei Schiffsunternehmen in Verbindung gebracht – erkennt, dass der Ausbruch des Krieges unvermeidlich ist. Im Einzelnen geht es bei diesen Unternehmungen um Folgendes: Das erste Schiff wird nach Griechenland gesandt, damit das Orakel in Delphi befragt werden kann. Das Schiff kehrt mit dem Griechen Panthoos, der zu den Troern überlief und alsbald als Priester Apolls fungiert, zurück. Das zweite Schiff fährt mit dem Auftrag aus, Hesione, die Schwester des Königs, zurückzuholen. Der Auftrag wird nicht erfüllt. Während der Mission läuft der Priester Kalchas zu den Griechen über.

Auch das Unternehmen „drittes Schiff" wird mit dem Vorwand, Hesione zurückzuholen, begründet. Der wahre Grund aber ist der Anspruch des Paris auf die schöne Helena, die Frau des Königs Menelaos. Bei seiner Heimkehr gibt Paris vor, Helena geraubt zu haben. In Wirklichkeit hält diese sich aber jetzt in Ägypten auf. Das allerdings wird vor den Trojanern geheim gehalten. Sie, auch Kassandra, wähnen, dass der nun folgende Kriegsausbruch um die geraubte Königin geführt wird. Die eigentlichen wirtschaftlichen Gründe werden nicht zuletzt durch die Verschleierungstaktik des Eumelos, eines machtgierigen Kriegstreibers mit verhängnisvollem Einfluss auf Priamos, geheim gehalten.

Während des Rituals der Defloration im Tempelbezirk, das zeitlich mit dem Unternehmen „zweites Schiff" zusammenfällt, nähert sich Aineias Kassandra. Im Unterschied zum Besitzanspruch der anderen Männer respektiert er sie. Obwohl die beiden sich nur selten treffen, herrscht zwischen ihnen Übereinstimmung. Ihre Liebe bedarf keiner großen Worte. Dennoch weigert sich Kassandra am Ende des Krieges, mit Aineias aus Troja zu fliehen.

Panthoos weiht Kassandra zur Priesterin. Mit ihm gemeinsam verrichtet sie den Dienst am Tempel des Apoll. Apoll erscheint ihr in einem Traum und verleiht ihr als zurückgewiesener Liebhaber zwar die begehrte Sehergabe, aber diese ist wegen ihrer Verweigerung mit der Strafe verbunden, dass keiner ihren Weissagungen Glauben schenkt.
Herkunft und Priesteramt bedingen Kassandras herausragende Stellung in Troja. Sie fühlt sich ihrer Familie so verpflichtet, dass sie ihre Bedenken gegen den Krieg und die Machtansprüche des Eumelos wider besseres Wissen zunächst verdrängt.
Grauen und Sinnlosigkeit des Krieges werden für Kassandra vor allem durch den Tod ihrer Brüder und die Schandtaten Achills deutlich. Aber auch der männermordende Hass der

Amazone Penthesilea und ihrer Anhängerinnen stärken ihre Überzeugung, dass Kriege den Menschen entwürdigen.

Wiederholt begibt sich Kassandra zu den Höhlen am Ida-Berg und zum Skamander, wo vor allem Frauen abseits von Troja ein alternatives Leben versuchen, geprägt durch den Kult um die Muttergöttin Kybele, durch Exstase und Lebensgenuss, Hilfsbereitschaft und gemeinsame Arbeit. Der Rat Arisbes und die Belehrungen des Anchises, herausragende Personen dieser Gegenwelt, schärfen ihre Menschen- und Selbsterkenntnis, sodass sie den Beruf einer Seherin im Sinne genauer und sensibler Beobachtung zu erfüllen und als Traumdeuterin zu fungieren vermag. Als Kassandra sich dem Plan ihres Vaters widersetzt, dass Achill mit Hilfe Polyxenas in den Tempel gelockt werden soll, damit Paris ihn hinterrücks töten kann, wird sie längere Zeit unter menschenunwürdigen Verhältnissen in einem Verlies gefangen gehalten. Sie lernt mit Angst, Schmerz und Versagen umzugehen.

Eurypilos, ein Verbündeter Trojas aus Mysien, erklärt sich bereit, Troja im Kampf gegen die Griechen zu unterstützen, falls ihm Kassandra zur Frau gegeben wird. Er fällt kurz nach der Hochzeit. Kassandra gebiert Zwillinge.

Die Warnungen Kassandras, das hölzerne Pferd der Griechen nicht in die Stadt zu lassen, finden kein Gehör. So ist der Untergang Trojas nicht mehr aufzuhalten. Kassandra erlebt ihn und das Ende ihrer Familie und wird von Agamemnon in die Gefangenschaft geführt.

Die Sage vom Trojanischen Krieg und der Kassandra-Mythos[1]

Paris, der ausgesetzte Sohn des Königs Priamos, soll entscheiden, welche der drei Göttinnen Hera, Aphrodite und Athena die schönste sei. Paris gibt Aphrodite einen Apfel als Zeichen ihres Sieges. Als Dank dafür verheißt Aphrodite ihm die schöne Helena. Doch diese ist bereits mit Menelaos, dem König von Sparta, verheiratet. Paris entführt Helena nach Troja. Es kommt zum zehn Jahre währenden Trojanischen Krieg, in dem Griechen (wie Diomedes, Odysseus, der große und der kleine Aias und Achill) und Troer (wie Troilos, Hektor, Paris und Aeneias) ihren Heldenmut beweisen. Viele von ihnen fallen im Kampf.

Durch eine List des Odysseus gelingt es den Griechen schließlich, Troja zu besiegen und Helena zurückzugewinnen: Die Griechen täuschen ihren Abzug vor, lassen aber ein großes hölzernes Pferd am Strand zurück, in dessen Rumpf sich Krieger versteckten. Trotz aller Warnungen der Seher Laokoon und Kassandra ziehen die Troer das hölzerne Ungetüm in die Stadt. Die Insassen verlassen es in der Nacht und öffnen den Griechen die Stadttore. Im darauf folgenden Kampf wird Troja dem Erdboden gleichgemacht, die Männer werden getötet, die Frauen als Sklavinnen weggeführt. Nur Aineias kann mit seinem Vater und seinen Anhängern entkommen. Kassandra flüchtet sich zum Tempel, dort wird sie, obwohl sie das Standbild der Athene umklammert, von Klein-Aias vergewaltigt.
Agamemnon, Bruder des Menelaos und Heerführer der Griechen, führt Kassandra nach Mykene mit sich. Seine Frau Klytaimnestra und ihr Geliebter Aigisth ermorden beide.

Kassandra spielt in diesem Krieg insofern eine herausragende Rolle, als sie kraft ihrer Sehergabe wiederholt Warnungen laut werden lässt, die keiner ernst nimmt. Die Missachtung ihrer leidenschaftlich vorgebrachten Vorhersagen ist auf eine Strafe Apolls zurückzuführen. Er begehrte ihre Liebe und stellte ihr als Belohnung die Sehergabe in Aussicht. Kassandra ging zunächst auf sein Angebot ein, entzog sich ihm dann jedoch. Daraufhin bat Apoll sie um einen Kuss. Dieser Bitte kam Kassandra bereitwillig nach. Apoll spie ihr in den Mund, damit keiner ihren Prophezeiungen Glauben schenken sollte.

Nach einer anderen mythologischen Quelle wird die Gabe der Prophezeiung darauf zurückgeführt, dass heilige Schlangen im Tempel des Apoll an den Ohren Kassandras und ihres Zwillingsbruders Helenos leckten.

---

[1] Die Ausführungen dieses Kapitels eignen sich als Grundlage für ein Referat. Vgl. ferner: Ranke-Graves, R.v. (1984), Grant, M./Hazel (1980).

Das Schicksal der Seherin, die mit ihren Vorhersagen, denen keiner Glauben schenkt, zum Gespött wird, wurde zu unterschiedlichen Zeiten in der Literatur erwähnt und gedeutet, zum Beispiel von Aischylos, Euripides, Schiller, Gustav Schwab, Hans Erich Nossack und Erich Arendt.

Aischylos gestaltet das Schicksal Kassandras im ersten Teil seiner etwa 450 v. Chr. entstandenen *Orestie*.[1] Kassandra sagt in Mykene den Tod Agamemnons und ihren eigenen Tod voraus. Sie deckt die Schuld auf, welche auf dem Haus der Atriden lastet. Dem Chor klagt sie ihr Los als Seherin, der man keinen Glauben schenkt. Vor ihrem Tod durch Klytaimnestra legt sie die Zeichen ihres Standes ab, Seherstab, Priesterkleid und -binde.

Euripides erwähnt Kassandra in seiner 415 v. Chr. uraufgeführten Tragödie *Die Troerinnen*. Diese kommen als Gefangene der Griechen zu Wort und beklagen den Untergang Trojas und ihr eigenes unwürdiges Los. Kassandra, die eine Nebenfrau des Agamemnon werden soll, prophezeit den Siegern den Untergang.

Von großer Bekanntheit ist Schillers 1802 entstandene Ballade *Kassandra*. Schiller wählt hier die Figurenperspektive. Die Seherin, der keiner Glauben schenkt, beklagt ihr Leid. Sie fühlt sich missachtet und ausgestoßen und kann ihr Geschick, Werkzeug Apolls zu sein, doch nicht ändern. Als Kontrastfigur wählt Schiller Polyxena. Er stellt sie als eine Frau dar, die Erfüllung in der Liebe findet und in Harmonie mit sich selbst und ihrer Umwelt lebt.

Gustav Schwab gibt 1836 den Band *Die schönsten Sagen des klassischen Altertums* heraus.[2] Er wendet sich mit diesem Buch vor allem an die Jugend; es wird zur Quelle grundlegender Kenntnisse in der klassischen Mythologie. Schwab sieht in Kassandra die Heroin; er erwähnt weder die Verleihung der Sehergabe durch Apoll noch die Vergewaltigung durch Ajax. Obwohl Kassandra nicht geglaubt, obwohl sie von den Troern abgelehnt wird, zielt ihr ganzes Sinnen auf die Rettung ihres Volkes.

Als Beispiel für eine moderne Bearbeitung des Stoffes kann die 1948 veröffentlichte Erzählung *Kassandra* von Hans Erich Nossack[3] dienen. Er wählt Telemach als Erzählfigur. Telemach breitet aus, was der heimgekehrte Odysseus von Kassandra berichtete. Er ist noch nach vielen Jahren beeindruckt von dem sonderbaren Wesen der Seherin. Penelope und Telemach erfahren durch ihn von Kassandras Begegnung mit Apoll und von ihrem Versuch, Agamemnon zu warnen.

Erich Arendt schrieb nach seiner Rückkehr aus dem Exil zu Kassandra einen Gedicht-Zyklus. In freien Rhythmen, überwiegend in Ellipsen und einer holzschnittartigen Sprache, vermittelt er Eindrücke von ihrem bedrückenden Seheramt, vom Untergang Trojas und ihrem Ende in Mykene. Peter Michael Hamel legte diesen Zyklus seiner Werkstattproduktion *Kassandra,* ein Musiktheater, zugrunde. Es wurde 1989 in Bonn aufgeführt.[4]

Auch in der Unterhaltungsliteratur findet man ein Beispiel für die Bearbeitung des Stoffes. Marion Zimmer-Bradley veröffentlichte ihren umfangreichen Roman *Firebrand* 1987 in New York. In Deutschland erschien er 1988 unter dem Titel *Die Feuer von Troja*.[5] In diesem Roman erfährt Kassandra durch die Amazone Penthesilea entscheidende Prägungen. Ihre Begegnung mit Klytaimnestra führt nicht zu Kassandras Tod, sondern zu ihrer Rettung und zu einem Leben als selbstbestimmte Frau.[6]

---

[1] Aischylos (1999).
[2] Vgl. Schwab, G. (1954).
[3] Nossack, H.E. (1987).
[4] Vgl. Hamel, P.M (1989).
[5] Zimmer-Bradley, M. (1988).
[6] Auf den Roman Zimmer-Bradleys wird im Folgenden nicht mehr eingegangen.

Vorüberlegungen zum Einsatz der Erzählung im Unterricht[1]

Im Mai 1982, als Christa Wolf ihre Poetikvorlesungen in Frankfurt am Main hielt, war das 1000 Menschen fassende Auditorium schon eine Stunde vor Beginn der Veranstaltung besetzt. Überwiegend waren es Zuhörerinnen, die Christa Wolfs Ausführungen zu Ursachen und Vermeidung von Kriegen sowie zum Recht auf Selbstbestimmung zur Kenntnis nahmen. 1983 erschienen die Vorlesungen (in Westdeutschland als *Voraussetzungen einer Erzählung)* und die Erzählung *Kassandra.* Die Reaktion war überwältigend. Christa Wolf sprach vielen Menschen aus dem Herzen. Schülerinnen und Schüler reagierten positiv auf die anspruchsvolle Erzählung.[2]

Zwölf Jahre später melden Böcker[3] und Kliewer[4] gewisse Bedenken gegenüber dem Werk als Schullektüre an. Böcker hält die Erzählung zwar noch für aktuell, aber nur, wenn der Schwerpunkt des Unterrichts von der politischen Dimension auf die mehr private verlagert wird. Sie spricht dem Buch die Kraft zu, eingefahrene Perspektiven aufzubrechen und Hilfe zur Selbstfindung zu leisten. Nach der Meinung Kliewers ist zu befürchten, dass die veränderten politischen Bedingungen und die feministischen Tendenzen die Erschließung der Erzählung erschweren. Andererseits könne sie dazu dienen, den Blick für den anderen Teil Deutschlands zu schärfen und damit die Verständigungsmöglichkeiten zu vergrößern. Kliewer plädiert dafür, wegen des dichten Geflechts von Verweisungen in der Erzählung und notwendiger mythologischer Vorkenntnisse *Kassandra* nur im Leistungskurs zu behandeln.

Warum erscheint es heute trotz des hohen Anspruchs an den Leser, trotz verlagerter Interessen und veränderter politischer Verhältnisse angebracht, die Erzählung als Schullektüre zu wählen?

Das Friedensengagement der Bevölkerung ist seit dem Fall der Mauer zwar geringer als in den achtziger Jahren, aber, wie die aktuellen politischen Zuspitzungen bezeugen, bleibt die von Christa Wolf mit Nachdruck vorgebrachte Frage nach den Ursachen und der Vermeidung von Kriegen von hoher Brisanz.

Auch wenn feministische Fragestellungen zunehmend weniger berühren und das Interesse für Unterdrückungsmechanismen der DDR oder für Schriftsteller, die dagegen ihre Stimme erhoben, gering sein sollte, lohnt es sich noch heute, mithilfe der Erzählung *Kassandra* über das Problem der Ausgrenzung von Andersdenkenden und Minderheiten nachzudenken, den Blick für totalitäre Machenschaften zu schärfen und Fragen der Ich-Findung Raum zu geben.

Ein gewichtiger Grund für die Wahl der Erzählung als Schullektüre ist in der Bedeutung des Kassandra-Mythos zu sehen. Ulrich Greiner[5] forderte unlängst, dass jeder „die Chance haben" sollte, „den Reichtum" der Überlieferung kennen zu lernen, der den Zeitgenossen verrät, woher sie kommen, wo ihre geistige Heimat ist. Literatur hilft dabei, sich zu erinnern, im Rückgriff auf das Vergangene die Gegenwart zu begreifen. Besonders die Mythen sagen in ihrer jeweils zeittypischen Gestaltung viel über das, was den Vorfahren wichtig war und was für die Gegenwart von Bedeutung sein könnte.

Christa Wolf sieht den Mythos in einem neuen Licht. In Anlehnung an Aischylos und Ranke-Graves orientiert sie sich zwar an dem für den Trojanischen Krieg maßgeblichen Personal und an den Überlieferungen zur Seherin Kassandra, gelangt aber zu völlig neuen Einschätzungen. Sie entblößt gefeierte Helden, distanziert sich vom Götterglauben und entmytholo-

---

[1] Textgrundlage bildet die Ausgabe des Luchterhand Literaturverlags 2004.
[2] Vgl. Schubert-Felmy (1985), Henze (1987), Nicolai (1989).
[3] Vgl. Böcker (1995).
[4] Vgl. Kliewer (1995).
[5] Vgl. Greiner (2002).

gisiert das Numinose und Wunderbare. Um ihren Umgang mit dem Mythos verstehen zu können, ist der Rückgriff auf die klassische Überlieferung des Mythos geboten. Vor diesem Hintergrund lässt sich Christa Wolfs Anliegen verstehen. Im Mittelpunkt ihrer Darstellung steht der Mensch, der sich und andere erkennen und selbstbestimmt leben möchte, der Mensch, der Denken und Fühlen zu verbinden, der teilnehmend zu beobachten und zu verstehen vermag. Ihre spezifische Ausprägung des Mythos ermöglicht es, Argumente zu finden, welche im Rahmen aktueller Erörterungen über das Verhältnis von Denken und Fühlen, von Vernunft und Emotion und darüber hinaus über die Aufgabe des Schriftstellers bedeutsam sind. Die Interpretation ihrer Erzählung eröffnet Wege, sich diskursiv mit ihrer Position zu beschäftigen, auch vor dem Hintergrund ihrer Biografie und ihres politischen Werdegangs.

Als **Klausurthemen** bieten sich folgende an:

1. Die Analyse und Interpretation einer ausgewählten Textstelle, zum Beispiel Seite 158f. (Textbeginn: „Alles was man erleben muß, habe ich erlebt." Textende: „Das Wort kam wieder, riß in mir jedesmal den Abgrund auf.")
    Aufgabenstellung: Analysieren und interpretieren Sie den vorliegenden Textausschnitt aus Christa Wolfs Erzählung *Kassandra.*
    Achten Sie dabei besonders auf die Isotopien von Helligkeit und Trost sowie von Dunkelheit und Bedrückung.

2. Die Analyse einer Textstelle im Zusammenhang mit einer weiterführenden produktionsorientierten Aufgabe, zum Beispiel Seite 119ff. (Textbeginn: „Durch dieses starre Bild laufen Gestalten." Textende: „[...] und damit preiszugeben, wie viele schon getötet sind?")
    Aufgabenstellung:
    Analysieren und interpretieren Sie den vorliegenden Textausschnitt aus Christa Wolfs Erzählung *Kassandra.*
    Verfassen Sie eine Lobrede, die dem veränderten Anspruch an die neuen Sänger in Troja entspricht.

3. Die Analyse einer Buchkritik mit anschließender Erörterung (vgl. Zusatzmaterial 9, S. 97: Die Rezension von Sybille Cramer)
    Aufgabenstellung:
    1. Geben Sie die Hauptaussagen vorliegender Rezension wieder.
    2. Überprüfen Sie bei einigen ausgewählten Hauptaussagen, wieweit sie durch den Textbefund der Erzählung gestützt werden.
    3. Vergewissern Sie sich im Rückgriff auf Ihre Mitschriften, welche Textaussagen Sybille Cramer in ihrer Rezension übergeht und ob diese Auslassungen zu akzeptieren sind.

4. Die Erörterung eines Textausschnittes aus Christa Wolf *Voraussetzungen einer Erzählung. Kassandra* (vgl. Zusatzmaterial 10, S. 98: Textausschnitt S. 96f., evtl. leicht gekürzt)
    Aufgabenstellung:
    Geben Sie die Hauptaussagen des vorliegenden Ausschnittes aus den *Voraussetzungen einer Erzählung: Kassandra* wieder und überprüfen Sie im Rückgriff auf die Erzählung, ob Christa Wolf ihr 1981 dargelegtes Konzept umsetzte.

Als Themen für **Jahresarbeiten / Facharbeiten** kommt die Untersuchung von Aspekten in Frage, die in der Erzählung und in einem anderen Werk maßgeblich sind: Zum Beispiel das Los der Seherin.
Aufgabenstellung:
Analysieren Sie das Gedicht *Kassandra* von Friedrich von Schiller und kennzeichnen Sie dabei die unterschiedlichen Frauenbilder.
Stellen Sie vergleichend Bezüge zu Christa Wolfs Erzählung *Kassandra* her, zum Beispiel die Bedeutung der Krankheit für die Ich-Findung.
Aufgabenstellung:
Vergleichen Sie ausgewählte Textstellen der Erzählung *Kassandra* mit solchen aus dem Roman *Der geteilte Himmel* (oder mit solchen aus dem Roman *Nachdenken über Christa T.)* unter dem Aspekt der Krankheit.

Konzeption des Unterrichtsmodells

Kassandra eignet sich angesichts des Schwierigkeitsgrades für die Arbeit im Leistungskurs oder in einem aufgeschlossenen Grundkurs. Bei den einzelnen Bausteinen und den Zusatztexten handelt es sich um Angebote, aus denen die Lehrperson mit Blick auf die Leistungsfähigkeit und die spezifischen Interessen der Lerngruppe auswählt und eine Unterrichtsreihe zusammenstellt.

Bei der Konzeption dieses Unterrichtsmodells wird dem hohen Anspruch der Erzählung so weit wie möglich Rechnung getragen. Die Lernenden sollten sich vor dem Beginn der Lektüre ihrer Vorkenntnisse und Vorstellungsbilder zu Sehern und Zukunftsdeutern vergewissern, damit sie Christa Wolfs eigenwillige Akzente erkennen.[1] Sie sollten über Grundkenntnisse zum Trojanischen Krieg verfügen und mit dem Kassandra-Mythos vertraut sein; denn das Verständnis des Neuen wird durch die Auseinandersetzung mit dem Überkommenen erreicht.

Um einen ersten Zugang zu finden, Erzählweise und Zeitstruktur zu verstehen, scheint es geraten, den Anfang der Erzählung in der Schule gemeinsam zu lesen. Die weitere Lektüre findet zu Hause statt. Ein Arbeitsblatt (Arbeitsblatt 2, S. 23) dient dazu, den anspruchsvollen Leseprozess zu strukturieren. Es lenkt die Aufmerksamkeit auf Schwerpunkte der Erzählung und regt zu Notizen an, die wiederholt eine Grundlage für die gemeinsame Texterschließung bilden. Da die Vielzahl des epischen Personals verwirrt, erhalten die Schülerinnen und Schüler ferner eine Liste, auf der die wichtigsten maßgeblichen Textstellen zu einzelnen Personen aufgeführt sind (Zusatzmaterial 1, S. 79). Jeder Kursteilnehmer wird aufgefordert, diese Liste zu ergänzen und sich mit einer dieser Personen so vertraut zu machen, dass er ihre Lebensumstände, Taten, Ansichten und Äußerungen genau kennt und vor dem Kurs erklären und vertreten kann. (Die Auswahl der Personen richtet sich nach der Größe des Kurses. Für Kassandra sollten mindestens zwei Kursteilnehmer zuständig sein.) Im Laufe des Unterrichts kommen Schüler und Schülerinnen im Rahmen mimetischer Gespräche als Experten ihrer epischen Person zu Wort und vertreten ihre Belange in der Auseinandersetzung mit den übrigen Kursteilnehmern. Diese stellen Fragen, üben Kritik, fordern zur Reflexion von eingefahrenen Verhaltensweisen heraus.[2] Derartige mimetische Gespräche führen nahe an das Textpersonal heran, ermöglichen Identifikation oder begründete Ablehnung und dienen im wiederholten Rückgriff auf den Text der Orientierung.

Bei dem in diesem Unterrichtsmodell vertretenen didaktisch-methodischen Ansatz geht es einerseits um genaues, textnahes Lesen und Analysieren, um den Erwerb von Kenntnissen, die Fähigkeit, Zusammenhänge zu durchschauen und sich intertextuellen Fragestellungen zu öffnen. Andererseits sollen mit produktionsorientierten Verfahren und solchen, die die Vorstellungskraft der Lernenden herausfordern, emotionale Beteiligung und kreative Auseinandersetzung angestrebt werden. Das Zusammenspiel von Denken und Empfinden, Beschreiben und Gestalten trägt dazu bei, die Erschließung des Textes zu intensivieren. Um die Ergebnisse zu sichern und die Schreibkompetenz zu erhöhen, werden die Lernenden zu Mitschriften angeregt. Auch Kursmappen werden gefordert.

Baustein 1 regt zunächst dazu an, die Vorstellungen und Vorkenntnisse der Schülerinnen und Schüler von Sehern, Propheten und Wahrsagern zu aktivieren. An ihre diesbezüglichen Lese- und Lebenserfahrungen kann im Laufe der Kassandra-Lektüre angeknüpft werden. Sie bilden auch den Hintergrund für die folgenden Informationen über den Mythos Kassandra und über Christa Wolfs Begegnung mit ihm.

---

[1] Zur Bedeutung der Vorstellungsbilder für die Erschließung literarischer Texte vgl. Schubert-Felmy (2001).
[2] Dörfler empfiehlt, das mimetische Gespräch am Ende der Unterrichtsreihe durchzuführen. Vgl. Dörfler (1988), S. 199f. Da es bei dieser Art von Gesprächen um den Versuch einer Identifizierung mit Personen der Erzählung geht, bin ich mit Böcker der Meinung, dass die Lernenden im Prozess der Texterschließung zu Worte kommen sollten; „dann können in diesem Zusammenhang Fragestellungen für die weitere Arbeit entwickelt werden". Vgl. Böcker (1995), S. 52.

Baustein 2 dient einer ersten Textbegegnung. Die Lernenden werden mit der Rahmenhandlung und der Erzählstruktur bekannt gemacht. Mithilfe eines Schaubildes gewinnen sie einen Überblick über den Inhalt der Erzählung und die Zeitstruktur. Eine produktionsorientierte Schreibaufgabe regt dazu an, die Außensicht auf Kassandra darzustellen.

Der **Baustein 3** lenkt das Augenmerk auf die gegensätzlichen Lebenskonzepte, die für Kassandras Entwicklung maßgeblich sind, auf die Welt der Mächtigen, der Kriegstreiber und Unterdrücker, und auf die Welt derer, die friedfertig zu leben versuchen, auf die Menschen am Ida-Berg und am Skamander.

Baustein 4 beschäftigt sich mit der Entwicklung Kassandras zur selbstbestimmten Persönlichkeit, die Zeugnis von dem ablegen möchte, was sie als richtig erkannte. Ihr Dienst als Priesterin und Traumdeuterin, ihre Bedeutung als Seherin, ihre Angst und Todesbereitschaft gelangen dabei zur Sprache. Ihr Lebenskonzept wird mit dem anderer herausragender literarischer Figuren, zum Beispiel mit dem Fausts, und mit dem moderner Jugendlicher verglichen.

Mit **Baustein 5** werden die Lernenden auf die unterschiedlichen Ausprägungen von Liebe und Sexualität aufmerksam gemacht. Die Liebesbeziehung zwischen Aineias und Kassandra dürfte die besondere Aufmerksamkeit jugendlicher Leser wecken. Daneben finden sich in dieser Erzählung viele Hinweise auf die Verknüpfung von Sexualität, Machtanspruch und Unterwürfigkeit. Im Rückgriff auf den Text und die *Voraussetzungen* werden entsprechende Zusammenhänge aufgedeckt und hinterfragt. Dass in dieser Erzählung Liebe auch als Barmherzigkeit zum Ausdruck gelangt, wird mit der Hinwendung des Anchises und der Arisbe zu Leidenden verdeutlicht.

In **Baustein 6** wird die Frage nach der Botschaft gestellt, die man dieser Erzählung, ergänzt durch Erläuterungen in den *Voraussetzungen,* entnehmen kann und auf die man in der DDR und der Bundesrepublik unterschiedlich reagierte. Ferner befasst sich dieser Baustein mit dem politischen und biografischen Hintergrund der Erzählung sowie mit maßgeblichen Rezensionen und Interpretationsansätzen. Die grundsätzliche Bedeutung von Mythen wird erwogen.

Baustein 7 deckt Möglichkeiten intertextueller Arbeit auf und macht mit antiken Vasenbildern zum Kassandra-Mythos bekannt.

Die Autorin dankt Herrn Frank Bohlscheid, Studienrat für Deutsch und Latein, für die bei einer gemeinsam durchgeführten Unterrichtsreihe zu Christa Wolfs „Kassandra" erhaltenen Anregungen sowie Herrn Prof. Heilmeyer, Berlin, für die Beratung bei der Interpretation der griechischen Vasen.

Frau Franziska Lipowski danke ich für die Konzeption der Personenliste (Zusatzmaterial 1).

Aus urheberrechtlichen Gründen sind die Texte von Christa Wolf (auch im Zitat) nicht in reformierter Schreibung wiedergegeben.

Die thematischen Bausteine des Unterrichtsmodells

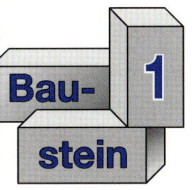

Bau-stein 1   *Der Mythos von der Seherin Kassandra*

In diesem Baustein geht es zunächst darum, die Vorstellungen und Vorkenntnisse der Schülerinnen und Schüler von Sehern, Propheten und Wahrsagern zu aktivieren. Die Informationen zum Kassandra-Mythos und über Christa Wolfs Anliegen bereiten auf die Lektüre und die Erschließung der Erzählung *Kassandra* vor.

1.1 ☐ Vorstellungen und Kenntnisse der Schülerinnen und Schüler von Sehern, Propheten und Wahrsagern

Seit Urzeiten sind Menschen bemüht, die Angst vor der Zukunft zu mildern, indem sie Seher, Wahrsager oder Orakel befragen. Nach alttestamentlicher Überzeugung wurde der Wille Jahwes durch die Stimme der biblischen Propheten, durch ihre Träume, Zeichen und Reden, offenbart. In der Antike spielten Orakel und Seher bei der Erforschung der Zukunft eine große Rolle.

Trotz aufgeklärter Grundhaltung sind noch heute viele Zeitgenossen von dem Bedürfnis erfüllt, Vorhersagen einzuholen. Horoskope und Wahrsager haben Hochkonjunktur. Oft werden sie nur schmunzelnd und ungläubig befragt, bestimmen dann aber durchaus wichtige Entscheidungen oder dienen im Nachhinein als Erklärung für glückliche und unglückliche Ereignisse. Bücher und Filme, in denen von Menschen mit hellseherischen Fähigkeiten die Rede ist, sind beliebt und bestärken den Glauben an parapsychologische Zusammenhänge.

Um den Lernprozess zu optimieren, den Blick für das Neue zu schärfen, ist es hilfreich, sich darüber klar zu werden, was man schon weiß, was man sozusagen mitbringt. Den Lernenden sollte also, ehe sie die Erzählung *Kassandra* lesen, Gelegenheit gegeben werden, ihre Kenntnisse und Vorstellungsbilder von Sehern, Wahrsagern und Hellsehern zu aktualisieren und auszutauschen.

Der folgende Schreibauftrag kann in einer vorbereitenden Hausaufgabe oder während des Unterrichts erfüllt werden:

☐ *Christa Wolfs Erzählung handelt von der Seherin Kassandra. Um das Besondere dieser Person zu erfassen, müssen wir uns darüber klar werden, welche Vorstellungen wir mit der Tätigkeit einer Seherin beziehungsweise Hellseherin / Prophetin / Wahrsagerin verbinden. Beantworten Sie dazu folgende Fragen.*

1. *Welches Bild taucht in Ihrer Vorstellung auf, wenn Sie Begriffe wie Seherin / Seher / Wahrsager / Wahrsagerin hören? Machen Sie sich Notizen oder fertigen Sie eine entsprechende Skizze an.*

2. *Über welche für diesen Zusammenhang wichtigen Kenntnisse und Alltagserfahrungen verfügen Sie? Berücksichtigen Sie bei der Beantwortung dieser Frage auch Bücher und Filme.*

3. *Differenzieren Sie nach Ihrer persönlichen Erfahrung und Meinung die Einstellung moderner Menschen gegenüber Seher- und Prophetentum, gegenüber Wahrsagen und entsprechenden Praktiken.*

Die Ergebnisse werden im Unterrichtsgespräch, wenn möglich im Stuhlkreis, ausgetauscht. Das Arbeitsblatt 1, S. 22, auf dem sich die für den Zusammenhang wichtigen Definitionen befinden, veranlasst die Lernenden, ihre Kenntnisse von Seher- und Prophetentum zu präzisieren und zu verallgemeinern.

1.2 ◻ Vorbereitung und Beginn der häuslichen Lektüre

Ehe die Schülerinnen und Schüler mit der häuslichen Lektüre beginnen, gibt die Lehrperson eine kurze Einführung. Sie weist darauf hin, dass die Struktur der Erzählung den ungeordneten, assoziativen Gedankenstrom eines Menschen abbildet, der auf sein Leben zurückblickt, der zwischen einzelnen Begebenheiten hin und her springt und dann wieder bei dieser oder jener Person oder Situation verweilt. Aus dem Ungeordneten muss der Leser einen Ablauf erstellen und Zusammenhänge erkennen. Zur Erleichterung dieses arbeitsintensiven Prozesses dienen eine Personenliste (Zusatzmaterial 1, S. 79) mit markanten Textstellen und das Arbeitsblatt 2 (S. 23).

Die Lehrperson erklärt die Funktion der Gewährsleute: Um von der Fülle der Personen nicht verwirrt zu werden, wird bei der Erschließung der Erzählung wiederholt auf „Gewährsleute" zurückgegriffen. Das heißt, jeder Kursteilnehmer, jede Kursteilnehmerin ist für eine wichtige Person zuständig. Es wird von den Gewährsleuten erwartet, dass sie in einem Gespräch die Belange der Figur vertreten und möglichst auch erklären oder kritisieren können, dass sie in der Lage sind, die Beziehung ihrer Figur zu anderen zu erläutern und gegebenenfalls zu verteidigen oder zu beklagen. Ein solches Gespräch, man nennt es auch mimetisch, geht von einer engen Beziehung des Lesers zu einer Figur aus. Sie ist mit der zu vergleichen, die ein Schauspieler zu seiner Rolle hat. Zu welchen der vielen wichtigen Personen Gewährsleute bestimmt werden, hängt von der Größe des Kurses ab.
Die Lernenden werden aufgefordert, die Personenliste beim Lesen zu ergänzen. Die Funktion des Arbeitsblattes 2 wird anschließend erklärt: Es soll auf Schwerpunkte aufmerksam machen, die im Laufe der Annäherung an Christa Wolfs Erzählung *Kassandra* Beachtung verdienen und auf diese Weise die Erschließung der Erzählung erleichtern helfen.

1.3 ◻ Der Trojanische Krieg und der Kassandra-Mythos

Während der nun folgenden häuslichen Lektüre erhalten die Lernenden im Unterricht Informationen über den Trojanischen Krieg und den Kassandra-Mythos. Je nach Vorwissen, das im Unterrichtsgespräch zu aktivieren ist, werden in Referaten oder in Einzel- und Partnerarbeit die Zusammenhänge aufgedeckt, die für das Verständnis der Erzählung unabdingbar sind und die den Blick schärfen für Christa Wolfs Umgang mit dem Mythos. Auf Lexika antiker Mythologie oder Sagenbücher, auf die Ausführungen im Vorspann des Unterrichtsmodells und auf den Textauszug aus Robert v. Ranke-Graves: Griechische Mythologie (Zusatzmaterial 2, S. 85) wird bei Referaten oder bei der Einzel- und Partnerarbeit zurückgegriffen.

1.4 □ Christa Wolfs Annäherung an die Figur

Christa Wolfs Beschäftigung mit dem Kassandra-Mythos ergab sich zufällig. Im März 1980 verzögerte sich ihr Abflug nach Athen um einen Tag. Sie nutzte ihn für die Lektüre der Orestie des Aischylos und war sofort gefangen von der Seherin. In den *Voraussetzungen einer Erzählung: Kassandra* beschreibt Christa Wolf ihre Faszination.
„Selbsterkenntnis, Distanz, Nüchternheit glaube ich, bei innigster Betroffenheit aus ihrer Stimme herauszuhören. [...] Ich scheine mehr von ihr zu wissen, als ich beweisen kann. Sie scheint mich schärfer anzusehen, als ich wollen kann."[1]
Bei der Reise selbst folgt die Autorin aufmerksam den Spuren der mythischen Figur. Nach ihrer Rückkehr studiert sie unterschiedliche Überlieferungen des Stoffes, erforscht matriarchalische und patriarchalische Strukturen in antiken Mythen, erwägt Auswirkungen auf das abendländische Leben und Denken[2] und konstatiert Parallelen zwischen dem Machtanspruch der Griechen und dem gegenwärtigen Kriegstreiben der Großmächte.[3] Troja wird für sie zum „Modell für eine Art von Utopie"[4] und in Kassandra entdeckt sie eine Zeitgenossin im „Schmerz der Subjektwerdung".[5] Die Seherin, die warnt und der keiner Glauben schenkt, wird zur Identifikationsfigur für die Schriftstellerin, die auf Missstände der Gegenwart aufmerksam macht und kein Gehör findet.

Als Christa Wolf die Voraussetzungen einer Erzählung und diese selbst konzipierte, war sie längst eine anerkannte Schriftstellerin. Sowohl in der DDR als auch in der BRD fanden ihre Bücher und Lesungen große Beachtung. Sie lösten politische Diskussionen aus, denen die Autorin nicht auswich. Obwohl sie Sonderrechte genoss, zum Beispiel Reisen in das westliche Ausland unternehmen konnte, begegneten ihr linientreue SED-Mitglieder vor allem nach der Ausbürgerung Wolf Biermanns im Jahre 1976 mit wachsendem Misstrauen. Christa Wolf, die sich bei dem Akt der Ausbürgerung an Methoden der Nationalsozialisten erinnert fühlte, unterzeichnete zusammen mit anderen namhaften Schriftstellern eine Resolution. Protest gegen die Machenschaften der Partei und die Forderung nach künstlerischer Freiheit waren ihr Inhalt.

Die Autorin musste miterleben, wie namhafte Kollegen aus der Partei ausgeschlossen und verhaftet wurden. Zu den Ausgeschlossenen gehörte ihr Ehemann. Sie selbst wurde für ihr Verhalten gerügt. Sie durfte dem Vorstand des Schriftstellerverbandes nicht länger angehören und musste vielfältige Demütigungen und Bespitzelungen erdulden. Als auch Sarah Kirsch 1979 die DDR verließ, geriet Christa Wolf in eine tiefe Krise. Dennoch hielt sie am sozialistischen Gedankengut fest, baute auf eine gerechtere Gesellschaftsordnung und setzte sich für gefangene und unterdrückte Kollegen ein. Für viele Menschen in der DDR wurde sie zur Trost-Figur.

Überwachung und Kritik an dem, was sie sagte und schrieb, führten dazu, dass Christa Wolf bei ihrer schriftstellerischen Arbeit auf Stoffe wie den Kassandra-Mythos zurückgriff. Sie waren auf den ersten Blick für die Gegenwart ohne Brisanz. Aber genau genommen sind Anspielungen unübersehbar. „Analogien zwischen der Männergesellschaft der DDR und Trojas werden deutlich: [...] Geheimdienst, intellektuelle Dissidenten."[6]

Detaillierte Kenntnisse über die DDR und ihre politischen und kulturellen Ziele kann man bei Jugendlichen heute nicht ohne weiteres voraussetzen. Da der Deutschunterricht aber nicht Nachhilfe im Fach Geschichte leisten kann, wird man sich wohl oder übel mit rudimentärem Wissen begnügen müssen. Ein Gespräch über das Leben in einem totalitären System, speziell über Bedingungen, unter denen Menschen in der DDR ihren Alltag gestalten mussten, zeitigt jedoch noch heute viele wichtige Einzelheiten, die auf zurückliegenden Erfahrungen von Verwandten und Bekannten beruhen. Ein solches Gespräch bil-

---

[1] Christa Wolf *Voraussetzungen einer Erzählung: Kassandra* (1983), S. 13.
[2] Ebd., S. 139.
[3] Ebd., S. 55ff., S. 75, S. 88f.
[4] Ebd., S. 83.
[5] Ebd., S. 89.
[6] Vgl. Wilpert (1997), Bd. 1, S. 698.

det die Grundlage für Lehrer-Informationen über die Position der anerkannten, wenn auch immer wieder misstrauisch beäugten Schriftstellerin Christa Wolf.

Das Gespräch, in welches die Lehrperson wichtige Informationen einfließen lässt, wird mit folgendem Impuls eröffnet:

❒ *Kassandra erschien 1983 in der DDR, und zwar die Vorlesungen, die den Prozess der Annäherung an die Figur spiegeln, und die Erzählung selbst in einem Band. Für die Interpretation der Erzählung ist es hilfreich, wenn wir uns die Verhältnisse in diesem Staat vor Augen führen. Die Filme „ Good bye Lenin" oder „Sonnenallee" vermitteln (z.T. satirisch überzeichnet) einen Eindruck vom Leben in der DDR, vielleicht haben Sie diese Filme gesehen. Auf jeden Fall sollten wir uns den Alltag der DDR-Bürger vor Augen führen, wenn wir uns mit Christa Wolfs Anliegen auseinander setzen.*

Ergänzend zum Gespräch besteht bei spielmutigen Kursen die Möglichkeit, Kleingruppen zu bilden, welche alltägliche Situationen der Bespitzelung und des Argwohns pantomimisch darstellen. Ein solches Vorgehen macht das um sich greifende Misstrauen in einer Diktatur eindrücklich.

❒ *Versetzen Sie sich in die Situation von Menschen, die ständiger Bespitzelung ausgesetzt sind. Gestalten Sie diese Situation pantomimisch eindrücklich zu zweit oder in einer Kleingruppe. Stellen Sie sich anschließend an Ihr Spiel den Deutungsversuchen und Fragen der übrigen Kursteilnehmer und erläutern Sie gegebenenfalls Ihr Anliegen.*

Die Lehrperson ergänzt die Ausführungen der Schülerinnen und Schüler und erläutert Christa Wolfs Position in der DDR. Sie informiert die Lernenden über Christa Wolfs Griechenlandreise.

Christa Wolfs Annäherung an Kassandra wird mithilfe von Textauszügen aus den *Voraussetzungen* nachvollzogen (vgl. Zusatzmaterial 3, S. 86). Sie werden unter folgender Aufgabenstellung bearbeitet.

❒ *Kennzeichnen Sie Christa Wolfs Annäherung an Kassandra (Stichpunkte) und achten Sie dabei auf die Bedeutung, die sie der antiken Seherin beimisst. Vergleichen Sie Wolfs Verständnis von der Seherin mit den Vorstellungen und Definitionen, von denen zu Beginn unserer Reihe die Rede war.*

Was den Prozess der Annäherung betrifft, so sind etwa folgende Ergebnisse zu erwarten:[1]

Textauszug I:
– Christa Wolf lässt sich bei der Lektüre der *Orestie* von der Seherin Kassandra faszinieren, weil sie ihr im Unterschied zu Kassandras Zeitgenossen durch ihre herausragende Selbsterkenntnis glaubwürdig erscheint.
– Mit großer innerer Beteiligung führt sich Christa Wolf die Situation der gefangenen Kassandra vor Augen, als sie, betroffen vom Untergang Trojas und dem Tod ihrer Familie, mit dem Sieger Agamemnon Mykene erreicht.
– Das Schicksal der Kassandra rührt die Autorin vor allem deshalb, weil die Seherin um das, was sie durchlebt und weiter durchleben muss, weiß und es nicht ändern kann.

Textauszug II:
Im Prozess der Annäherung an die Kassandra-Figur setzt Christa Wolf folgende Akzente:

– Sie spricht Kassandra ein Emanzipationsbedürfnis zu. Der Wunsch, Priesterin und Seherin zu werden, entspricht diesem Bedürfnis.
– Als Inhaberin des privilegierten Priesteramtes erfüllt Kassandra nicht die an sie gerichteten Erwartungen.
– Sie löst sich von ihrer Familie, wird zwischenzeitlich als wahnsinnig bezeichnet und vom eigenen Vater gefangen gesetzt.
– Kassandra kann Voraussagen treffen, weil sie über politischen Durchblick verfügt.

---
[1] Parallelen zwischen der Situation Christa Wolfs und der Protagonistin sind im Einzelnen zu überprüfen.

– Sie wehrt sich dagegen, zum Objekt gemacht zu werden, und führt ein selbstbestimmtes Leben, hat Zugang zu Randgruppen, verzichtet auf alle Privilegien und erträgt Hohn und Spott ohne Selbstmitleid.
– Kassandra erkennt, dass der Untergang Trojas nicht nur auf äußere Feinde zurückzuführen ist, sondern auch auf selbstzerstörerische Prozesse der Trojaner.
– Mit dem Untergang Trojas, das weiß Kassandra, ist ihr eigener Untergang verbunden.

Am Ende dieses Bausteins wird eine Rückwendung zu den am Beginn der Unterrichtsreihe geäußerten Vorstellungen von Sehern und Wahrsagern Raum gegeben. Sie ermöglicht eine erste Überprüfung des Lernzuwachses, der durch die Auseinandersetzung mit der Erzählung *Kassandra* und den *Voraussetzungen* erreicht wurde. Den Lernenden müsste klar geworden sein, dass Christa Wolfs Vorstellungen von einer Seherin den landläufig gültigen nicht entsprechen. Sehen/Voraussehen hängt nach ihrer Auffassung mit dem Durchschauen von Zusammenhängen und mit dem Mut zur Abgrenzung und zum Bekenntnis zusammen.

Notizen

_____

_____

_____

_____

_____

_____

_____

_____

_____

_____

_____

_____

_____

_____

_____

_____

_____

_____

_____

Definitionen: Seher, Prophet, Wahrsager

Prophet

„Typus religiöser Autorität, der durch das dynamische apodiktische ‚Sagen' [...] des göttlich Richtigen und Wahren gekennzeichnet ist; die Vorhersage zukünftigen Geschehens, die der moderne Sprachgebrauch in den Vordergrund stellt, ist nur ein Teilaspekt. Die prophetische Rede geschieht stellvertretend und ist auftragsgebunden. Der Vollzug des prophetischen Aktes ist sowohl durch Entpersönlichung des Propheten charakterisiert als auch durch die ‚Gotterfülltheit', durch den Enthusiasmus, der an die Stelle der menschlichen Individualität tritt. Die griechische Sprache, die den Begriff Prophet prägte, bezeichnet damit den Wahrsprechenden schlechthin, sowohl den Dichter als auch den Priester, der ein Inspirationsorakel erteilt. [...] Als religionsgeschichtliche Erscheinung ist das Prophetentum am stärksten in Israel hervorgetreten."

Seher

„Bezeichnung für eine Person, der die Gabe zugeschrieben wird, zukünftige Ereignisse vorherzusagen oder gegenwärtige autoritativ zu deuten. Im Alten Testament wurde ursprünglich der Seher [...] geringschätzig als bezahlter Traumdeuter oder Orakeldeuter von dem Nabi, dem echten Propheten Jahves, unterschieden. Später verwischten sich die Grenzen(..)"

Wahrsagen

„Sammelbezeichnung für die vorgeblich auf außersinnlicher Wahrnehmung beruhende ‚Fähigkeit', Aussagen über verborgene, gegenwärtige oder zukünftige Ereignisse, Zusammenhänge oder Lebensumstände zu machen. Die Praktiken des Wahrsagens reichen vom Handlesen (Handlesekunst) und Kartenlegen bis zur Sterndeutung (Astrologie)."

Hellsehen

„Form der außersinnlichen Wahrnehmung, die charakterisiert ist durch ‚Sehen' verborgener Ereignisse, Gegenstände oder Zeichen, von Dingen also, die nicht mehr durch Vermittlung der dafür normalerweise zur Verfügung stehenden Sinnesorgane (insbesondere der Augen) wahrnehmbar sind. Darüberhinaus wird als Hellsehen auch der ‚Blick' in die Vergangenheit oder Zukunft bezeichnet. Gewöhnlich handelt es sich jedoch bei (vermeintlich) hellseherisch begabten Menschen um Personen mit einem außergewöhnlichen Beobachtungs- und Auffassungsvermögen, die schon aus unmerklichen Reaktionen ihrer Mitmenschen Schlüsse ziehen und sie mit dem allgemein zugänglichen Wissen kombinieren."

Orakel

„Weissagung, Aussage über Zukünftiges, räumlich Entferntes, über den gebotenen Vollzug bestimmter Handlungen, über rechtliche Entscheidungen und herrscherliche Ansprüche. [...] In fast allen Kulturen und Religionen haben Orakel eine beträchtliche Rolle gespielt [...]. Man unterscheidet zwischen einer kultischen Orakelgebung, die durch Medien und Priester erfolgt, und einer direkten Orakelerteilung durch charismatisch veranlagte Personen. Mittel der kultischen Orakelfindung können Stäbchen, Pfeile, Lose sein, ferner die Beobachtung des Vogelflugs und der Gestirne, die Eingeweide-, besonders Leberschau des Opfertiers sowie Traumdeutungen. [...] Für direkte Orakelerteilung ist die griechische Unheilsprophetin Kassandra berühmt geworden.

Auszüge aus: Meyers Enzyklopädisches Lexikon. Bibliographisches Institut & F. A. Brockhaus, Mannheim 1977. Die Abkürzungen im Original wurden ausgeschrieben.

 Lesen Sie die Definitionen, stellen Sie Bezüge zu den bislang geäußerten Vorstellungen und Kenntnissen her und markieren Sie Abweichungen.

EinFach Deutsch: Unterrichtsmodell: Kassandra. © Schöningh Verlag 2004

Schwerpunkte der Lektüre

Dieses Arbeitsblatt soll die Lektüre der komplexen Erzählung erleichtern helfen; es macht Sie auf Zusammenhänge aufmerksam, die für die Interpretation bedeutsam sind.

1. Markieren oder notieren Sie Textstellen, die Ihnen unklar sind, die Ihre Zustimmung, die Ihre Ablehnung hervorrufen, über die Sie sich gerne austauschen möchten.

2. Markieren oder notieren Sie Textstellen, in denen vom Sehen und der Sehergabe die Rede ist.

3. Kennzeichnen Sie die Anfälle Kassandras und die Begebenheit, bei der sie auftreten.

4. Kennzeichnen Sie die in der Erzählung erwähnten Träume und den Zusammenhang, in dem sie erwähnt werden.

5. Sammeln Sie Aussagen zu der Entstehung und Durchführung des Krieges.

6. Achten Sie beim Lesen auf Aussagen, die Ihnen aktuell erscheinen.

7. Achten Sie besonders auf die Person, für die Sie bei der anschließenden gemeinsamen Interpretationsarbeit zuständig sind.
Vervollständigen Sie gegebenenfalls die Angaben auf der Personenliste (Zusatzmaterial 1).
Klären Sie Beziehungen zu anderen Personen.
Kommentieren Sie Äußerungen und Handlungen „Ihrer" Person.

Geben Sie bei der Erfüllung der Aufgaben die Seitenzahlen an, auf die Sie sich beziehen.

EinFach Deutsch: Unterrichtsmodell: Kassandra. © Schöningh Verlag 2004

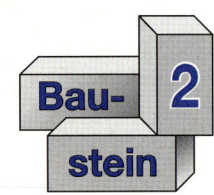

Annäherung an die Erzählung

Dieser Baustein soll dazu beitragen, dass den Schülerinnen und Schülern die Rezeption der Erzählung erleichtert wird. Dazu dient zunächst eine gemeinsame Lektüre des Erzählanfangs und -schlusses, bei der die Aufmerksamkeit auf die eigenwillige Erzählstruktur und die Retrospektive als Erzählhaltung gerichtet werden kann. Als weitere Hilfestellung ist eine Übersicht über den Inhalt und den zeitlichen Ablauf der Handlung vorgesehen.

2.1 ☐ Erarbeitung der Erzählstruktur: Rahmenhandlung und Retrospektive der Ich-Erzählerin

Die für die Erzählung maßgebliche Ausgangssituation vor dem Löwentor in Mykene übernimmt Christa Wolf von Aischylos: Kassandra blickt, den nahen Tod vor Augen, auf ihr Leben zurück.

Wolf gestaltet den Erzählbeginn mit zwei kurzen bedeutungsvoll wirkenden Parataxen. Sie machen den Leser aufmerksam: „Hier war es. Da stand sie."
Die Ortsadverbien „Hier" und „Da" haben hinweisenden Charakter, aber das, worauf verwiesen wird, bleibt allgemein. Dazu signalisiert das Präteritum eine abgeschlossene Handlung. Der Leser wartet auf Erklärungen; er möchte wissen, was eigentlich geschah und worauf er seinen Blick richten soll. Der nächste Satz leistet diese Erklärung. Vergangenheit und Gegenwart werden in eine enge Beziehung gebracht. „Diese steinernen Löwen, jetzt kopflos, haben sie angeblickt." Das Demonstrativpronomen zwingt den Blick auf das, was vor Augen liegt, auf das Gegenwärtige. Dass dieses Gegenwärtige Zeiten überdauerte, wird durch die Wahl des Perfekts signalisiert[1] und durch die Ellipse „jetzt kopflos"; sie deutet zugleich die Veränderung an, deren Ursachen im Folgenden genannt werden: „Ein lange vergessener Feind und die Jahrhunderte, Sonne, Regen, Wind haben sie geschleift." Mit dem Hinweis auf das Löwentor schließt die Erzählung. „Diese steinernen Löwen haben sie angeblickt. Im Wechsel des Lichts scheinen sie sich zu rühren." (S. 164) Der letzte Satz, der den Ausgangsort wie bei einem Rahmen wieder aufnimmt, verweist nicht auf erstarrte Ruinen und vergängliche Macht (man bedenke, dass der Löwe als ein Zeichen für Herrschaft und Größe angesehen wird, seine Kopflosigkeit demnach Ohnmacht demonstriert[2]), sondern auf Leben und Bewegung, so als könnte nichts unverändert bleiben angesichts der Geschichte derjenigen, die in Mykene vor dem Löwentor ihr Leben bedenkt. Die steinernen Löwen waren einst für Kassandra bedeutsam, sie sind es für die Autorin, die hier mit der Erzählerin gleichgesetzt werden kann, und sollen es nun für den Leser sein.

Mit den Worten „Hier ende ich" (S. 5) beginnt der Erinnerungsmonolog der Protagonistin. Ihre Gedanken kreisen ungeordnet um Menschen und Situationen ihres Lebens. Sie werden nur durch kurze Begebenheiten oder Dialoge, die sich in ihrem Jetzt vor dem Löwentor abspielen, unterbrochen. Das Tor bildet für Kassandra die Schwelle zum Tod. Ehe sie diese Schwelle betritt, will sie sich endgültig ihrer selbst vergewissern. „Vor diesem letzten Tor [...] wird der Kern geschliffen." (S. 11)

---

[1] „Perfektsätze sind [...] die wichtigsten Handhaben für den ersten tastenden Versuch Kassandras, aus der mykenischen Gegenwart in ihre trojanische Vergangenheit vorzudringen". Vgl. Nicolai, (1995). S. 20.

[2] Maisch erwähnt in diesem Zusammenhang, dass der Löwe in der griechischen Mythologie als Symbol des Todes und der Unterwelt gilt. Hinter dem Tor wartet das „Schlachthaus" (S. 5) auf Kassandra. Vgl. Maisch (1986), S. 13.

Die Lernenden werden mit der Abbildung des Löwentores von Mykene konfrontiert (vgl. S. 7 des Modells). Die Lehrperson erläutert, dass schon Aischylos etwa 450 Jahre v. Chr. diesesTor zum Ausgangspunkt seiner Tragödie *Agamemnon* machte und Kassandra hier ihr Seherlos beklagen ließ. Sie fordert die Schülerinnen und Schüler auf, sich das Löwentor genau anzusehen und seine Wirkung auf die Betrachter zu ermessen.

Alsdann werden zunächst der Erzählbeginn (erster Textabschnitt) und der Erzählschluss (letzter Satz) vorgelesen, vielleicht sogar zweimal, um durch das Hörerlebnis vom Text räumlich umgeben zu sein.[1] Nach einem allgemeinen Austausch über die Wirkung der Textausschnitte erhalten die Schülerinnen und Schüler den Auftrag, den Text zu analysieren.

□ *Analysieren Sie den Anfang und den Schluss der Erzählung und beschreiben Sie dabei genau, auf welche Weise die zeitliche Struktur zum Ausdruck gelangt. Achten Sie dabei auf die Zeitform der Verben und auf Zeit- und Ortsadverbien.*

Die Ergebnisse der Feinanalyse können mithilfe eines Tafelbildes oder auf einer Overhead-Folie gesichert werden.

Der Anfang der Erzählung

heute	damals	andauernd, Vergangenheit und Gegenwart verbindend
„Hier Da Diese steinernen Löwen, jetzt kopflos Diese Festung [...], ein Steinhaufen jetzt,	war es. stand sie. war das letzte, was sie sah.	 haben sie angeblickt. Ein lange vergessener Feind und die Jahrhunderte [...] haben sie geschleift. Unverändert der Himmel [...]. Nah die zyklopisch gefügten Mauern, heute wie gestern, die dem Weg die Richtung geben: zum Tor hin.
unter dem kein Blut hervorquillt.	Ins Finstere. Ins Schlachthaus. Und allein."	

Sprachliche Mittel:

Zeitform: Präsens Zeit- und Ortsadverbien	Zeitform: Imperfekt Zeitadverbien, Zahlwort	Zeitform: Perfekt Zeitadverbien

Die Autorin setzt Vergangenheit und Gegenwart zueinander in Beziehung.

[1] Vgl. Wermke (1995), S. 199

Anschließend wird folgender Arbeitsauftrag erteilt:

❑ *Lesen Sie die nächsten neun Zeilen (bis „ich weiß es seit langem"), beschreiben Sie die Erzählerperspektive und ihre Wirkung und kennzeichnen Sie die Atmosphäre des gesamten Erzählanfangs (Notizen).*

Folgende Ergebnisse sind zu erwarten:
Die Erzählung beginnt damit, dass sich ein gegenwärtiges Erzähler-Ich das Schicksal einer namenlos bleibenden Figur in weit zurückliegender Zeit vor Augen führt. Im Folgenden kommt diese Figur selbst als ein Jemand zu Wort, der angesichts des Todes seine unabänderliche Machtlosigkeit und seine völlige Einsamkeit erkennt. Es ist nicht eindeutig zu machen, ob die in Zeile 10 für sich stehende Aussage „Mit der Erzählung gehe ich in den Tod" noch dem Erzähler-Ich oder bereits der Protagonistin zuzuordnen ist. Im ersten Fall gipfelt die Erzählung im Todesgeschehen. Es wird das Letzte sein, von dem die Rede sein muss. Spricht die Protagonistin diesen Satz aus, dann gewinnt die Erzählung Vermächtnischarakter. Aber, wie im Folgenden deutlich wird, ist dieses Vermächtnis trostlos. Es bezeugt Scheitern, Ohnmacht und Verlassenheit. Nicht einmal von den Göttern ist Hilfe zu erwarten.
Der gesamte Erzählanfang ist durch eine düstere Athmosphäre bestimmt. Sie wird durch die Wortwahl hervorgerufen, die Leid und Untergang signalisiert. Der Leser sieht das hervorquellende Blut des Schlachthauses vor seinem inneren Auge. Er fühlt die Gottverlassenheit eines Menschen, der durch „die Gleichgültigkeit der Außerirdischen" beschädigt wurde. In einer Klimax zeigen Partizipien diese Beschädigung an (vgl. Zeile 14f.: „durchtränkt, geätzt, vergiftet"). Ellipsen verstärken den Eindruck des Unabänderlichen (vgl. Zeile 8f.: „Ins Finstere. Ins Schlachthaus. Und allein.", Zeile 15f.: „Gescheitert das Wagnis, ihrer Eiseskälte unsre kleine Wärme entgegenzusetzen"). Wortwiederholungen wie „nichts, nichts" (Zeile 11), Inversionen (vgl. Zeile 17f.: „Vergeblich versuchen wir, uns ihren Gewalttaten zu entziehn"), Anaphern (vgl. Zeile 13f.: „Tiefer als von jeder andren Regung, tiefer selbst als von meiner Angst") bezeugen die kunstvolle, ästhetische Gestaltung einer Grenzsituation, aus der es kein Entkommen zu geben scheint.

2.2 ❑ Kassandras Ankunft in Mykene: Erste Erinnerungen. Wirkungen der Seherin auf die Mykener

Kassandra lenkt ihr Augenmerk nur kurz auf die Menschen in Mykene (Klytaimnestra, Agamemnon, das einfache Volk, der Wagenlenker). Der Bewusstseinsstrom ihrer Erinnerung wird auch selten durch Dialoge oder Ereignisse ihrer Gegenwart in Mykene unterbrochen (zu Beginn der Erzählung: vgl. S. 5, 6, 8, 11, 12, 14, später: S. 18, 37, 51, 87, 92ff., 98, 123f., 138, 154, 164).
Angesichts ihres Todes vergewissert sie sich ihrer eigenen Entwicklung und wichtiger Personen ihrer Vergangenheit. Auf den ersten Seiten der Erzählung (S. 5–13) werden Marpessa, Myrine, Aineias, Penthesilea, Achill und Hekabe genannt. Ungeordnet wechseln Kassandras Gedanken, verweilen bei einzelnen Ereignissen, eilen von der jüngsten Vergangenheit, der Überfahrt nach Mykene, zu Begebenheiten ihrer Kindheit und Jugend zurück. Fragen nach Liebe und Hass, nach Erkenntnis und geistiger Blindheit werden laut.
Die Lektüre der ersten Seiten stellt die Schülerinnen und Schüler vor eine große Herausforderung. Viele verlieren die Motivation weiter zu lesen, weil sie keine Zusammenhänge erkennen. Die Hörkassette, die Ausschnitte einer Lesung Christa Wolfs wiedergibt[1], kann in Auswahl ergänzend zur Lektüre der nächsten Seiten eingesetzt werden. Die ruhige, herbe Stimme der Autorin vertieft die Vorstellung von der gefangenen, todesgewissen Seherin und verleiht dem Hin und Her ihrer zurückeilenden Gedanken und der Reaktion der Mykener Nachdruck. Lesen und Hören erleichtern die Rezeption der ersten dreizehn Seiten

---
[1] Christa Wolf: Kassandra (Ausschnitt). Cotta's Hörbühne 1989.

des Textes. Nach dem Lesen und Hören der ersten Seiten erhalten die Schülerinnen und Schüler Gelegenheit, ihre Eindrücke zu artikulieren, Verständnisfragen zu klären.

Anschließend bereiten sich die Gewährsleute für Marpessa, Myrine, Aineias und Hekabe[1] im Rückgriff auf den vorliegenden Text und die Personenliste (vgl. Zusatzmaterial 1) darauf vor, ihre Figuren zu charakterisieren und knapp zu erläutern, worin deren Bedeutung für Kassandra und den Handlungszusammenhang zu sehen ist. Ihnen wird empfohlen, ihre Vorstellung in der Ich-Form zu beginnen (z.B.: „Ich bin Marpessa, Kassandras Dienerin, jetzt ihre Mitgefangene ...") und dann erst weitere Einzelheiten aus ihrem Leben auszubreiten („Ich kenne Kassandra ..."). Die übrigen Kursteilnehmer bereiten Fragen vor, die sie den einzelnen Personen im Anschluss an deren Ausführungen stellen, zum Beispiel Myrine: „Warum folgten Sie Penthesilea blindlings? Spürten Sie, dass Kassandra von Ihnen fasziniert war?" „Warum harrten Sie in Troja beim hölzernen Pferd aus? Glaubten Sie Kassandra?" Gewährsleute für die Personen setzen sich nacheinander vor die Klasse, machen sich bekannt und erläutern ihre Bedeutung für Kassandra und den Handlungszusammenhang. Neben der Auskunft erteilenden Person steht ein leerer Stuhl. Falls die Gewährsperson nicht in der Lage ist zu antworten, kann jemand anderes helfend eingreifen. Er setzt sich neben sie auf den freien Stuhl und beantwortet die Fragen.

Eine Schreibaufgabe (evtl. als Hausaufgabe) hilft, die Gestalt der Kassandra mit den Augen der Mykener zu sehen und die Atmosphäre, in der sich die Protagonistin als Gefangene befindet, aus der Außensicht zu beschreiben.

🗋 *Stellen Sie sich vor, Sie lebten in Mykene und beobachteten die Ankunft Agamemnons und Kassandras, so wie sie im Text beschrieben wird. Gehen Sie nach Hause und erzählen Sie Ihren Angehörigen, was Sie sahen und erlebten. Richten Sie Ihr Augenmerk dabei besonders auf Kassandra.*

2.3 🗋 Der Inhalt der Erzählung und die Zeitstruktur

Die Erinnerungen Kassandras an ihre frühe Kindheit vollziehen sich sprunghaft. Von Stufe zu Stufe tastet sie sich in die Vergangenheit zurück, stellt, wie bereits ausgeführt, wiederholt Beziehungen zur Gegenwart in Mykene her oder sinnt über die grundsätzliche Bedeutung des Erinnerten nach. Sie vergewissert sich mehrfach der Bedeutung ihres Seheramtes und breitet Erinnerungen an einzelne Personen aus. Bedeutsame Ereignisse wie die gerade überstandene Überfahrt nach Mykene oder die weit zurückliegende Weihe zur Priesterin tauchen ungeordnet vor ihrem inneren Auge auf. Wie Nicolai ausführt, sind die Erinnerungen an die Zeit vor dem Kriegsausbruch „,ungeordnet' ineinander verkeilt", während die Kriegsereignisse eher in einer chronologischen Reihenfolge ausgebreitet werden.[2] Bei der Erschließung der Erzählung besteht die Gefahr, dass man sich in Details verliert. Deshalb erscheint es sinnvoll, die Lernenden zur Klärung des Inhalts und der Zeitstruktur mit einer Übersicht zu konfrontieren.[3]

Notizen

_____

_____

_____

_____

_____

---

[1] Achill und Penthesilea, von denen hier auch die Rede ist, kommen im Kapitel 3.2 zu Worte.
[2] Vgl. Nicolai (1995), S. 13.
[3] Die Chronologie der Ereignisse folgt einem Vorschlag Beitlers. Vgl. Beitler (1996), S. 16f. Die Seitenzahlen wurden geändert. Sie folgen der Luchterhand-Ausgabe.

Die Chronologie der Ereignisse

Baustein 2

Arbeitsblatt 3

❐ *Lesen Sie die Übersicht über die Chronologie der Ereignisse und lösen Sie eine der folgenden Aufgaben schriftlich:*
1. *Verfassen Sie im Rückgriff auf die Informationen der Spalte „Äußere Ereignisse / Politik" einen prägnanten Artikel für ein Nachschlagewerk, das über die politischen Zusammenhänge informiert, und zwar so, wie sie in der Erzählung entfaltet werden.*
2. *Verfassen Sie im Rückgriff auf die Informationen der Spalte „Kassandras Entwicklung" einen Lebenslauf Kassandras.*

Vorkrieg	Äußere Ereignisse/ Politik	Kassandras Entwicklung	Zeitpunkt
	Aussetzung von Paris (S. 55ff.)		Vor Kassandras Geburt
	„1. Schiff" (S. 40f.)		
	Panthoos schafft Knabenopfer ab (S. 42)		Kindheit
	Aisakos' Tod (S. 52)	kindlicher Erst-Anfall (S. 53)	
	„2. Schiff" (S. 44ff.)	1. Anfall (S. 48f.)	Mädchenzeit
	Tempelbezirk: Defloration (S. 20f.)	Begegnung mit Aineias (S. 21ff.), mit Kybelekult (S. 24), mit Arisbe (S. 59f.)	Pubertät
	Rückkehr von Paris (S. 54ff.)		
	Eumelos taucht auf (S. 55, 66)		
	Besuch von Menelaos (S. 65ff.)	2. Anfall (S. 71f.)	
	„3. Schiff" (S. 54, 66, 77)		
10 Jahre Krieg	Rückkehr von Paris ohne Helena (S. 81f.)	3. Anfall (S. 82f.)	
Beginn	Troilos' Tod (S. 86f.)	Liebe zu Aineias (S. 103, 105f.)	
Mitte	Verwüstung der Dörfer durch Achill (S. 103)	Leben am Idaberg / Skamandros (S. 62) in der Gegenwelt um Anchises (S. 110ff.) und Arisbe (S. 62f.)	Priesterweihe Seherin
	Penthesilea kommt (S. 137)		
gegen Ende	Tod Penthesileas (S. 137)		
	Tod Achills (S. 155)	eingemauert im „Heldengrab" (S. 151ff.)	
	„Verkauf" Kassandras an Eurypilos (S. 158)	Geburt der Zwillinge (S. 158)	
	Zerstörung Trojas (S. 160ff.)	Abschied von Aineias (S. 8, 90, 162ff.)	
Nachkrieg Sturmnacht	Überfahrt (S. 5f., S. 11)		
letzter Tag	Kassandra als Kriegsbeute in Mykene (S. 5f., S. 164)	zur Vollendung gereifte autonome Persönlichkeit	

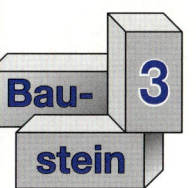

Die Welt der Mächtigen, der Kriegstreiber, und die Welt der Friedenssucher

Ehe Kassandra selbst im Zentrum der Erarbeitung steht, soll von der Umgebung die Rede sein, die auf sie einwirkt und auf die sie reagiert. Die Machtstrukturen der Palastwelt, mit denen sich Kassandra als Seherin auseinander setzt, spiegeln Berechnung und Unterdrückung, vergleichbar denen der DDR. Die friedliche Gegenwelt am Skamander erinnert an Vorstellungen des Urkommunismus und birgt zugleich utopische Züge. Sie zeigt Menschen im Einklang mit sich und der Natur.

3.1 ☐ Der Wandel in den Machtstrukturen der Palastwelt und der Aufstieg des Eumelos

In der Erinnerung Kassandras an ihre frühe Kindheit ist die Welt des Palastes noch nicht von Machtstreben und Härte gekennzeichnet, sondern von Liebe und Verständnis. Es war noch die Zeit, in der Hekabe das Wort führte und sich mit Priamos in Regierungsgeschäften beriet:
„Abend für Abend, ich seh ihn noch, ist er zur Mutter gegangen, die häufig schwanger in ihrem Megaron saß, auf ihrem hölzernen Lehnstuhl, der einem Thron sehr ähnlich sah und an den der König sich, liebenswürdig lächelnd, einen Hocker heranzog." (S. 17).
Frieden und Übereinstimmung herrschten im Palast und mit anderen Staaten.

Christa Wolf stellt Kasssandra in die Zeit des Übergangs vom „Mutterrecht" zum „Vaterrecht". Die herausragende Stellung, die Hekabe zu Beginn ihrer Ehe genoss, die heimliche Verehrung der Muttergöttin Kybele (S. 24), die ekstatischen Tänze der Frauen am Idaberg (S. 25), ihr friedliches Leben im Einklang mit der Natur sind Hinweise auf die vergehende matriarchalische Welt.

In einem Gespräch über die Erzählung *Kassandra* erklärt Christa Wolf, welche Konsequenzen sich aus dem Übergang vom Matriarchat zum Patriarchat ergeben:
„Ich kann Geschichte nicht anders sehen als aus der Perspektive derjenigen, die unterdrückt werden [...]. Als ich mich mit dem griechischen Mythos beschäftigte, war es mir wirklich ein Schock, wie früh Frauen in diese Verliererrolle hineingedrängt wurden, aus der sie über dreitausend Jahre nicht mehr herausgekommen sind."[1]
Die Machtstrukturen in Troja verändern sich, während Kassandra heranwächst: Frauen werden zum Objekt lieblosen Begehrens und Männer werden zu Helden gemacht, auch wenn sie keine sind. Dafür ist Priamos ein Beispiel (vgl. S. 120). Kriegsvorbereitungen und der Krieg selbst sind Ausdruck zunehmenden männlichen Omnipotenzgebarens (S. 67). Hekabe wird die Teilnahme an den Ratssitzungen verwehrt; politische Beschlüsse werden fortan ohne sie gefasst. „Was jetzt, im Krieg, in unserm Rat zur Sprache kommen muß, ist keine Frauensache mehr." (S. 110)
Nicht nur mit den Griechen wird Krieg geführt. Auch in Troja selbst bilden sich Fronten. Männer werden zu Opfern nicht verstummender Rivalitäten. Unterdrückung und Misstrauen machen sich breit, Vorschriften regeln, was man sagen darf.
Fassbar werden die Veränderungen in Troja in der Gestalt des Eumelos. Er ist der heimliche Machthaber; Priamos wirkt wie seine Marionette (S. 120). Eumelos ist von Christa Wolf erdacht und lässt wie keine andere Person der Erzählung Parallelen zur SED-Politik oder allgemein zum Leben in einer Diktatur zu.

---

[1] Vgl. Documentation (1984), S. 106.

Der Machtaufstieg des Eumelos vom niedrigen Schreiber zur einflussreichsten Person in Troja wird durch ein Sicherheitsnetz gewährleistet (S. 67). Eumelos lässt zunächst Angehörige des Königshauses bespitzeln und vergrößert die Palastwache mit arroganten, ihm willfährigen jungen Männern (S. 67); später dehnt er sein Sicherheitsnetz über ganz Troja aus.

„Die Zitadelle nach Einbruch der Dunkelheit gesperrt. Strenge Kontrollen alles dessen, was einer bei sich führte, wann immer Eumelos dies für geboten hielt. Sonderbefugnisse für die Kontrollorgane." (S. 122)

Selbst auf dem beliebten Herbstmarkt belauschen seine Leute als „Käufer verkleidet" harmloses Geschäftstreiben (S. 123).

Die von Eumelos schon vor dem Kriegsausbruch erschaffenen Feindbilder steigern den Patriotismus der Trojaner. Ihm gelingt es, „Massenloyalität" zu erzeugen und die wirtschaftlichen Kriegsgründe ideologisch zu verbrämen.[1] Er gibt vor, dass es in diesem Krieg um die Verteidigung der Ehre Trojas gehe, und verschweigt, dass der Kriegsgrund Helena gar nicht besteht, da sie sich nicht in Troja, sondern in Ägypten aufhält, der Kampf also nur um ein Phantom geführt wird (S. 84f.).

Deutliches Zeichen der Verschleierungstaktik des Eumelos ist die von ihm verordnete Sprachregelung. Eumelos gibt vor, wie man die politische Lage zu sehen hat: Als der Grieche Menelaos Troja aufsucht, darf er nicht mehr als „Gastfreund" bezeichnet werden, sondern als Kundschafter und Provokateur (S. 67). Der Krieg selbst wird als „Überfall" deklariert (S. 85). Bewacher, das heißt Spitzel des Eumelos, gelten als „Beschützer" (S. 59).

An Priamos' Macht soll die neu verordnete Attribuierung „Unser mächtiger König" glauben helfen. („Was man lange genug gesagt hat, glaubt man am Ende", S. 78.) Heldenlieder werden verändert, um die Größe der Trojaner vor Augen zu führen. Als der Versuch, Boten nach Griechenland zu schicken, um Verhandlungen mit den Griechen durchzuführen, trotz vieler Geschenke misslingt, stellen die Palastschreiber das Ganze als großen Erfolg dar. Sie machen nachträglich aus dem halbwegs missglückten Unternehmen großmäulig „das erste Schiff." (S. 39) „Die neuen Texte waren ruhmredig, marktschreierisch und speichelleckerisch" (S. 120).

Auch die bestellten Orakelsprecher verbreiten leeres Geschwätz (S. 106). Aus „Worten, Gesten, Zeremonien und Schweigen" entsteht ein andres Troja, eine „Geisterstadt" (S. 102), ein Lügengebäude. Seine eigenen Bewohner werden ständig getäuscht. (S. 80) Der Zerfall ist nicht mehr aufzuhalten.

Ein kurzer Rückgriff auf Aufgabe 5 des Arbeitsblattes 2 (S. 23) (vgl. Kapitel 1.2), das die häusliche Lektüre begleitete, und auf den von Schülern und Schülerinnen verfassten Artikel für ein Nachschlagewerk über die politischen Zusammenhänge des trojanischen Krieges (vgl. 2.3) orientiert die Lernenden erneut über die Machtverhältnisse in Troja.

❑ *Um Kassandras Situation in Troja zu verstehen, müssen wir uns erneut die politischen Verhältnisse und vor allem die Kriegstreiberei im Umfeld des Königs Priamos vor Augen führen. Die Aufgabe 5 im Arbeitsblatt 2 und der von Ihnen verfasste Artikel für ein Nachschlagewerk ist bereits auf diese Thematik ausgerichtet. Greifen Sie auf diese Ausführungen zurück und kennzeichnen Sie in einem kurzen zusammenhängenden Vortrag die politische Situation, mit der sich Kassandra konfrontiert sah.*

Da die von Christa Wolf erdachte Figur des Eumelos nicht nur hinsichtlich der Kriegstreiberei, sondern auch hinsichtlich vieler Parallelen zum SED-Staat bedeutsam ist, werden die Schülerinnen und Schüler aufgefordert, sich mithilfe der Personenliste (Zusatzmaterial 1 (S. 79) oder vorgegebener Textstellen (s. Kasten auf der nächsten Seite) ein genaues Bild von ihm zu machen und die Stufen seines Aufstiegs zu kennzeichnen. Sie werden in einem Folienbild markiert.

❑ *Da dem Eumelos, was die Machtverhältnisse in Troja anbelangt, eine Schlüsselrolle zukommt, müssen wir uns mit ihm ausführlich auseinander setzen. Kennzeichnen Sie ihn und die Stufen seiner Machtentfaltung. Sichern Sie die Ergebnisse auf einer Folie.*

---

[1] Vgl. Epple (1993), S. 286.

Der Aufstieg des Eumelos[1]: Entwicklung vom Untergebenen zum autoritären Herrscher

- **Eumelos ist der Sohn eines „niedrigen Schreibers und einer Sklavin aus Kreta" (S. 67).**
- **Eumelos schlägt die militärische Laufbahn ein. Als junger Offizier macht er bald auf sich aufmerksam (S. 55).**
- **Bei den Wettkämpfen, die Paris mit seinen Brüdern austrägt, sorgt Eumelos dafür, dass alle Ausgänge durch Wachsoldaten des Königs abgeriegelt werden (S. 55).**
- **Eumelos bespitzelt Kassandra. Er ist Wachposten vor des Königs Tür. Keiner kommt an ihm vorbei. Priamos bezeichnet ihn als fähigen Mann (S. 61).**
- **Eumelos wird Befehlshaber der Palastwache und Ratsmitglied. Er umgibt den Palast mit einem Sicherheitsnetz und befiehlt Sprachregelungen. Statt „Gastfreund" muss man z.B. Menelaos „Kundschafter" nennen (S. 67), von Krieg darf nicht gesprochen werden, sondern von „Überfall" (S. 84ff.).**
- **Eumelos und seine Leute finden in den Tempeldienern und den Palastschreibern Anhänger. Die Griechen werden, ehe vom Krieg die Rede ist, wie Feinde geschmäht, Panthoos, Briseis verdächtigt (S. 77). Kassandra fühlt sich von Eumelos beeinflusst (S. 83, 85, 122).**
- **Eumelos gewinnt immer größeren Einfluss auf Priamos. Er entmachtet Hekabe (S. 110) und lässt den König mit „ruhmredig(en), marktschreierisch(en) und speichelleckerisch(en)" Heldengesängen ehren (S. 120).**
- **Eumelos dehnt das Sicherheitsnetz über ganz Troja aus. Er spricht Menschen grundlos schuldig (S. 92); er lässt kontrollieren, was die Trojaner mit sich führen (S. 122). Er hat überall seine Spitzel (S. 123).
  Seine Macht ist uneingeschränkt.**
- **Er wird die Katastrophe überleben. Die Griechen werden ihn brauchen (S. 161)**

Falls die Lernenden nicht schon von sich aus bei der Erstellung des Tafelbildes auf Parallelen zur DDR hinweisen, werden sie nun dazu aufgefordert.

❏ *Überprüfen Sie die vorliegende Übersicht auf Übereinstimmungen und Ähnlichkeiten mit der politischen Führung der DDR oder mit anderen totalitären Systemen.*

Ergänzend oder als Alternative zum analytischen Textumgang wird die Gewährsfigur Eumelos in ein mimetisches Gespräch verwickelt. Es beteiligt die Lernenden auch emotional. Die Kursteilnehmer (mit Ausnahme des Gewährsmannes für Eumelos) erhalten dazu folgenden Arbeitsauftrag:

❏ *Bereiten Sie auf der Basis von Textaussagen (vgl. die Personenliste, Zusatzmaterial 1) ein Interview mit Eumelos vor. Sie können ihn zum Beispiel nach seinen Zielen fragen, nach den Gründen für die Zurücksetzung Hekabes, nach der Beurteilung Kassandras, nach seinem Verhältnis zu Priamos.*

An „Eumelos" ergeht der Auftrag, sich in der geübten Weise (vgl. die Erklärungen in Kapitel 2.2) vorzustellen und Argumente zusammenzustellen, welche der Erläuterung und Verteidigung seiner Position dienen. Im Anschluss an diese Vorbereitung wird das Interview mit ihm durchgeführt.

Falls es ratsam erscheint, die Veränderung in Troja noch eindrücklicher zu machen, empfehlen sich folgende Aufgaben:

❏ *Verfassen Sie einen Aufruf, mit dem Eumelos die Trojaner in Kenntnis setzt, welche Veränderungen in ihrem Umgang und Alltag zwingend sind.*

Die Schüler stellen drei Szenen dar. Bei der ersten handelt es sich um ein Standbild, das an die Zeit des Matriarchats erinnert, als Hekabes Rat noch gefragt war, zwischen ihr und Priamos Einvernehmen bestand und Kassandra die Harmonie ihrer Eltern genießt. (S. 17)

---
[1] Die hier vorliegende Folie dient zur Orientierung der Lehrperson.

Bei diesem Standbild dürfte es darauf ankommen, dass zwar Hekabes Souveränität zum Ausdruck gelangt, Priamos aber nicht unterwürfig, sondern gelassen und ebenbürtig erscheint.

❏ *Lesen Sie S. 17 und errichten Sie dann ein Standbild, das das hier beschriebene Verhältnis zwischen Hekabe und Priamos zum Ausdruck bringt. Lassen Sie das Standbild auf Ihre Zuschauer wirken, fordern Sie sie auf, es zu deuten, und erklären Sie, was Sie selbst mit diesem Standbild anzeigen wollten.*

Bei der zweiten Szene geht es um Hekabes Ausschluss aus dem Rat (S. 110). Anhand der Textangaben wird pantomimisch zum Ausdruck gebracht, wie Hekabe der Zugang zum Rat verwehrt wird, wie die Ratsmitglieder, sogar ihr eigener Sohn Hektor, hochmütig an ihr vorbeischreiten und sie auf diese Weise zutiefst demütigen.

❏ *Lesen Sie die S. 110 und stellen Sie pantomimisch Hekabes Demütigung dar. Sie können neben Hekabe mehrere Ratsmitglieder und ihren Sohn Hektor an der Pantomime beteiligen. Lassen Sie die Zuschauer Ihre Pantomime deuten und erklären Sie selbst, was Sie zum Ausdruck bringen wollten.*

Die dritte Szene entspricht insofern der ersten, als ein Standbild mit Hekabe und Priamos errichtet werden soll, das im deutlichen Kontrast zum ersten steht; denn durch dieses Standbild soll veranschaulicht werden, dass Hekabe ihre herausragende Bedeutung verlor und dass das Gespräch zwischen den Eheleuten verstummte, ihre Gemeinsamkeit zerbrach:

„König Priamos zerbröckelte, je mehr er gezwungen wurde, den König herauszukehren. Starr saß er bei den großen Feiern in der Halle, neuerdings erhöht neben, über Hekabe und hörte auf die Gesänge, die ihn priesen." (S. 120)

❏ *Lesen Sie S. 120, errichten Sie ein Standbild, mit dem Sie das gewandelte Verhältnis zwischen Priamos und Hekabe zum Ausdruck bringen. Lassen Sie das Standbild auf Ihre Zuschauer wirken, fordern Sie sie auf, es zu deuten, und erklären Sie, was Sie selbst mit diesem Standbild anzeigen wollten.*

3.2 ❏ Die Helden

Dem negativen Bild, das Christa Wolf von der Palastwelt Trojas zeichnet, dem Machtkampf, der Unterdrückung von offener Rede und Lebensfreude, den versteinerten patriarchalischen Strukturen, entspricht auf der Seite der Griechen Verlogenheit, Masochismus und Blutdurst.

Christa Wolf vermittelt ihre Friedensbotschaft, indem sie das klassische Heldenbild pervertiert und hohe, überkommene Ideale parodiert. Die Helden des Mythos sind nach ihrer Darstellung in sich gespaltene Existenzen (Priamos), Mitläufer (Hektor), Menschen, denen es an Selbstbewusstsein mangelt, die ihre Schwächen verbergen wollen (Achill), die um Anerkennung bangen (Paris), und Emporkömmlinge (Eumelos).[1] Sie benutzen andere für ihre Zwecke und opfern Frauen ihrer Lust (vgl. die folgende Textstelle: „Die Männer, schwach, zu Siegern hochgepuscht, brauchen, um sich überhaupt noch zu empfinden, uns als Opfer. Was soll da werden." (S. 143)).

Panthoos fasst sein Urteil über die Kämpfer folgendermaßen zusammen:

„Es sind doch alles Bestien, Kassandra, halb Bestien, halb Kinder. Sie werden ihren Begierden folgen, auch ohne uns." (S. 80)

Die Perversion des Heldischen ins Gemeine und Abscheuliche erkennt man besonders gut im direkten Vergleich mit Heldendarstellungen bei Homer. Bei ihm ist Achill an Schönheit und Mut den Göttern gleich. Sie nehmen Anteil an seinem Schicksal. Sie schenken ihm ihre Waffen. Seine Mutter Thetis übergibt sie ihm:

„Du aber empfange von Hephaistos die ruhmvollen Waffen,
Sehr schöne, wie solche noch nie ein Mann an den Schultern getragen."
[…] Achilleus aber,

---

[1] Zu den einzelnen Helden und ihren Taten bzw. Untaten vgl. die Personenliste, Zusatzmaterial 1.

Wie er sie sah, da tauchte in ihn noch mehr der Zorn, und in ihm die Augen
Strahlten schrecklich unter den Lidern hervor wie Feuerschein.
Und er ergötzte sich, in Händen zu halten des Gottes prangende Gaben."[1]

Aus dem „göttergleichen Achill" wird bei Christa Wolf „Achill das Vieh" (z.B. S. 88, 89, 95).
Mit seinen plumpen, haarigen Händen (S. 89), seinem stierenden Blick, dem tropfenden
Speichel (S. 130) stößt er schon rein äußerlich ab. Aber auch sein Wesen ist minderwer-
tig, seine Grausamkeit ist abscheulich. Er ermordet Kassandras Bruder Troilos und begeht
dabei ein Sakrileg, indem er ihn im Tempel köpft (S. 88ff.). Er hält sich nicht an die Kampf-
regeln: Auch Gefangene werden von ihm abgeschlachtet (S. 135). Plündernd und mordend
zieht Achill durch das Land und vergewaltigt Frauen (S. 103). Penthesilea schändet er noch
als Tote (S. 143). Er entehrt den besiegten Hektor, denn er schleift ihn so lange um die Burg,
bis nur noch „ein Klumpen rohes Fleisch" übrig bleibt (S. 134). Launisches Gebaren, über-
steigerte Triebhaftigkeit erweisen Achill in dieser Erzählung als psychisch deformiert, als
Zerrbild eines Helden.

Agamemnon wird als senile Memme entlarvt. Er wird als Hohlkopf oder Trottel (S. 51) bezeichnet, als Schwächling, da er dem Befehl des Priesters Kalchas nachkommt und seine
eigene Tochter opfert (S. 64f.). Seine Potenzschwäche gleicht er mit „ausgesuchte(r) Grausamkeit im Kampf" aus (S. 13). Nichts wird erwähnt von seinem bei Homer gerühmten Anblick:

„Der Artreus-Sohn aber rief und befahl, sich zu gürten,
Den Argeiern, und tauchte auch selbst in das funkelnde Erz.
Die Beinschienen legte er zuerst um die Unterschenkel,
Schöne, mit silbernen Knöchelplatten versehen [...]"[2]

„Und wie wenn vernichtendes Feuer in einen holzreichen Wald fällt,
Und überallhin trägt es wirbelnd der Wind, und die Stämme
Fallen mitsamt den Wurzeln, bedrängt vom Ansturm des Feuers:
So fielen unter dem Atreus-Sohn Agamemnon die Häupter
Der Troer, die flohen; und viele starknackige Pferde
Rasselten mit leeren Wagen dahin auf den Brücken des Krieges,
Die Zügelhalter entbehrend, die untadligen: die aber lagen
Auf der Erde, den Geiern weit lieber als ihren Frauen."[3]

Die Autorin parodiert allerdings nicht nur männlichen Heldenmut und entlarvt ihn als Im-
poniergehabe. Kriegerisch und grausam verhalten sich auch Frauen. Dafür ist der Män-
nerhass der mordwütigen Penthesilea und ihrer Mitkämpferinnen ein Beispiel. Penthesilea
will sterben, sie will, „daß alles aufhört", weil dann auch die Männer aufhören (S. 140). In
ihrer Todessehnsucht reißt sie ihre Anhängerinnen mit in den Untergang (S. 141f.).[4]
Überall da, wo Menschen andere unterwerfen und entmündigen, wo sie sie wie Eumelos
zum Objekt ihrer Wünsche und Ziele machen, muss man nach Christa Wolfs Ansicht Kriegstreiberei befürchten. Der Vorkrieg der Machthungrigen führt zum Ernstfall und der Ernstfall macht aus Menschen Tiere (vgl. die prototypische Bezeichnung Achills als „Vieh"); deshalb bedarf es höchster Wachsamkeit, um allen Anzeichen des Krieges zu wehren. Zu
dieser Wachsamkeit ruft die Erzählung *Kassandra* auf:
„Wann Krieg beginnt, das kann man wissen, aber wann beginnt der Vorkrieg. Falls es da
Regeln gäbe, müßte man sie weitersagen. In Ton, in Stein eingraben, überliefern. Was stünde da? Da stünde, unter andern Sätzen: Laßt euch nicht von den Eignen täuschen." (S. 80)[5]

---

[1] Vgl. Homer, Ilias (1997), S. 325.
[2] Ebd., S. 173
[3] Ebd., S. 177. Vgl. auch Schwabs hyperbolische Beschreibung: „Herrlich war der Fürst der Fürsten, Agamemnon anzuschauen, an Augen und Haupt dem Göttervater gleich, an breiter Brust dem Poseidon, gerüstet wie
der streitbare Kriegsgott selbst." (Schwab (1954), S. 306)
[4] Maisch bezeichnet Penthesilea als „Todesengel des Matriarchats". Sie entspricht Achill, dem Todesengel des
Patriarchats. Vgl. Maisch (1986), S. 35. Vgl. dazu auch *Voraussetzungen*, S. 118. Hier spricht Wolf davon, dass
Penthesilea „die ausweglose Linie des Matriarchats" verkörpere.
[5] Vgl. auch entsprechende Äußerungen in den *Voraussetzungen*, S. 95f.

Auf den Zusammenhang zwischen der grundsätzlichen Ablehnung des Krieges und der Entmythologisierung der Helden macht folgende einleitende Bemerkung der Lehrperson aufmerksam:

☐ *„Der trojanische Krieg wird nach der Darstellung Christa Wolfs um ein Phantom geführt, denn Helena, der „klassische Kriegsgrund", befindet sich nicht in Troja (S. 84). Die Eigenen haben die Trojaner getäuscht (S. 80). Das wirft die Frage auf, was das für Menschen sind, die für ein Phantom ihr Leben einsetzen."*

Es ist anzunehmen, dass die Schülerinnen und Schüler mit griechischen Heldensagen nur wenig vertraut sind und das klassische Heldenbild nur ungenau kennen. Von daher erscheint es angebracht, sie mit einigen Textauszügen aus der Ilias bekannt zu machen. Der entsprechende Arbeitsauftrag lautet:

☐ *Lesen die Ausschnitte aus der Ilias Homers (vgl. Zusatzmaterial 4), kennzeichnen Sie das hier zugrunde liegende Heldenbild und beschreiben Sie im Rückgriff auf die Personenliste (Zusatzmaterial 1), wie Christa Wolf die Helden charakterisiert.*

Wiederum stellt das mimetische Gespräch eine Gewinn bringende Ergänzung oder eine Alternative zum analytischen Textumgang dar. Das Gespräch wird in einer Still- oder Hausarbeit vorbereitet. Die Gewährsleute erhalten folgenden Auftrag:

☐ *Stellen Sie sich vor und berichten Sie mithilfe der Ihnen zur Verfügung stehenden Textstellen (Zusatzmaterial 1) kurz über Ihr Leben und Ihren Kriegseinsatz.*
☐ *Beurteilen Sie sich selbst. Halten Sie sich für einen Helden?*

Die übrigen Kursteilnehmer bereiten sich auf ein Interview mit den Kriegern vor. Der entsprechende Arbeitsauftrag lautet:

☐ *Formulieren Sie Fragen, die Agamemnon, Achill, Hektor, Paris und Penthesilea dazu anregen, sich Rechenschaft über das in der Erzählung zum Ausdruck gelangende Verhalten abzulegen. Halten Sie sich dabei Homers Heldenbegriff vor Augen![1]*

Zum Abschluss dieses Kapitels wird die oben zitierte Textstelle (S. 80) erneut gelesen. Sie wirft die Frage nach den „Regeln", die man weitergeben sollte, auf und dient als Überleitung auf das nächste Kapitel: die Lehrperson erklärt, dass sich diese Frage umfassender beantworten lässt, wenn der Blick nicht nur auf das Machtstreben und die Grausamkeit des Krieges gerichtet wird, sondern auf die positiven Gegenkräfte, auf das Leben der Menschen am Idaberg und am Skamander.

3.3 ☐ Die Gegenwelt am Skamander. Arisbe und Anchises als Leitfiguren

In einer Diskussion über ihre Erzählung *Kassandra* stellt Christa Wolf Folgendes heraus: „Diese furchtbare Kälte, diese Unfähigkeit zu fühlen und zu lieben, die unsere Kultur erzeugt und die nicht nur Männer betrifft, verlangt unbedingt nach Ersatz, weil man sonst zugrunde geht."[2]

---

[1] Nach der Vorstellung der Gewährsleute verlief das Gespräch in einem LK der Jahrgangsstufe 13 folgendermaßen:
„Erster Schüler: ‚Ihr wollt Helden sein? Ihr seid psychisch deformierte Leute! Abhängig von Sexualität und in die Ferse gestochen werden! Das ist kein Heldentum.'
Zweiter Schüler (Agamemnon): ‚Es ist nicht wichtig, was wir sind. Es ist wichtig, wie wir wirken.'
Dritter Schüler: ‚Achill, du lässt andere für dich kämpfen, versteckst dich. Odysseus muss dich in die Schlacht ziehen. Ist das Heldentum?'
Vierter Schüler (Achill): ‚Ja, ich bin von Stimmungen abhängig. Aber ich habe mich bewährt. Ich habe viele Trojaner getötet.'
Fünfter Schüler: ‚Paris, wohin gehörst du eigentlich? Bewunderst du die Griechen womöglich mehr als die Trojaner?'
Sechster Schüler (Paris): ‚Ich wusste zunächst nicht, wohin ich gehörte. Aber dann war die Verteidigung Trojas meine Aufgabe. Ich habe schließlich den Hauptfeind Achill getötet.' [...]"
[2] Vgl. Documentation (1984), S. 107.

Das Leben der Menschen außerhalb der Zitadelle ist ein Beispiel dafür, wie ein solcher Ersatz beschaffen sein könnte. Die junge Sklavin Killa aus dem Griechenlager führt mit Penthesilea ein Gespräch, in dem mit wenigen, aber tiefsinnigen Worten die Gegenwelt am Skamander beschrieben wird:
„Penthesilea. Komm zu uns. – Zu euch? Was heißt das? – Ins Gebirge. In den Wald. In die Höhlen am Skamander. Zwischen Töten und Sterben ist ein Drittes: Leben." (S. 140f.)

Vor der Zitadelle Trojas tobt der Krieg, sind Menschen einander ausgeliefert und sterben einen grauenvollen Tod. Aber diejenigen, die außerhalb Trojas arm (S. 156), jedoch im Einklang mit der Natur (S. 59) leben, bergen sich in Höhlen als Stätten der Geborgenheit[1], arbeiten und feiern (S. 56), führen Gespräche (S. 156f.) und helfen denen, die zu ihnen stoßen (S. 145, 156). Tod und Untergang vor Augen suggerieren die Menschen am Skamander einander ein Leben außerhalb der Zeit.
„Es gibt Zeitenlöcher. Dies ist so eines, hier und jetzt. Wir dürfen es nicht ungenutzt vergehen lassen." (S. 147) „Da unsere Zeit begrenzt war, konnten wir sie nicht vergeuden mit Nebensachen. Also gingen wir, spielerisch, als wär uns alle Zeit der Welt gegeben, auf die Hauptsache zu, auf uns." (S. 157)
Die meisten Frauen am Skamander verehren noch immer die Muttergöttin Kybele, der sie in ekstatischen Tänzen huldigen (S. 24f.), zu der sie beten.[2] Aufmerksam für das Heute, wissen sie sich mit Menschen und Gebräuchen vergangener Zeiten verbunden, von denen Wandmalereien zeugen.[3] In ihrer Gegenwart erweisen sich diese Überlieferungen als Hilfe, ein Konzept für die Zukunft zu erproben, ein Konzept, das wiederum durch Bilder zum Ausdruck gebracht wird. Was Menschen in den Höhlen am Idaberg in den Ton ritzen, gibt Kunde von ihnen selbst. Ihre Bilder werden zum authentischen Zeugnis ihrer Bemühungen um ein sinnerfülltes Leben:
„Oft aber, eigentlich am meisten, redeten wir über die, die nach uns kämen. Wie sie wären. Ob sie uns noch kennten. Ob sie, was wir versäumt, nachholen würden, was wir falsch gemacht, verbessern. Wir zerbrachen uns die Köpfe, wie wir ihnen eine Botschaft hinterlassen könnten, doch wir warn der Schrift nicht mächtig. Wir ritzten Tiere, Menschen, uns, in Felsenhöhlen [...] Wir drückten unsre Hände nebeneinander in den weichen Ton. Das nannten wir, und lachten dabei, uns verewigen." (S. 157)

Arisbe ragt aus der Schar der Frauen am Skamander heraus. Obwohl sie Angst und Leiden kennt und zu lindern versucht, ist ihr Merkmal ihr trockener, durch nichts zu behelligender, burlesker Humor (S. 63). Mit ihrer „Trompetenstimme" mischt sie sich in Gespräche ein, gibt sie ihre Kommentare. Das „massige Weib am Feuer" wohnt in einer armseligen Hütte mit „Kräuterbündel(n) an Decke und Wänden" und braut „im stinkenden Topf rührend" ihren Sud (S. 60). Das erinnert an eine Kräuterhexe, die über magische Fähigkeiten verfügt. Arisbe deutet Träume, sie durchschaut Menschen und hilft ihnen, sich selbst anzunehmen. Auch Kassandra erfährt Arisbes Hilfe, als sie im Heldengrab gefangen ist.
Arisbes aufopfernde Bereitschaft, Kranken und Leidenden beizustehen, zeigt, dass die Menschen jenseits des Palastes nicht friedselig nur auf sich selbst gerichtet sind, sondern sich verantwortungsvoll für andere einsetzen. Man geht dem Leid nicht aus dem Weg, sondern sinnt auf Mittel, es zu verringern.
Die Gegenwelt zur Zitadelle ist nicht nur von Frauen bestimmt. Junge Männer, die „an Körper oder Seele durch den Krieg beschädigt waren", begeben sich zu den Frauen in den Höhlen. Deren „pralles Leben gab ihnen Farbe, Blut, auch Lust zurück." (S. 156)

---

[1] Nicolai macht darauf aufmerksam, dass die Höhle als Symbol der weiblichen Welt verstanden werden kann. Nicolai (1995), S. 51.
[2] Bei ihrer ersten Begegnung mit den Frauen außerhalb Trojas fühlt sich Kassandra beim Anblick der vor dem Heiligtum der Kybele tanzenden Frauen fasziniert und abgestoßen zugleich (vgl. S. 24f.). Die Ekstase der Frauen ist nicht nur ein Zeichen ihrer Freiheit und Lebensfreude, sondern auch Zeichen von Destruktion. Als Panthoos nach dem Tod der Penthesilea in die Nähe der tanzenden, den Tod beklagenden Frauen gerät, überborden deren Rachegelüste. Er wird grausam getötet. (S. 144f.) Man kann in dieser Begebenheit einen Hinweis darauf erkennen, dass die Welt außerhalb der Zitadelle nicht nur utopische Züge trägt. Die feministischen Tendenzen der Erzählung (vgl. dazu auch Voraussetzungen S. 56f., 75, S. 86) werden dem Korrektiv kritischer Rationalität unterworfen.
[3] Dass die Kenntnis des Vergangenen für Menschen der Gegenwart wichtig ist, wird an der Vorrangstellung der Alten am Skamander ersichtlich. Arisbe und Anchises genießen sie aufgrund ihrer Lebenserfahrung und -klugheit. Auch die greisen Hebammen sind in diesem Zusammenhang zu nennen. (S. 56f.)

Neben Arisbe ist Anchises, der Vater des Aineias, die Person, die die Menschen am Skamander prägt. Er ist ihr Berater und Lehrer. Sein äußeres Erscheinungsbild lässt auf geistige Wachheit und Humor schließen. Es erinnert an griechische Philosophen (vgl. S. 39). Anchises verbindet Denken und Handeln. Er hat die politische Entwicklung bei der Aussendung der Schiffe im Auge und durchschaut die Machenschaften des Palastes. Am Unternehmen ,Zweites Schiff' war er direkt beteiligt (S. 40); er ist enttäuscht über seinen Ausgang und kehrt sichtbar geschwächt nach Troja zurück (S. 43). Anchises ist wie eine Heilandsgestalt. Menschen suchen seinen Rat und erfahren ohne Ausnahme seine Hilfe. Auch Bewohner der Zitadelle wenden sich an ihn. Hekabe sucht ihn mehrfach auf (S. 110). Selbst mit Griechen pflegt er Umgang; denn nach seiner Ansicht soll man „keinen Menschen für verloren geben", solange er lebt. Die „Gabe der Einfühlung" ist für ihn ein hohes Gut (S. 127). Er selbst verfügt in hohem Maße über sie. Sogar das Wesen des Holzes erkennt er und spricht mit Bäumen, ehe sie gefällt werden. Weil Anchises Menschen durchschaut, ist er in der Lage, einen Kreis Gleichgesinnter um sich zu scharen, denen er seine Schnitzwerke schenkt, Erkennungszeichen seines Vertrauens.

„Kamst du in ein Haus und fandest Schnitzwerk von Anchises, Tier oder Mensch, so wußtest du, du konntest offen reden, konntest in jeder Angelegenheit, und sei sie noch so heikel, um Hilfe bitten." (S. 111)

Was Anchises besonders auszeichnet, ist seine geistige Freiheit. Er lässt sich von den Machenschaften der Palastwelt nicht ängstigen, vielmehr „schüttelt(e)" er „sich vor Lachen" über unsinnige Verordnungen und Redensarten (S. 112). Anchises vertraut nicht auf die Hilfe der Götter, aber von der Kraft des Menschen ist er überzeugt (S. 112).

Kassandra trifft in Arisbe und Anchises auf Menschen, die über die Fähigkeit verfügen, die sie erstrebt: die Fähigkeit Personen und Sachverhalte genau wahrzunehmen und zu durchschauen, um angemessenen Rat zu geben.

Man hat in der Sekundärliteratur wiederholt darauf hingewiesen, dass die Art und Weise, wie man am Skamander lebt, ohne Privateigentum und Anspruchsdenken, ohne Ausbeutung der Natur, ohne Klassen und Fremdbestimmung, an den Urkommunismus erinnert und gleichzeitig an die kommunistische Endgesellschaft, in der jeder nach seinen Fertigkeiten selbstbestimmt zu leben vermag.[1] Mögen diese Bezüge in der Gemeinschaft am Skamander auch festzustellen sein, Kassandras Entwicklung zu einer kritischen Persönlichkeit, die sich in kein Schema pressen lässt und sich noch angesichts des Todes vorbehält, mit eigener Stimme zu sprechen, verlagert den Akzent der Aussage auf das Individuum. Das trifft auch auf Anchises zu. Er fördert wie Arisbe das kritische selbstbestimmte Denken. Er sieht im Streit vernunftbegabter Individuen eine Bereicherung für diese selbst. Nicht das Sein bestimmt sein Bewusstsein, sondern die vernünftige Einsicht in politische und psychische Zusammenhänge. Sein Geist hilft, die Schwachheit seines Körpers zu ertragen (S. 146, 159). Seinem Wesen haftet nichts Revolutionäres an, sondern eher eine Leichtigkeit des Denkens und Fühlens, wie sie einem Künstler eigen ist. Er lehrt, „wie man mit beiden Beinen auf der Erde träumt" (S. 159).

Es empfiehlt sich, die Eigenart des Lebens am Ida-Berg auf der Basis einer Einzelanalyse der S. 156f. (Textbeginn [Z. 1]: „Wenn ich die Augen schließe ...", Textende [Z. 37]: „Zwei Sommer und zwei Winter.") nachzuzeichnen. In diesem Textausschnitt findet sich eine dichte Beschreibung des „pralle(n) Leben(s)" außerhalb der Zitadelle. Neben der Erarbeitung inhaltlicher Schwerpunkte soll die Aufmerksamkeit der Schülerinnen und Schüler auf die feinsinnige sprachliche Gestaltung der Textstelle gerichtet werden. Von hier aus lässt sich nach der Botschaft fragen, die sich aus dem Kontrast zwischen Palast- und Skamanderwelt ergibt.

Die folgende Aufgabe kann zu Hause oder nach erneuter Lektüre im Unterrichtsgespräch gelöst werden. Sie lautet:

---

[1] Vgl. Nicolai, R. (1995), S. 52. Nickel-Bacon, I. (2001), S. 250. Nickel-Bacon deckt darüber hinaus biografische Bezüge auf: So wie die „Gemeinschaft am Skamander eine Antwort auf den autoritären Obrigkeitsstaat des Eumelos darstellt", lasse sich die ländliche Lebensgemeinschaft enttäuschter Intellektueller in der DDR erklären, von der in Christa Wolfs *Sommerstück* die Rede ist (ebd. S. 252ff.).

❏ *Analysieren und interpretieren Sie im Rückgriff auf Parallelstellen den Textausschnitt S. 156f. (Textbeginn [Z. 1]: „Wenn ich die Augen schließe ...", Textende [Z. 37]: „Zwei Sommer und zwei Winter.")*
Beachten Sie dabei die sprachliche Gestaltung der Textaussagen.

Das Unterrichtsgespräch und die schriftliche Hausaufgabe könnte folgende Ergebnisse aufweisen: In dieser Textstelle wird das Leben am Ida-Berg und Skamander als ein Dasein im Einklang mit der Natur, den Tages- und Jahreszeiten (vgl. Z. 2ff.) und im Einklang mit anderen Menschen (vgl. Z.18f., Z. 30ff.) beschrieben. Die Erinnerung an die Gegenwelt des Palastes überkommt Kassandra im Laufe ihres Rückblicks häufiger. Sie ist angesichts des Todes (vgl. die Erinnerung an Abende mit Aineias oder Anchises im Bewusstsein des nahen Untergangs der Zitadelle, S. 158f.) wie eine Kraftquelle für sie.
Obwohl die Menschen außerhalb des Palastes arm sind (Z.10), sind sie zufrieden und heiter (Z. 10, Z. 16f., Z. 30, Z. 34f.). Jeder Tag ist ausgefüllt mit körperlicher Arbeit, die dem Einzelnen Selbstbestimmung, Kreativität und Entfaltung seiner Gaben zubilligt (vgl. Z. 6, Z. 9, Z. 18ff.), mit Gesprächen, die dem Wesen der Gesprächsteilnehmer Rechnung tragen (Z. 14ff.), ihre Selbsterkenntnis fördern (vgl. das Gespräch über Träume Z. 20f.) und die denen gelten, die nach ihnen kommen und ihre Botschaft empfangen sollen.
Mehrfach wird in diesem Textausschnitt zum Ausdruck gebracht, dass Erfüllung und Freude bedroht sind. Der Krieg ist allgegenwärtig, auch wenn das Leben am Skamander friedlich verläuft (Z. 7ff., Z. 16f., Z. 27, Z. 32). Das Wissen um die Begrenztheit des erfüllten gemeinsamen Lebens steigert seine Intensität (Z. 34ff.) und bedingt seinen Vermächtnischarakter.
Der Textausschnitt beginnt mit einem Hinweis auf die hier vorliegende Retrospektive: „Wenn ich die Augen schließe…" (Z. 1). Kassandra holt sich in ihrem Erinnerungsmonolog angesichts des nahen Todes eine Zeit persönlicher Erfüllung vor ihr inneres Auge. Nach langem Irren und Suchen, nach der Lösung von ihrem Vater und der Welt des Palastes hatte sie kurz vor dem Untergang Trojas ein neues Zuhause gefunden, geistig und körperlich. Sie hatte sich von ihrer Familie und der Palastwelt gelöst. Dieses Zuhause wird durch das Personalpronomen „wir" angedeutet, das häufig anaphorisch am Satzanfang steht und in dieser Spitzenstellung bedeutsam erscheint (vgl. Z. 9, Z. 14, Z. 17, Z. 21, Z. 25, Z. 27 und öfter). Dem „Wir" (oder uns), das Zugehörigkeit anzeigt, steht das fremd anmutende „sie" derer, die zur Zitadelle gehören, gegenüber.
Die Autorin gestaltet den Vorgang der Erinnerung mit aneinander gereihten Satz-Ellipsen. Jeder kurze Satz ist inhaltsschwer und entfaltet ein eigenes Bild von der Landschaft, den Jahreszeiten und Gerüchen, das der Leser mit der Erinnernden vor seinem inneren Auge aufleuchten sieht.
Auf die mit Worten gemalten Bilder, die die Atmosphäre zum Ausdruck bringen, folgt die Beschreibung der Tätigkeiten. Sie werden nur kurz genannt, erwecken aber in ihrer Vielfalt, von Ernten, Weben, Singen, Beten, Lernen und Töpfern (vgl. Z. 9ff.) ist die Rede, den Eindruck eines aktiven, erfüllten Lebens.
Das besondere Augenmerk richtet Kassandra in ihrer Erinnerung auf die Gespräche. Mehrfach werden sie erwähnt: „Redeten viel" (Z. 11), „Wir erzählten uns unsere Träume" (Z. 20ff.), „Oft aber, eigentlich am meisten, redeten wir über die, die nach uns kämen" (Z. 22f.). Die Gespräche dienen wie die Berührungen (Z. 29ff.) dazu, sich miteinander vertraut zu machen und eine Übereinstimmung im Denken und Fühlen herbeizuführen. Dass dieses Ziel erreicht wurde, signalisiert die Wortneuschöpfung „Berührungsfest" (Z. 31).
Um Zusammenhänge zu erhellen, die sonst schwer zu erschließen sind, ist die Deutung von Träumen hilfreich; das wird in der Erzählung mehrfach erwähnt (vgl. S. 79, S. 104). Träume sind wie Botschaften. Wenn Kassandra sich an die Farben „schwarz und rot" (Z. 20f.), mit denen sie ihre Tongefäße bemalt, erinnert, dann nimmt sie das auf, was sie einst träumte: „Farben sah ich. Rot und Schwarz, Leben und Tod. Sie durchdrangen einander […] Andauernd ihre Gestalt verändernd, ergaben sie andauernd neue Muster, die unglaublich schön sein konnten." (S. 147)

Die Farben auf den Gefäßen erinnern daran, dass Tod und Leben innig miteinander verwoben sind, sie deuten auf Zukunft. Auch wenn Kassandras Tod nahe bevorsteht, hofft sie, dass es „in der Zukunft Menschen geben" mag, „die ihren Sieg in Leben umzuwandeln wissen." (S. 139)[1] Die Perspektive Zukunft bewegt die Menschen jenseits der Zitadelle und sie bewegt Kassandra am Ende ihres Erinnerungsmonologes. Es ist die nach der Weitergabe einer Botschaft, die hoffnungsvoll über das eigene Leben hinausweist, einer Botschaft, wie sie mit der Verneinung der Palastwelt, dem Lobpreis der Gegenwelt und mit der Erzählung als Ganzes gegeben wird.[2]

Die Ergebnisse können in einem Tafelbild kurz skizziert werden.

Das Leben am Ida-Berg und Skamander

– ein Leben im Einklang mit der Natur
– Harmonie zwischen den Menschen
– trotz Armut Zufriedenheit und Heiterkeit
– Selbstbestimmung und Erfüllung des Einzelnen
– Intensität des Lebens trotz und wegen der Bedrohung
– Kreativität und Fantasie
– Kommunikation
– ...

– konkret gelebte Utopie
– Gegenwelt zur Welt des Palastes

Falls man auf die schriftliche Feinanalyse des oben genannten Textausschnittes verzichten und ihn nach erneutem Lesen nur mündlich deuten möchte, bieten sich folgende Aufgaben zur Vertiefung der Ergebnisse an:

❑ *Versetzen Sie sich in die Lage Kassandras. Sie eröffnet Hekabe, dass sie die Palastwelt für immer verlassen und am Skamander leben möchte. Schreiben oder spielen Sie ein entsprechendes Gespräch.*

❑ *Bedenken Sie Möglichkeiten, wie man in heutiger Zeit ein Leben führen könnte, das den Grundideen der Menschen am Skamander nahe kommt. Erwägen Sie Vor- und Nachteile eines solchen Lebens. Machen Sie sich Notizen.*

Notizen

_____

_____

_____

_____

_____

_____

_____

_____

_____

---

[1] Christa Wolf nähert sich hier Ernst Bloch: „Das Leben aller Menschen ist von Tagträumen durchzogen, darin ist ein Teil lediglich schale, auch entnervende Flucht [...] aber ein anderer Teil reizt auf, lässt mit dem schlecht Vorhandenen sich nicht abfinden, lässt eben nicht entsagen. Dieser andere Teil hat das Hoffen im Kern, und er ist lehrbar [...] Kein Mensch lebte je ohne Tagträume, es kommt aber darauf an, sie immer weiter zu kennen." (Vgl. Bloch (1959), S. 1)

[2] Die Bedeutung der Gegenwelt am Skamander kann durch das Gespräch mit den Gewährsleuten für Arisbe und Anchises vertieft werden. Sie stellen sich vor und beantworten Fragen, die die Kursteilnehmer und Kursteilnehmerinnen vorbereitet haben.

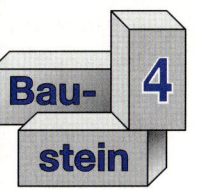

Kassandra. Stufen ihrer Entwicklung

Abgesehen von den einleitenden und abschließenden Bemerkungen einer Erzählinstanz, die der Autorin nahe steht, ist alles, was in dieser Erzählung zum Ausdruck gelangt, aus der Perspektive der Protagonistin Kassandra dargestellt. Jede Äußerung, jede Beschreibung spiegelt die Sicht der Menschen und Begebenheiten, die der Protagonistin angesichts des nahen Todes eigen ist. Im Rückblick holt sich die Erzählfigur selbst als Erzählobjekt vor das innere Auge und erklärt sich (und damit auch dem Leser) den Prozess der Subjektwerdung. Von diesem Prozess soll im Rahmen dieses Bausteins vorzugsweise die Rede sein. Das Augenmerk richtet sich jetzt in besonderem Maße auf Kassandras Priester- und Seheramt, auf die Lösung vom Machtstreben und auf ihre Hinwendung zu einem selbstbestimmten Leben, in dem Schmerz und Angst zugelassen werden.

4.1 ☐ Kassandra als Priesterin und Seherin

Von Geburt an ragt Kassandra aus der Schar ihrer Geschwister heraus. Sie gilt als die Lieblingstochter des Priamos (S. 17). Hekabe erkennt, dass dieses Kind selbstständig zu leben vermag und ihren Beistand nicht braucht (S. 16). Weil Kassandra ihre Eigenständigkeit ausweiten, ihren Einfluss auf Menschen vergrößern und sich vor der „Annäherung irdischer Männer" schützen möchte, begehrt sie das Priester- und Seheramt (S. 33). Nach der Priesterweihe versieht sie zusammen mit dem griechischen Priester Panthoos den Dienst am Tempel des Apoll.

In der Antike ist das Priesteramt eng mit dem des Orakelsprechers und Sehers verbunden. Kassandras Wunsch „Ich wollte Priesterin werden. Ich wollte die Sehergabe unbedingt" (S. 45, vgl. auch S. 30, 36) entspricht diesem Amtsverständnis. Als Kassandra das ersehnte Amt innehat, merkt sie, dass Priester- und Seheramt unvereinbar sind: Die feierliche Tätigkeit der Priesterin erfordert, dass die Trägerin dieses Amtes sich zurücknimmt. Dieser Anforderung kommt Kassandra nach; sie ordnet sich dem Beruf unter:

Die „weihevolle Atmosphäre an den großen Feiertagen, die Abgeschiedenheit der Priester von der Masse der Gläubigen, die führende Teilnahme an dem großen Schauspiel; die fromme Scheu und die Bewunderung in den Blicken der einfachen Leute" (S. 117) geben ihr ein Gefühl der Überlegenheit, erschweren aber die Wahrnehmung der politischen Veränderungen in Troja. „Ich sah nichts. Mit der Sehergabe überfordert war ich blind. Sah nur, was da war, so gut wie nichts. Durch den Jahreslauf des Gottes und die Forderungen des Palastes wurde mein Leben bestimmt. Man könnte auch sagen: erdrückt. Ich kannte es nicht anders." (S. 34f.)

Das Amt verpflichtet sie der Welt der Mächtigen und trübt ihren Blick.[1]

Je länger, umso mehr entspricht sie den Pflichten einer Priesterin nur noch äußerlich. Sogar der Glaube an die Götter, Voraussetzung jedes priesterlichen Handelns, kommt ihr abhanden (S. 5, 28f., 117).[2] Aber die Frage nach der Bedeutung der Sehergabe und des Sehens bleibt für sie bis zum Tode relevant (S. 6, S. 12); die Beantwortung dieser Frage entscheidet über den Sinn ihrer Existenz. Kassandra braucht lange, bis sie die Gefahren ihrer Abhängigkeit durchschaut und den Mut gewinnt, die Interessen der Zitadelle zu missachten. Die Rücksicht auf das politische Kalkül, ihr Bedürfnis, mit den Herrschenden übereinzustimmen, also an der Macht teilzuhaben, stehen im Kontrast zu ihren Erkenntnissen. Zunächst gönnt sie sich „Teilblindheit". („Auf einmal sehend werden – das hätte mich zerstört", vgl. S. 49). Doch dann kann sie sich ihren Einsichten nicht mehr verschlie-

---

[1] Vgl. dazu Nicolai (1995), S. 70ff. Dass Macht blind macht, stellt Kassandra auch bei der Begegnung mit Klytaimnestra fest, vgl. S. 51.

[2] Allerdings fällt sie mehrfach in diese Abhängigkeit zurück: Sie verflucht Apoll (S. 162), sie bittet Kybele um Hilfe (S. 87). Vgl. auch S. 62.

ßen. Sie „sieht", was andere nicht wahrnehmen wollen: „die nackte bedeutungslose Gestalt der Ereignisse" (S. 51), genauer: Sie erkennt die Kriegstreiberei des Eumelos, die wachsende Abhängigkeit des Priamos. Sie durchschaut, dass Helena ein Trugbild ist und der Untergang Trojas unaufhaltsam ist.

Solange Kassandra noch der Welt der Zitadelle angehört, steht sie im Zwiespalt zwischen dem, was man von ihr als Amtsinhaberin erwartet, und ihrer eigenen Einsicht. Dieser Zwiespalt überfordert, zerreißt sie. Sie wird von Anfällen heimgesucht.[1] (Vgl. S. 52, 48f., S. 72ff., S. 82ff.). Erst als sie bei Kriegsausbruch ihre Position findet und wagt, dem Wir der Zitadelle ihr Ich entgegenzusetzen, hat sie keine Anfälle mehr.

Christa Wolf erklärt Kassandras Wahnsinnsanfälle psychologisch als Ausdruck einer „akute(n) Identitätskrise".[2] Sie dienen der Befreiung von der Qual der Rücksichtnahme wider besseres Wissen (vgl. S. 73: „Wahnsinn als Ende der Verstellungsqual"). Das unkontrollierte Zucken der Glieder, der Schaum vor dem Mund und die gurgelnden Laute erinnern an epileptische Anfälle.[3] Das, was diese Anfälle in die Nähe derer stellt, die von antiken Sehern berichtet werden, ist die Unheil verkündigende Stimme, die sich gleichsam verselbstständigt, der sich Umstehende nicht entziehen können. Kassandras Rufe verbreiten schonungslos Wahrheiten, die keiner hören will (vgl. S. 82).

Den Anfällen wohnt ein das Ich gefährdendes destruktives Element inne. „Im Wahnsinn kann sich Kassandra aus dem Gewebe von Macht und Lüge, in das sie verstrickt ist, zurückziehen, aber dabei ist sie in Gefahr, sich selbst zu verlieren."[4]

Arisbe erkennt das. Sie fordert die entrückte und erstarrte Kassandra bei ihren Besuchen auf, den Wahnsinn in das Licht der Erkenntnis zu rücken:

„Tauch auf, Kassandra [...] Öffne dein inneres Auge. Schau dich an." (S. 75).

Kassandra beherzigt diese Aufforderung. Sie erkennt ihre Abhängigkeit von der Palastwelt, nähert sich der Gegenwelt am Skamander und gibt ihren Machtanspruch auf. (S. 75f.)

Um den Willen der Götter zu erforschen, fungieren antike Seher als Orakelsprecher und Traumdeuter. Christa Wolfs Kassandra starrt nicht auf „Därme, Leber, Magen" von Tieren. Sie „blickt(e) auf die erregten aufgerissenen Gesichter der Menschen" (S. 36) und versteht sie. Bei den Ihren gilt sie als erfahrene Traumdeuterin (S. 108, 113). Träume sind für sie allerdings nicht göttliche Botschaften, sondern Ausdruck seelischer Befindlichkeit. Kassandra ist hellsichtig, weil sie genau beobachtet. Ihr Sehen resultiert aus der genauen, oft schmerzlichen Wahrnehmung der „nackte(n) bedeutungslose(n) Gestalt der Ereignisse" (S. 51); es beruht nicht auf göttlicher Eingabe, sondern auf Selbsterkenntnis, Erkenntnis der anderen und der politischen Zusammenhänge (S. 71). Ihre Umwelt glaubt ihr nicht, weil sie sich der Erkenntnis verschließt. Dennoch meint man, Kassandra verfüge über besondere Kräfte (vgl. Agamemnons Verhalten bei der stürmischen Überfahrt, S. 12), und sucht ihren Rat.

Vor dem Löwentor in Mykene, wenige Minuten vor ihrem Tod, führt Kassandra ein Gespräch mit dem Wagenlenker. Es ist „das einzige wirkliche Gespräch, das Kassandras inneren Monolog auf der Ebene der Erzählgegenwart durchbricht".[5]

Es bekundet ihre völlige Wandlung:

„Komm näher, Wagenlenker. Hör zu. Ich glaube, daß wir unsere Natur nicht kennen. Daß ich nicht alles weiß. So mag es in der Zukunft Menschen geben, die ihren Sieg in Leben umzuwandeln wissen." (S. 138f.)

Mit diesen leisen, vorsichtigen Worten werden die Grenzen der Seherin zum Ausdruck gebracht. Sie weiß am Ende ihres Lebens, dass man die Welt nicht rational zu durchdringen vermag. Das Wesen des Menschen erschließt sich auch bei genauester Beobachtung nicht völlig, es bleibt unkalkulierbar. Diese Einsicht bringt Kassandra in Form einer Annahme ins Gespräch. Sie tritt aus der Rolle der Unheilsprophetin heraus und entwirft ein positives Geschichtsbild. „Damit wird der sprichwörtliche Katastrophismus der Kassandra durch einen Hauch von Prinzip Hoffnung relativiert."[6]

---

[1] Dass Kassandras Prophezeiungen mit Anfällen einhergehen, übernimmt Christa Wolf von Aischylos.
[2] Vgl. Nickel-Bacon (2001), S. 241.
[3] Vgl. Nicolai (1995), S. 73.
[4] Vgl. Nicolai (1995), S. 74.
[5] Vgl. Grauert (1987), S. 428.
[6] Ebd., S. 429.

Auf sie selbst bezogen ist Kassandras Aussage Ergebnis einer langen Reflexion über ihr Amt als Seherin. Kassandra hat sich von den Göttern losgesagt. Was sie verkündigte, beruhte auf genauer Beobachtung und sensibler Wahrnehmung. Aber auch hier erkennt sie Grenzen. Sie hat kurz vor ihrem Tod jeglichen Hochmut abgelegt.

Christa Wolf stellt die Seherin Kassandra nicht als eine von Göttern Erleuchtete, sondern als einen unabhängigen Menschen dar.[1] Sie entmythologisiert den Mythos. Prophezeiungen, Orakel und Träume sind zwar weiterhin bedeutsam, aber ihnen wird das magische Element entzogen. Sie werden in das Licht kritischer Rationalität gerückt. Kassandra „sieht" und verkündet Wahrheiten, weil sie lernt, genau zu beobachten, eigenständig zu denken und sich gegenüber den Mächtigen zu behaupten. Letztlich gesteht sie jedoch die Grenzen ihrer Voraussicht ein.

Das die häusliche Lektüre begleitende Arbeitsblatt 2 (S. 23) lenkte die Aufmerksamkeit bereits auf Kassandras Sehergabe, auf Anfälle und Träume. Auf entsprechende Notizen greifen die Schülerinnen und Schüler jetzt zurück und systematisieren in einer Gruppenarbeit den Textbefund. Die Ergebnisse werden auf einer Folie gesichert und präsentiert (s. S. 42).

❑ *Kennzeichnen Sie Kassandras Entwicklung als Priesterin und Seherin mithilfe der Ergebnisse des Arbeitsblattes 2 (Aufgaben 2–4), bündeln Sie dabei zusammengehörende Aussagen und notieren Sie die Ergebnisse samt Textbelegen auf einer Folie.*
Suchen Sie nach einer Überschrift, mit der die Entwicklung Kassandras pointiert wird.

Mögliche Alternativen und Ergänzungen:

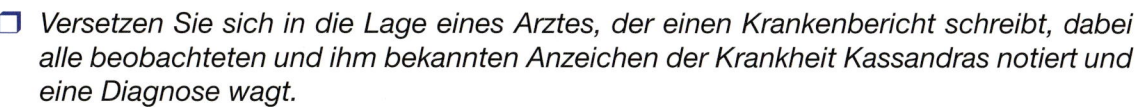

Statt der schriftlichen Systematisierung des Befundes ist ein mimetisches Gespräch über Kassandras Priester- und Seheramt denkbar, das sich auf die Ergebnisse des Arbeitsblattes 2 stützt. Um die Richtung des Gesprächs anzuzeigen, wird seine Eröffnung festgelegt. Die erste Frage an Kassandra soll lauten: Warum wolltest du Priesterin werden, warum wolltest du die Sehergabe „unbedingt"?

Ein Arztbericht über Kassandras Anfälle trägt dazu bei, dass die Lernenden die erwähnten Fakten genau zur Kenntnis nehmen und dass sie das Geschehen aus einer anderen Perspektive betrachten.

❑ *Versetzen Sie sich in die Lage eines Arztes, der einen Krankenbericht schreibt, dabei alle beobachteten und ihm bekannten Anzeichen der Krankheit Kassandras notiert und eine Diagnose wagt.*

Will man das Augenmerk besonders auf die Traumdeutung richten, empfiehlt es sich, im Anschluss an die Ergebnissicherung des Arbeitsblattes 2 ein Gespräch zu spielen, das Kassandras Fähigkeit, genau zu beobachten und Zusammenhänge zu durchschauen, bekundet. Der Traum von den zwei Drachen, den Priamos bei einem gemeinsamen Essen erzählt und den Kassandra anders als Panthoos deutet, scheint hierfür geeignet (S. 79). Kassandra erkennt, dass der Vater kurz vor Beginn des Krieges keine eigene Position gefunden hat. „Sie lokalisiert den Widerstreit von Aggression und Verschanzung im Innern des Königs, dessen zwiespältige Haltung eine der Ursachen des Krieges ist."[2] Der „Widerstreit", von dem Kassandra spricht, kann von der Beobachtung ausgehen, dass Priamos dem Eumelos ausgeliefert ist und seine eigenen Überlegungen hintanstellt.

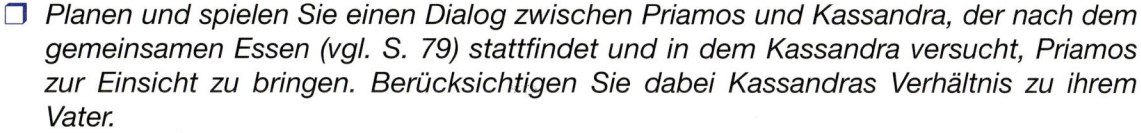

❑ *Planen und spielen Sie einen Dialog zwischen Priamos und Kassandra, der nach dem gemeinsamen Essen (vgl. S. 79) stattfindet und in dem Kassandra versucht, Priamos zur Einsicht zu bringen. Berücksichtigen Sie dabei Kassandras Verhältnis zu ihrem Vater.*

---

[1] Die Abwendung vom Glauben an die Götter und an ihre Hilfe wird mehrfach in der Erzählung erwähnt. Vgl. S. 5, 28, 117, 146f.
[2] Vgl. Nicolai (1995), S. 84.

Folgende Übersicht dient als Beispiel für ein mögliches Ergebnis.[1]

Kassandras Entwicklung als Priesterin und Seherin: Von der Abhängigkeit, aber auch Macht, zur Selbstbestimmung, aber auch Ohnmacht

Kassandra begehrt das Priester- und Seheramt um Macht zu haben und schonungslose Wahrheiten zu verkündigen.	Vgl. S. 6: „Mit meiner Stimme sprechen: das Äußerste." Vgl. S. 11f.: „zuviel hab ich, in meinem früheren Leben, dazu getan, gekannt zu sein." S. 30 „Die Sehergabe [...] Unmöglich war es doch, daß Menschen [...] einer, die ihr Recht beweist, nicht Glauben schenken sollten." S. 33: „Züge in meinem Wesen, die der Priesterschaft" entgegenkommen.
Sie erkennt, dass das Priester- und das Seheramt unvereinbar sind. Sie leidet unter der Zugehörigkeit zur Palastwelt und Erkenntnissen, die dieser Zugehörigkeit nicht entsprechen. Ausdruck dieses Leidens sind ihre Anfälle.	Vgl. S. 34f. Vgl. S. 52f., 47, 71ff., 82f.
Kassandra gesteht sich Teilblindheit zu. Sie lernt mit Arisbes Hilfe und durch die Berührung mit der Skamanderwelt selbstbestimmt zu leben. Sie glaubt nicht mehr an Götter oder ihre Hilfe und durchschaut Menschen, Träume und politische Zusammenhänge.	Vgl. S. 49 Vgl. S. 74 Vgl. S. 66: „Der Übertritt aus der Palastwelt in die Welt der Berge ..." Vgl. S. 5, 28, 117 Vgl. S. 36, 108, 113
Kassandras Voraussagen beruhen auf genauer Beobachtung, auf der Fähigkeit der Selbstbeherrschung und klaren Denkens, über die jeder verfügen könnte. Bis zum Untergang Trojas gilt Kassandra bei den Ihren zwar als Seherin. Dennoch glaubt man ihr nicht.	Vgl. S. 9: „Und ich hatte Grund, sie genau zu beobachten, da sah ich es." Vgl. S. 11: „Jetzt kann ich brauchen, was ich lebenslang geübt: meine Gefühle durch Denken besiegen." Vgl. S. 138: „Sag ich, was ich voraussseh, wie es jeder könnte." Vgl. S. 161: „Jetzt rächte sich, daß sie mich kaum noch kannten. Der Schauder, der an meinem Namen hing, war schon verblaßt."
Die Mykener und auch Agamemnon nehmen Kassandra als eine Gestalt wahr, die Angst und Schauder einflößt, weil sie über besondere Kräfte verfügt.	Vgl. S. 8: „Schaudernd ziehn sie sich vor mir zurück." Vgl. S. 14: „Da sah ich [...] ihren Schauder." Vgl. S. 12: „Der Siegerkönig hätte mich erschlagen [...] hätte er nicht auch vor mir noch Angst gehabt. Immer hat dieser Mensch mich für eine Zauberin gehalten." Vgl. S. 13: „selbst die rohen gierigen Ruderknechte rückten scheu und ehrergiebig von mir ab."
Vor dem Löwentor stellt Kassandra fest, dass sie ihre besondere Stellung aufgegeben hat. Sie erkennt die Grenzen ihres Sehertums.	Vgl. S. 7: „Der Ton der Verkündigung ist dahin." Vgl. S. 10f.: "Ich will nicht mehr sprechen [...] Beweisen will ich nichts mehr." Vgl. S. 138: „Ich glaube, daß wir unsere Natur nicht kennen. Daß ich nicht alles weiß."

[1] Textbelege sind für die sich vorbereitende Lehrperson ausformuliert. Die Schüler können sich wegen der Zeitersparnis durchgehend auf die Angaben von Seitenzahlen beschränken und den Inhalt mündlich entfalten.

4.2 ☐ Kassandras Angst und Todesbereitschaft und ihr Wunsch nach einem ganzheitlichen, selbstbestimmten Leben

Die herausragende Erkenntnisfähigkeit, gepaart mit kritischer Rationalität, ist nur die eine Seite in Kassandras Wesen. Die andere Seite wurde bereits mit dem Hinweis auf die Anfälle angedeutet: ihre große Sensibilität, ihre Verletzlichkeit. Kassandra ist ein Mensch, der ständig den Untergang vor Augen hat, den ihres Volkes und auch den eigenen, ein Mensch, der von Ängsten erschüttert wird. Wiederholt ist in der Erzählung von der Angst der Protagonistin die Rede. Sie steht hinter ihrer Sicherheit, macht sie menschlich. Todesangst sensibilisiert sie bis aufs Äußerste:

„Wie wird es sein. Wird die Schwäche übermächtig. Wird der Körper die Herrschaft über mein Denken übernehmen. Wird, in einem gewaltigen Schub, die Todesangst einfach wieder alle Positionen besetzen [...]." (S. 27, vgl. auch S. 28).[1]

Angesichts ihres Todes begreift Kassandra, dass Angst und Schmerz Kennzeichen ihres Wesens sind, die es anzunehmen und nicht zu verdrängen gilt. Diese Annahme ist eine entscheidende Voraussetzung für die Erlangung ihrer Identität, eine „Vorbedingung radikaler (Selbst-)Erkenntnis".[2] Obwohl man von ihr erwartete, dass sie als „Tochter des Königs" in der Angst ein Zeichen der Schwäche erkennt, die man durch „eisernes Training" überwinden lernt (S. 43), gesteht Kassandra sich im Laufe ihres Lebens Angst zu.

„Mir kommt der Gedanke, insgeheim verfolge ich die Geschichte meiner Angst. Oder, richtiger, die Geschichte ihrer Entzügelung, noch genauer: ihrer Befreiung" (S. 43).

Als man sie in das Heldengrab pfercht und sie dort unter unmenschlichen Bedingungen ausharren muss, erfüllt sie Grauen; Angst vor der Bosheit der sie betreuenden Weiber sucht sie heim. Sie erleidet den Schmerz äußerster Verlassenheit. (S. 151ff.) Das sensibilisiert sie für das Schicksal anderer Menschen.

Weil sie Angst zulässt, ist es ihr möglich, Menschen nicht aus kritischer Distanz zu beobachten, sondern als zutiefst Beteiligte, die über „die Gabe der Einfühlung" verfügt (S. 127). Als Sie zum Beispiel wahrnimmt, wie Achill Polyxena „mit seinen entsetzlichen Blicken" verschlingt (S. 128), wird sie von Angst über das Geschick ihrer Schwester erfüllt. Sie sieht deren Erniedrigung nicht nur voraus, nein, vorausahnend erleidet sie Polyxenas Schmach im Übermaß und verliert das Bewusstsein. Ähnlich erleidet sie vorausahnend den Tod ihres Bruders Hektor (vgl. S. 132). Seherin sein heißt für Kassandra nicht nur genau beobachten, politische Intrigen durchschauen und Schlüsse ziehen, es heißt auch mitfühlen, sich in die Lage des anderen versetzen und an der Unausweichlichkeit seines Schicksals leiden.

Aus dem Machtverzicht, aus Angst und Schmerz erwachsen Kräfte, die zu einem selbstbestimmten Leben führen. (Vgl. S. 133: „auch ich bereit, der andere Mensch zu werden, der sich unter Verzweiflung, Schmerz und Trauer schon so lange in mir regte.").[3]

Christa Wolf entwirft mit Kassandra ein Frauenbild, das, geht man vom herkömmlichen Rollendenken aus, männliche und weibliche Potenziale integriert. Sie beschreibt eine Frau, die denkt, empfindet, leidet und erkennt.[4]

Hält man sich in diesem Zusammenhang allerdings das Menschenbild vor Augen, das für DDR-Bürger leitend sein sollte, dann begreift man, wie sehr sich Christa Wolf mit ihrer Protagonistin von der Parteilinie entfernte. Kassandra ist nicht die positive rationalistische Heldin, die anderen als Vorbild dient. Von außen betrachtet ist sie letztlich eine Versagerin, eine Frau, die sich aus der von Männern bestimmten Machtwelt löst und scheitert.

In den *Voraussetzungen* spricht Christa Wolf von einer Verwandtschaft zwischen sich und ihrer Erzählfigur. „Besteht ihre Zeitgenossenschaft in der Art und Weise, wie sie mit Schmerz

---

1 Nickel-Bacon weist darauf hin, dass schon Aischylos Kassandra nicht als Heroin, sondern als Gescheiterte die Bühne betreten lässt. Vgl. Nickel-Bacon (2001), S. 263.
2 Nickel-Bacon (2001), S. 281.
3 Beim Abschied von Aineias erklärt Kassandra den Schmerz zu ihrer beider Charakteristikum: „Der Schmerz soll uns an uns erinnern. An ihm werden wir uns später, wenn wir uns wiedertreffen, falls es ein Später gibt, erkennen." (S. 164)
4 Vgl. Nickel-Bacon (2001), S. 280.

umgehn lernt? Wäre also der Schmerz [...] der Punkt, über den ich sie mir anverwandle, Schmerz der Subjektwerdung?"[1]

Bereits in dem 1968 in der DDR erschienenen Buch *Nachdenken über Christa T.* zeichnet sie den mühsamen Weg ihrer Protagonistin nach, die ständig Rückschläge, Ängste und Schmerzen erleidet, die ihre Umwelt vergeblich auf Leistung und Erfolge warten lässt und der schließlich der Tod bevorsteht. Was Christa T. als „Erfolg" verbuchen kann, ist wie bei Kassandra nicht mehr und nicht weniger als ihre Selbstannahme, das „Zu-sich-selber-Kommen des Menschen"[2], zu dem auch die Bejahung von Schwäche und Versagen gehört.

Dass Gefühle der Angst und des Schmerzes nicht nur negativ zu sehen sind, bedarf bei Jugendlichen der Gegenwart einer Überprüfung. Zunächst erhalten sie Gelegenheit, ihre Assoziationen in zwei Clustern zu fixieren.

Die Begriffe Angst und Schmerz werden auf zwei Tafelhälften geschrieben und eingekreist. An die Lernenden ergeht folgende Aufforderung:

❐ *Schreiben Sie an die Tafel, was Ihnen spontan zu den beiden Begriffen einfällt. Kreisen Sie Ihren Anschrieb ein und stellen Sie mit einer Linie eine Verbindung zum Leitbegriff Angst oder Schmerz her oder im Zuge des Clusterns zu einem der Nebenbegriffe, der Sie zum weiteren Schreiben herausforderte. Jeder neue Begriff ist wichtig und wird als eine eigene Welt, die zu Assoziationen auffordert, eingekreist.[3] Ein Netz von Begriffen entsteht. Voraussetzung für das Clustering ist völliges Schweigen. Anschließend wird Zeit zur ruhigen Betrachtung der Cluster gegeben und zu einem Austausch über das, was Ihnen und den anderen Kursteilnehmern bei der Erstellung der Cluster einfiel.*

Falls die Schülerinnen und Schüler nicht von sich aus Beziehungen zwischen ihren wahrscheinlich überwiegend negativ konnotierten Assoziationen und Kassandras Verhältnis zu Angst und Schmerz herstellen, leitet die Lehrperson mit einem Textimpuls zu Kassandras Umgang mit der Angst über. (Sie zitiert die Textstelle, in der davon die Rede ist, dass Kassandra die Geschichte ihrer Angst verfolgt, „noch genauer ihrer Befreiung", vgl. S. 43.)

❐ *Um ein umfassendes Bild von der Seherin Kassandra zu gewinnen, müssen wir untersuchen, warum sie den Gefühlen von Angst und Schmerz große Bedeutung beimisst. Notieren Sie sich, was Sie zu dieser Untersuchung beitragen können. Lesen Sie gegebenenfalls noch einmal die Textstellen S. 27f., S. 127ff., S. 132, S. 151ff.*

❐ *Stellen Sie abschließend heraus, welche Einsicht über sich selbst Kassandra angesichts des Todes gewinnt.*

Ergänzend oder alternativ zu der analytischen Vorgehensweise dient ein mimetisches Gespräch mit Kassandra dazu, die Bedeutung, die Angst und Schmerz für sie im Laufe ihres Lebens gewinnen, eindrücklich zu machen und zu hinterfragen.

❐ *In dem folgenden mimetischen Gespräch soll es um Kassandras Angst- und Schmerzerfahrungen gehen. Die beiden Gewährsleute für Kassandra sichten auf der Basis des Zusatzmaterials 1 noch einmal den Textbefund und richten ihr Augenmerk auf Veränderungen in Kassandras Umgang mit Angst und Schmerz. Die übrigen Gruppenmitglieder sammeln Fragen, die sie an Kassandra richten werden, Fragen, die durchaus auch kritischer Natur sein dürfen.*

Falls das mimetische Gespräch nicht recht in Gang kommt, wirkt die gelegentliche Beteiligung der Lehrerperson vielleicht anregend. Sie könnte Kassandra zum Beispiel fragen, wie sich ihre Angst mit dem Bedürfnis nach Macht verträgt, warum sie trotz ihrer Angst letztlich dem Königshaus treu bleibt, wie es möglich ist, dass die Mykener vor ihr erschauern, wo doch die Angst sie menschlicher erscheinen lassen müsste.

---

[1] Vgl. Voraussetzungen einer Erzählung (1983), S. 89. Vgl. auch Nicolai (1995), S. 81.
[2] Vgl. das vorangestellte Leitwort. Christa Wolf (1971).
[3] Vgl. Rico (1984).

Die Ergebnisse der Textarbeit werden ausgebreitet und durch Mitschriften oder ein **Tafelbild** (sprachlich verkürzt) gesichert:

Die Bedeutung von Schmerz und Angst für die Seherin Kassandra

- Kassandra löst sich von den Erwartungen, die man an sie als Königstochter richtet: Sie weigert sich, ständig beherrscht und sicher aufzutreten, und lässt Emotionen wie Angst und Schmerz zu.
- Rückblickend betrachtet sie ihr Leben nicht als Erfolgsgeschichte, sondern als Geschichte ihrer Angst, ihrer Schmerzen.
- Kassandra erfährt Angst und Schmerz am eigenen Leibe (vgl. ihre Gefangenschaft im Heldengrab). Das hilft ihr, auf die Vorrangstellung als Königstochter zu verzichten und andere Menschen zu verstehen.
- Kassandra verfügt über die Gabe der Einfühlung. Ihre Voraussicht ist mit Angst und Schmerz gepaart. Sie leidet an dem, was sie vorausschaut, als beträfe es sie selbst. Das lässt sie menschlich erscheinen.
- Noch angesichts des Todes kämpft Kassandra darum, ihre Ängste zuzulassen, sich „den Rückfall in die Kreatur" zu gestatten.
- Kassandra gelangt rückblickend zur Einsicht, dass sie im Laufe ihres Lebens zu sich selber fand,
  - weil sie auf Macht verzichtete,
  - weil sie sich nicht blenden ließ, sondern nüchtern zu beobachten und zu urteilen lernte,
  - weil sie sich gestattete, schwach zu sein, Angst und Verzweiflung, Schmerz und Trauer zuzulassen.

Nach der Auseinandersetzung mit den Aussagen der Erzählung erfolgt ein Exkurs, bei dem es um Christa Wolfs Menschenbild und ihre Position in der sozialistischen Gesellschaft geht. Ein Textauszug aus ihrem Roman *Nachdenken über Christa T.* (vgl. Zusatzmaterial 5, S. 89) verdeutlicht, dass nach der Meinung der Autorin innerhalb einer sozialistischen Gesellschaft nicht nur Erfolge zu erwarten sind, sondern auch Niederlagen einen Sinn haben, und dass dem Einzelnen Raum gegeben werden muss, um sich über sich selbst Klarheit zu verschaffen.

Der Textauszug wird den Lernenden mit kurzen Erläuterungen zum Gesamtroman und zu den Umständen seiner Entstehung präsentiert:

In dem Roman *Nachdenken über Christa T.* versucht eine Ich-Erzählerin im Nachhinein dem Leben ihrer als junge Frau an Leukämie erkrankten Freundin auf die Spur zu kommen. Sie entwirft ein Bild von der Verstorbenen und fragt nach dem Sinn ihrer Existenz, indem sie sich mit ihren Tagebüchern und literarischen Versuchen auseinander setzt, Verwandte und Freunde befragt und eigene Erinnerungen heranzieht.

Rein äußerlich scheint das Leben der Christa T. eher durchschnittlich und erfolglos. Aufzeichnungen und die erinnerten Gespräche und Begebenheiten bezeugen aber, dass Christa T. ein besonderer, ein herausragender Mensch war, der sich nicht in Schablonen pressen ließ. Christa T. wollte selbstbestimmt leben und setzte ihr Sinnen und Trachten ein, um herauszufinden, welches denn ihre Bestimmung sei.

Die hohen Ansprüche der Christa T. stehen im Kontrast zu ihrer beruflichen Bedeutungslosigkeit und zu den Erwartungen der sozialistischen Gesellschaft.

❐ *Lesen Sie die Textauszüge, stellen Sie Vergleiche zu der Erzählung „Kassandra" her und bedenken Sie die Wirkung des hier entfalteten Menschenbildes angesichts der Ansprüche der sozialistischen Gesellschaft.*

Die Lernenden müssten herausfinden,

- dass sowohl Kassandra als auch Christa T. rein äußerlich in ihrem Leben scheitern,
- dass der Tod als Ausdruck dieses Scheiterns erachtet werden kann,
- dass beide Zeit und Ruhe zum Nachdenken über sich selbst fordern,
- dass es beiden Protagonisten um das Sehen und Erkennen geht,
- dass beide letztlich auf ihre Fähigkeiten vertrauen und davon ausgehen, dass man „sehen" lernen kann,
- dass beide dem alltäglichen Leben mit seinen Schönheiten einen hohen Wert beimessen, weil sie wahrzunehmen eine Form der Selbstvergewisserung und Lebenserfüllung darstellt.

Angesichts des totalen gesellschaftlichen Anspruchs akzentuiert Christa Wolf mit beiden Werken die Belange des Individuums. Sie bewegt sich nicht auf der vorgegebenen Linie der Partei.

4.3 ◻ Kassandras Erkenntnisdrang und Ich-Suche im Vergleich mit anderen literarischen Figuren und mit Zielen moderner Jugendlicher

In diesem Kapitel wird ein weiterer Versuch gewagt, die Einzelbeobachtungen in einen größeren Zusammenhang zu stellen.

Die Schülerinnen und Schüler vergleichen Kassandras Ziele mit dem, was anderen literarischen Figuren herausragendes Anliegen ist. Fausts Streben bietet hier einen guten Ansatzpunkt.[1] Mithilfe eines solchen Vergleichs vertiefen sie nicht nur ihr Wissen. Sie sind dann auch eher in der Lage, sich über ihre eigene Position Klarheit zu verschaffen, von der im Folgenden die Rede sein soll.

Kassandra geht es zunächst darum, ihre Macht durch die Übernahme einer anerkannten Funktion auszudehnen. Besonders wichtig aber ist es ihr, Hintergründe aufzudecken, Zusammenhänge zu durchschauen, um Beweggründe der Menschen, auch ihre eigenen, zu verstehen und daraus Konsequenzen ziehen zu können, die ein friedliches Zusammenleben ermöglichen. Ihr Erkenntnisdrang ist im hohen Maße psychologisch und politisch motiviert. Das, was sie aufdecken möchte, ist nichts Außerirdisches, das in der Immanenz wirksam wird, sondern weitgehend mit den eigenen Sinnen, der Vernunft und sich steigernder Sensibilität im Umgang mit sich selbst und anderen Menschen wahrnehmbar.

Faust hingegen verfügt über Macht, vor allem geistige Macht. Sein Erkenntnisdrang ist umfassend und hybrid. Er will wissen, „was die Welt im Innersten zusammenhält", und versucht durch den Umgang mit Magie und mit der Macht des Bösen die Grenzen der Vernunft zu durchbrechen und die unterschiedlichsten Bereiche allen Seins zu durchdringen. Er denkt, beobachtet und erlebt, indem er sich selbst exponiert. Auch wenn er sich in Schuld verstrickt, bleibt sein Ich unbeschädigt. Sein Erkenntnisdrang ist „aufgehoben" in einem göttlichen Plan. Faust sucht Erkenntnis; die soziale oder politische Verantwortung scheint zweitrangig.

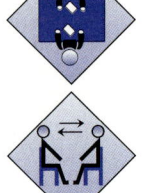

◻ *Stellen Sie den Erkenntniswunsch der Seherin Kassandra dem Erkenntnisstreben Fausts gegenüber.*

---

[1] Der Vergleich bezieht sich auf Faust I. Auch ein Vergleich mit Brechts Galilei oder Frischs Homo Faber erscheint neben vielen anderen ergiebig.

Ein Tafelanschrieb dient der Systematisierung und der Sicherung der Beiträge:

Kassandras und Fausts Erkenntniswunsch

– Kassandra möchte Seherin werden, um Ansehen und Macht zu gewinnen.	– Faust verfügt über Ansehen und Macht, aber das genügt ihm nicht. Er strebt neue Erkenntniswege an.
– Kassandra möchte Menschen und politische Zusammenhänge durchschauen.	– Faust will Weltgesetze und Geheimnisse aufdecken.
– Aus dem Erkannten möchte Kassandra Konsequenzen ziehen und für ein friedliches Zusammenleben eintreten.	– Ziel seiner Erkenntnis ist Selbsterweiterung.
– der Erkenntnisdrang richtet sich auf reale Gegebenheiten und geht nur von der Person selbst aus.	– Der Erkenntnisdrang richtet sich auf reale und magische Zusammenhänge. Er ist eingebettet in einen göttlichen Plan.
– Zu seiner Erfüllung bedarf es geistiger Wachheit und Sensibilität.	– Fausts Streben kann nur mithilfe der Magie und der Macht des Bösen erfüllt werden.

Um die Aktualität der Fragestellung transparent zu machen, erhalten die Kursteilnehmer nun Gelegenheit, das Lebenskonzept, das Kassandra im Laufe ihres Lebens entwickelt, mit den Zielen zu vergleichen, welche sich Studenten heutzutage für ihre Zukunft setzen. Sie werden mit einer Statistik bekannt gemacht, die in der Wochenzeitschrift *Die Zeit* veröffentlicht wurde.[1] (Vgl. Arbeitsblatt 4, S. 49)

Folgende Ergebnisse sind zu erwarten:

Auf den ersten Blick hat es den Anschein, als unterschieden sich die Ziele der Studenten völlig von dem, was Kassandra für sich als maßgeblich erkennt. Genauer betrachtet sind jedoch Übereinstimmungen zu finden, vor allem dann, wenn man Kassandras Entwicklung bedenkt. Auch für sie stand berufliche Anerkennung zunächst an erster Stelle; auch für sie war es ein wichtiges Ziel, „Überdurchschnittliches" zu leisten, „eine leitende Funktion" zu „übernehmen".

Zwar zögert man, ihren Übertritt in die Welt am Skamander als Wunsch, das Leben zu genießen, zu deklarieren. Aber dass dieses Leben auch Genuss war, jeden Tag ein Fest, wird betont. Der Unterschied zu den Zielen moderner Studenten liegt hier im Fernziel, das mit dem Lebensgenuss verfolgt wird. Kassandra und die Menschen am Skamander verbinden den Wunsch nach einem vollen, prallen Leben mit der Hoffnung, alternative Lebensformen zu entwickeln, die die Menschen gegenwärtig und in Zukunft friedlich stimmen. Der Lebensgenuss ist nicht vordergründig und ich-bezogen, sondern mit dem Gedanken an eine Zeiten überdauernde Botschaft verbunden.
Auch der Einsatz für andere Menschen, von dem in dieser Erzählung vor allem im Blick auf Anchises und Arisbe, denen Kassandra nacheifert, die Rede ist, bezieht sich nicht nur auf die jetzt Lebenden und Leidenden, er ist Ausdruck einer konkreten Utopie.

---

[1] Vgl. Die Zeit, Nr. 23, vom 28.5.2003.

Was die Bedeutung der Familie betrifft, geht es Kassandra zunächst darum, den familiären Zusammenhalt mit ihrer Herkunftsfamilie zu wahren. Dieses Ziel gibt sie angesichts der Kriegstreiberei ihres Vaters und ihrer Brüder weitgehend auf. Dadurch, dass sie sich weigert, mit Aineias zu gehen, entsagt sie dem Gedanken an eine eigene Familie. Es ist anzunehmen, dass die Lernenden in diesem Lebenskonzept einen der Hauptunterschiede erkennen.

Ein weiterer Unterschied bezieht sich auf das politische Engagement. Kassandra will auch politisch Zeuge sein, Zusammenhänge ergründen und ihre Stimme im Bedarfsfall erheben. Moderne Jugendliche geben sich nach dieser Statistik politisch uninteressiert. Ihr Einsatz für andere Menschen ist demzufolge anders als bei Kassandra privater Natur.

Ein erheblicher Unterschied zwischen dem, was diese Statistik an Zielen moderner Jugendlicher ausbreitet, und dem, was Kassandra als ihre Ziele bestimmt, ergibt sich aus der Blickrichtung. Die für diese Statistik befragten Jugendlichen reflektieren Ziele, die für ihre Zukunft bedeutsam werden sollen; es bleibt offen, ob diese Ziele in zehn Jahren für sie noch relevant sind. Kassandra hingegen reflektiert Ziele angesichts ihres Lebensendes; sie kann Fehler, Änderungen und Entwicklungen in ihren Zielvorstellungen aufzeigen, sie kann sich an die Botschaft klammern, die sie weitergeben möchte, aber letztlich verdienen ihre Überlegungen den Begriff Ziel nicht mehr. Die Frage nach ihren Zielen ist mit dem Bewusstsein ihres Unterganges verbunden. Nur ihre Botschaft ist zukunftsorientiert.

4.4 ❑ Kassandra im Vergleich mit herkömmlichen und eigenen Vorstellungen von einer Seherin. Kritische Reflexion des bisherigen Reihenablaufs

Zum Abschluss dieses Kapitels dient Arbeitsblatt 5 (S. 50) dazu, den Weg, der bislang beschritten wurde, um sich der Protagonistin anzunähern, zu bedenken. Ferner werden die Lernenden zu einer Metareflexion der gewählten Reihenschwerpunkte und der Unterrichtsmethoden angeregt. Diese Reflexion erhöht die Lerneffizienz und verbessert die Unterrichtsatmosphäre. Den Schülerinnen und Schülern wird bewusst, in welcher Art und Weise sie selbst ergiebig lernten und welche Lernschritte ihnen bedeutungslos erschienen.[1]

Welche Ergebnisse zu erwarten sind, ist schwer vorauszusagen. Bei der Beantwortung der Fragen 2 und 3 des Arbeitsblattes legen die Lernenden vielleicht den Akzent auf Kassandras Intellektualität, vielleicht erscheint ihnen der Leidensweg dieser Figur besonders beeindruckend. Dass Christa Wolf ihr das Numinose genommen hat, dürfte allgemeine Erkenntnis sein. Im Unterschied zu gängigen Vorstellungsbildern und Definitionen, denen die Schüler zu Beginn der Unterrichtsreihe wahrscheinlich weitgehend folgten, handelt es sich bei Kassandra um einen selbstbestimmten Menschen, der göttliche Eingebung fast durchgehend ablehnt. Die Einsamkeit des Seheramtes wird an Kassandra in besonderer Weise deutlich. Es ist möglich, dass die herausragende Fremdheit Kassandras, einer Frau, die sich jeder Durchschnittlichkeit entzieht, Erstaunen, Bewunderung oder völliges Unverständnis evoziert.

---

[1] Vgl. Schnaitmann (1996), S. 29.

Lebenslustig. Welche Ziele Studenten sich für die Zukunft setzen.

1. Lesen Sie vorliegenden Zeitungsausschnitt und überprüfen Sie, ob sich die statistischen Angaben mit Ihrer Einschätzung von den Zielen moderner Jugendlicher decken.

2. Nennen Sie ggf. weitere Ziele.

3. Stellen Sie Bezüge zu den Zielen her, die Kassandra in ihrem Leben für wichtig erachtet.

4. Arbeiten Sie heraus, was es bedeutet, Ziele in eine noch offene Lebenszeit zu projizieren, und was es bedeutet, sich eigener Ziele aus dem Rückblick zu vergewissern.

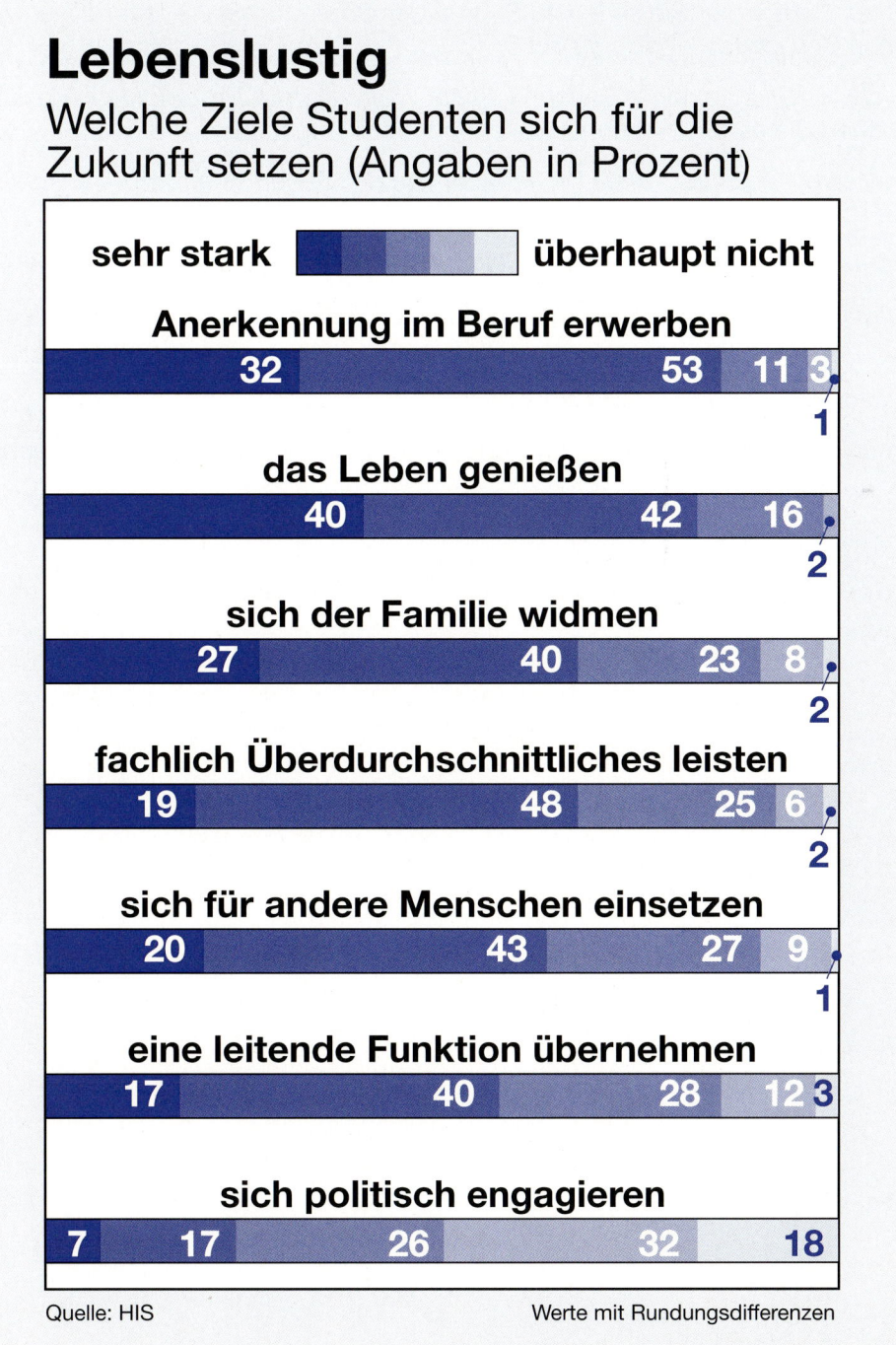

Lebenslustig
Welche Ziele Studenten sich für die Zukunft setzen (Angaben in Prozent)

sehr stark ▮▮▮▮▮ überhaupt nicht

Anerkennung im Beruf erwerben
32 | 53 | 11 | 3
1

das Leben genießen
40 | 42 | 16
2

sich der Familie widmen
27 | 40 | 23 | 8
2

fachlich Überdurchschnittliches leisten
19 | 48 | 25 | 6
2

sich für andere Menschen einsetzen
20 | 43 | 27 | 9
1

eine leitende Funktion übernehmen
17 | 40 | 28 | 12 | 3

sich politisch engagieren
7 | 17 | 26 | 32 | 18

Quelle: HIS   Werte mit Rundungsdifferenzen

EinFach Deutsch: Unterrichtsmodell: Kassandra. © Schöningh Verlag 2004

Anregungen zur Reflexion der Ergebnisse, des Reihenablaufs und der Methoden

Liebe Kursteilnehmer und Kursteilnehmerinnen, das folgende Arbeitsblatt soll Ihren Blick auf die Bedeutung der Seherin Kassandra lenken. Es räumt Ihnen ferner die Möglichkeit ein, die Ergiebigkeit der gewählten Unterrichtsmethoden kritisch zu würdigen und Verbesserungsvorschläge einzubringen. Bitte beantworten Sie die Fragen zunächst schriftlich und begründen Sie Ihre Meinung. Anschließend sollen die Ergebnisse in einem Unterrichtsgespräch ausgetauscht werden.

1. *Vergegenwärtigen Sie sich mithilfe Ihrer Aufzeichnungen und des Arbeitsblattes 1, welche Vorstellungen von einer Seherin für Sie selbst zu Beginn der Unterrichtsreihe leitend waren und welche im allgemeinen Bewusstsein gängig sind.*

2. *Legen Sie dar, welches Bild von einer Seherin Christa Wolf mit ihrer Protagonistin Kassandra entwirft, und vergleichen Sie es mit den sonst üblichen Vorstellungsbildern.*

3. *Legen Sie dar, inwieweit Sie sich Christa Wolfs Sicht von der Seherin Kassandra anschließen können.*

4. *Welche Schwerpunkte der Unterrichtsreihe zu Christa Wolfs Erzählung stießen auf Ihr Interesse?*

5. *Welche Zusammenhänge fanden Sie unergiebig oder langweilig?*

6. *Im Verlauf der Reihe wurden unterschiedliche Unterrichtsmethoden angewandt. Überprüfen Sie die Ergiebigkeit dieser Methoden für Sie selbst.*

7. *Machen Sie Vorschläge, wie ein Unterricht durchgeführt werden sollte, der Ihr Interesse findet.*

EinFach Deutsch: Unterrichtsmodell: Kassandra. © Schöningh Verlag 2004

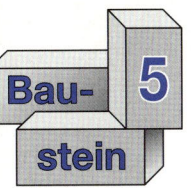

Liebe und Sexualität

Die unterschiedlichen Spielarten von Liebe und Sexualität, von denen in diesem Baustein die Rede ist, sind eng verknüpft mit dem Bild, das Menschen von ihrem Gegenüber haben. Aineias und Kassandra erkennen sich gegenseitig an. Bei ihnen kann man von einer umfassenden, Gefühle und Denken einschließenden Liebe sprechen. Anchises und Arisbe sind in besonderer Weise offen für Leidende und Ratsuchende. Ihre Liebe ist gleichzusetzen mit Hilfsbereitschaft und Barmherzigkeit. Viele der Kämpfer verachten den Menschen. Sie verbinden Liebe und Sexualität mit Machtstreben und Unterwerfung, auf die Frauen mit Unterwürfigkeit reagieren. Ein Auszug aus dem homerischen *Hymnos auf Aphrodite* macht auf andere Auffassungen von Liebe und Sexualität in der griechischen Mythologie aufmerksam. Sie regen zum Vergleich mit Liebesauffassungen in Christa Wolfs Erzählung an.

5.1 ☐ Kassandra und Aineias, eine Liebe zwischen Erfüllung und Abschied

Die Lektüre der Erzählung *Kassandra* ist nicht nur schwer angesichts der kunstvollen Erzählweise, die dem Leser hohe Konzentration abverlangt und die Bereitschaft, das Geflecht der Beziehungen aufzudecken, sie bietet, nach Meinung mancher Kritiker, auch wenig Möglichkeiten zur Identifikation, denn die Protagonistin wirke nicht lebensecht, sie sei zu sehr als Vorbild konstruiert und erwecke keine Anteilnahme. Reinhard Baumgart zum Beispiel spricht in seiner Rezension im *Spiegel* von einer „langweiligen Makellosigkeit" Kassandras.[1] Diese Kritik erscheint schon angesichts der vielfältigen Veränderungen im Leben der Hauptgestalt, angesichts ihrer Einsamkeit und schonungslosen Ich-Suche unhaltbar. Sie ist es erst recht angesichts ihrer herausragenden und dennoch problematischen Liebesbeziehung zu Aineias, für die sich übrigens in der Überlieferung keine Parallele finden lässt. Diese Beziehung zeichnet sich durch Rücksichtnahme, Zartheit, stilles Einverständnis und Verlangen aus, aber ihr ist keine Dauer beschieden.[2]

Bereits die erste Begegnung zwischen Kassandra und Aineias steht im Widerspruch zu Gewohnheiten und Erwartungen ihres Umfeldes. Aineias trifft auf Kassandra, als sie den Pflichten der Tempelprostitution nachkommen soll. Beide wissen, was von ihnen erwartet wird, erfahren aber,

„daß die Liebe, wenn sie plötzlich dazwischentritt, den Pflichten des Beilagers im Wege sein kann" (S. 22).

Aineias betrachtet Kassandra nicht als willfährige Beute, die er erobert hat; seine Scheu ist ein Bekenntnis seiner Liebe, der es um mehr geht als um sexuelles Begehren. Die Liebenden verfügen nicht übereinander, sie besitzen sich nicht, sie verbindet eine große Harmonie in Worten und Bewegungen:

„Bei Neumond kam Aineias. [...] Nur einen Augenblick lang sah ich sein Gesicht, als er das Licht ausblies, das neben der Tür in einem Ölbad schwamm. Unser Erkennungszeichen war und blieb seine Hand an meiner Wange, meine Wange an seiner Hand. Wir sagten uns kaum mehr als unsere Namen, ein schöneres Liebesgedicht hatte ich nie gehört. Aineias Kassandra. Kassandra Aineias." (S. 105f.)

---

[1] Die Rezension wurde am 4.4.1983 veröffentlicht. Vgl. Nicolai (1985), S.149.

[2] Höfer vertritt allerdings die Ansicht, dass diese Liebesbeziehung „blass bleibt, regelrecht schemenhaft und wenig sinnlich [...] man kann sich nie ganz des Eindrucks erwehren, als habe gelegentlich regelrecht gutbürgerliche Harmlosigkeit, ja Mittelmaß Pate gestanden bei der Schilderung dieser Liebe". Vgl. Höfer (1989), S. 252. Leider bezieht sich Höfer, um seinen Eindruck nachvollziehbar zu machen, nicht auf den Text. Es dürfte schwer fallen, für die angeblich „gutbürgerliche Harmlosigkeit" einen Beleg zu finden.

Eindrucksvoll beschreibt die Autorin die Szenerie der Nacht, Mond und Oellicht als einzige Lichtquellen. Als Aineias eintritt und von Kassandra gesehen wird, bilden die beiden noch ein Gegenüber. Als sie sich im Dunkeln nahe sind, äußert sich ihre enge Verbindung in Gesten und Worten. Sprachlich wird ihre Zusammengehörigkeit durch Chiasmen zum Ausdruck gebracht. Keiner beherrscht den anderen, jeder ist gleichberechtigt in diesem Liebesritual, in dem schon die Nennung der Namen als „Liebesgedicht" empfunden wird.

Mehrfach steht Aineias Kassandra bei, wenn sie in Not ist. Sie klammert sich an ihn bei ihrem ersten Anfall und er hält erschrocken stand (S. 48). Er trägt sie, als sie nach der Ermordung des Panthoos zusammenbricht, und bringt sie zu den Frauen in den Höhlen (S. 145).
Wiederholt ist davon die Rede, dass Aineias unangemeldet kommt und die Liebenden Nähe und Übereinstimmung erleben. Kassandra erinnert sich, wie sie bei ihren Begegnungen mit allen Sinnen die Schönheit der sie umgebenden Landschaft wahrnahm:
„Immer war es so, wenn wir die gleiche Luft atmeten, strömte in die Hülle, die mein Körper war, das Leben wieder ein. Ich sah die Sonne wieder, Mond und Sterne, das Silberblitzen der Olivenbäume im Wind, den metallischen Purpurglanz des Meeres [...] ich spürte, wie weich die Luft war. Aineias lebte." (S. 103)
Ähnlich wie die Menschen am Skamander entreißt Aineias Kassandra ihrer Einsamkeit. Ihre Liebe, ihre Erlebnisse, ihre Gespräche bezeugen, dass sie sich gegenseitig annehmen und dass diese Annahme sie befähigt, intensiver zu empfinden, der Gewalt des Krieges den Anspruch auf das Leben entgegenzusetzen, zusammen zu denken, zu verstehen (S. 158f.), auch den Schmerz zu teilen und gemeinsam zu weinen (S. 137).
Diese Liebe wirkt vollkommen und scheint auf Dauer angelegt. Aber von Beginn der Erzählung an finden sich Hinweise darauf, dass es nicht zu einer endgültigen Verbindung kommen wird. Aineias verlässt Kassandra wiederholt nach gemeinsamer Liebesnacht: „Ach, er verstand es zu verschwinden" (S. 90), „Für viele Monate entschwand er mir" (S. 106). Für dieses Verhalten gibt er höchstens eine sehr vordergründige Erklärung ab, keine, die der Größe der Liebe entspricht: „Er könne hier zur Zeit nichts tun. Er gehe, sagte er." (S. 90) Aineias kommt und geht ohne den Trost auf zukünftige Begegnungen. Und Kassandra bindet ihn nicht an sich, lässt ihn ziehen: „Geh, sagte ich. [...] ich rief ihn nicht, folgte ihm nicht und erkundigte mich nicht nach ihm. In den Bergen sei er, hieß es." (Ebd.)

Auch wenn sich im Text Signale finden, die auf eine Trennung der Liebenden hindeuten, sind viele, vor allem jugendliche Leser der Erzählung, enttäuscht darüber, dass dieser großen Liebe keine Dauer beschieden ist. Es ist ein Ärgernis und erscheint unbegreiflich, dass die Liebenden sich streiten und schließlich trennen, weil Kassandra „keinen Helden" lieben kann. Der Widerspruch zwischen kühler, sich distanzierender Vernunftsaussage und dem wiederholten Bekenntnis zu seelisch und körperlicher ekstatischer Übereinstimmung (vgl. S. 106) provoziert das Unverständnis des Rezipienten und fordert zum Widerspruch heraus. Von „langweiliger Makellosigkeit" kann in diesem Zusammenhang wohl kaum die Rede sein.[1]

Jugendlichen wird mit den Liebenden ein Identifikationsangebot gemacht, weil sie herausragen aus der Welt der Machtbesessenen und Unterwürfigen, weil sie sich für den Frieden einsetzen, weil sie als gleichberechtigte Partner leben und lieben, weil sie einander Freiheiten gewähren. Neben der Utopie vom vollen, prallen Leben, der die Menschen am Skamander nacheifern, scheint es die Utopie einer vollkommenen Liebe zu geben. Ihre Garanten sind Kassandra und Aineias. Wenn sie sich trennen, wird nicht nur bei jugendlichen Rezipienten Hoffnung zerschlagen.[2]

---

[1] „Kassandras Beziehung zu Aineias ist nicht durch das Muster erfüllter Gegenseitigkeit bestimmt, sondern durch das Muster von Trennung und Verlust", behauptet Nicolai. Vgl. Nicolai (1995), S. 62. Dieser Feststellung kann man angesichts des Textbefundes nicht ohne weiteres zustimmen, weil manche Begegnungen zwischen Kassandra und Aineias sich geradezu durch diese „erfüllte(r) Gegenseitigkeit" auszeichnen. Es hängt vom Rezipienten ab, was er in dieser Beziehung als vorrangig erachtet. Bedenkt er sie vom Ausgang der Erzählung her, dann wird es der Verlust sein. Im Verlauf der Lektüre wird wohl eher die Erfüllung der Liebe im Vordergrund stehen. Vgl. Nicolai (1995), S. 62.
[2] Vgl. dazu Schubert-Felmy (1985), S. 167.

Um die facettenreiche Liebesbeziehung zwischen Kassandra und Aineias zu erschließen und eine solide Basis für die Beurteilung ihrer Trennung zu schaffen, werden die Schülerinnen und Schüler mit wichtigen Textstellen konfrontiert, wobei sich die Anzahl der von jeder Gruppe zu bearbeitenden Stellen nach der Größe des Kurses richtet.
Textstellen: S. 22, 33, 34, 79, 90, 92f., 103, 105f., 113f., 131, 137, 145, 156, 158, 162f.

❒ *Ordnen Sie die vorliegenden Textstellen kurz in den Handlungszusammenhang ein und kennzeichnen Sie die hier zum Ausdruck gelangende Beziehung zwischen Kassandra und Aineias.*

❒ *Nehmen Sie anschließend Stellung zu der Aussage Rosemarie Nicolais: „Kassandras Beziehung zu Aineias ist nicht durch das Muster erfüllter Gegenseitigkeit bestimmt, sondern durch das Muster von Trennung und Verlust".*

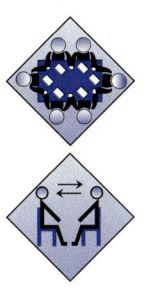

Die Beziehung zwischen Kassandra und Aineias	
Textstellen, die eine große Liebe signalisieren und Dauer erwarten lassen	**Textstellen, die die Zweifel an der Dauer der Liebe hervorrufen**
S. 22: Die erste Annäherung der Liebenden ist kein Besitzergreifen.	S. 33, 34, 92f.: Da Aineias nicht kommt, den sie herbeisehnt, gibt sich Kassandra in Gedanken an ihn Panthoos oder einem jungen Priester hin.
	S. 79: Nach ihrem zweiten Anfall ist Kassandra Panthoos gegenüber unterwürfig. Das reizt ihn. Aineias aber meidet sie, weil sie sich verändert hat.
S. 90: Aineias tröstet Kassandra nach der Ermordung des Troilos. Sie fühlt sich in seiner Hand „zum erstenmal im Leben" geborgen.	S. 90: Aineias verlässt Kassandra unvermittelt; „er verstand es zu verschwinden". Kassandra folgt ihm nicht, fragt nicht nach ihm, obwohl sie sich ständig nach ihm sehnt.
S. 103, 131: Als Aineias Gefahren bestanden hat und nach Troja zurückkehrt, ist Kassandra von Angst befreit und wendet sich inbrünstig dem Leben zu.	S. 103: Aineias bleibt in den niederen Unterkünften, hält sich von Kassandra fern.
S. 105f.: Aineias sucht Kassandra bei Neumond auf. Ihre Liebe ist gegenseitig und gleichberechtigt. Als er sie dann für lange Zeit verlässt, dünkt ihr das Leben schal.	S. 106: Nach der Liebesnacht verlässt Aineias Kassandra für lange Zeit.
S. 137: Nach dem Tod der Amazonen weinen Aineias und Kassandra zusammen.	S. 137: Nach dem Tod der Amazonen weinen Aineias und Kassandra zusammen. Trostlos gehen sie auseinander.
S. 145, 156f., 158: Aineias trägt die entkräftete Kassandra nach Penthesileas Tod zu den Leuten am Skamander. Er schwört, sie nicht mehr allein zu lassen und ist oft bei ihr. Die Liebenden genießen die Fülle des Lebens gemeinsam.	S. 145: Zuletzt spricht Kassandra Aineias von diesem Schwur frei.
S. 158: Kassandra sieht Aineias als Vater ihrer Zwillinge an.	S. 113, 162f.: Kassandra will nicht mit Aineias Troja verlassen. Er versteht ihre Gründe nicht, befiehlt ihr, mit ihm zu ziehen. Beide wissen um ihre Ohnmacht angesichts einer Zukunft, die Helden braucht. Wutentbrannt und machtlos wirft Aineias als Zeichen der Trennung den Schlangenring ins Meer.

Diese Tabelle kommt erst nach dem Austausch der Ergebnisse zum Einsatz, um zur Systematisierung beizutragen. Auch wenn diese Übersicht gelegentlich auf Kritik der Lernenden stoßen sollte und Änderungen nahe legt, auch wenn Einhelligkeit bei der Stellungnahme zur Aussage Nicolais kaum zu erwarten ist, hilft die Übersicht dazu, den Textbezug zu wahren.

Wie auch die Stellungnahme der Lernenden ausfällt, sie leitet zur Auseinandersetzung mit dem Faktum der Trennung über. Diese Auseinandersetzung kann in einem mimetischen Gespräch oder in einer Diskussion erfolgen.

Die Aufgabenstellung für das mimetische Gespräch lautet für die Gewährsleute Kassandra und Aineias:

❏ *Sammeln Sie im Rückgriff auf die bisherigen Arbeitsergebnisse Argumente, die die Positionen Kassandras und Aineias bei dem Streit, der zu ihrer Trennung führt, stützen helfen (vgl. S. 162f.).*

An die übrigen Gesprächsteilnehmer geht folgende Aufgabe:

❏ *Stellen Sie sich vor, sie seien Zeugen des Streites, den Kassandra und Aineias kurz vor ihrer Trennung führen. Wenden Sie sich mit Fragen, Bedenken oder zustimmenden Äußerungen an die Dialogpartner.*

Statt eines mimetischen Gesprächs kann die Lehrperson mit einem Impuls zu einem Streitgespräch anregen.

Die Klasse wird in zwei Gruppen geteilt, an die folgender Arbeitsauftrag ergeht:

❏ *Dass Kassandra sich von Aineias trennt, wird in der Sekundärliteratur unterschiedlich beurteilt. Einige Kritiker werfen Christa Wolf vor, dass die Weigerung Kassandras, Aineias zu folgen, sie als emotionslose Heldin zeige. Andere halten diese Lösung für die einzig akzeptable. Wir wollen mithilfe eines Streitgesprächs das Für und Wider einer Trennung abwägen. Die eine Gruppe sammelt im Rückgriff auf die Erzählung Argumente, die für die Trennung, die andere solche, die gegen sie sprechen. Greifen Sie auf die bisherigen Arbeitsergebnisse zurück, diskutieren Sie dieses Problem zunächst in einer Klein-Gruppe (drei Schüler) und sammeln Sie Argumente für die Position, die Sie im Streitgespräch vertreten sollen.*

Als Argumente, die gegen eine Trennung sprechen, sind zum Beispiel folgende denkbar:

– Kassandras Trennung entspricht nicht der Größe ihrer Liebe.
– Sie widerspricht dem Bild von einer Persönlichkeit, die Denken und Fühlen bejaht.
– Sie widerspricht der Auffassung, dass es zwischen Töten und Sterben noch ein Drittes gibt, Leben, und sie passt auch nicht zu der Lebensweise der Leute am Skamander, zu der sich Aineias und Kassandra bekennen.

Als Argumente, die für eine Trennung sprechen, sind folgende denkbar:

– Die Trennung ist nötig, da Aineias bei vielen Gelegenheiten bereits patriarchalische Züge erkennen lässt.
– Aineias zeigt in dem Streit, dass er nicht bereit ist, Kassandra entgegenzukommen.
– Kassandra sieht seine Zukunft voraus. Sie weiß, dass seine Versuche, dem Krieg zu entkommen, scheitern werden.

Bei dem Streitgespräch sitzen sich die beiden Gruppen gegenüber. Die Gesprächsleitung kann auch ein Schüler/eine Schülerin übernehmen.

5.2 ❏ Anteilnahme und Barmherzigkeit – Liebe jenseits von Sexualität

Wenn über die Bedeutung der Liebe in dieser Erzählung nachgedacht wird, vergisst man leicht, wie wichtig das Verhalten des Anchises und der Arisbe in diesem Zusammenhang ist.[1] Die Liebe der beiden herausragenden Gestalten am Skamander kommt in ihrer Hinwendung zu Verfolgten und Leidenden der christlichen Agape nahe. Beide, Anchises und Arisbe, werden aufgesucht, wenn Rat und Hilfe nötig sind, und stellen sich diesem Ansinnen selbstlos und geduldig (S. 58ff., 110, 111, 124f., 146, 145f.). Arisbe begibt sich zur Not leidenden Kassandra und spendet ihr Trost (S. 75). Anchises lässt Menschen seine Schnitzwerke zukommen als Zeichen seiner Nähe und Anteilnahme (S. 111). Diese beiden Menschen ruhen in sich, sind uneigennützig und genügsam, aber frei von asketischen Anstrengungen. Die Kraft zu ihrer Liebe gewinnen sie nicht durch eine Bindung an Götter (S. 112, 146f.), sondern durch Gespräche, auch Streitgespräche (S.146).

Anchises glaubt an den Menschen. „Wenn es danach ging, so war er jünger als wir alle" (S. 112), stellt Kassandra sich erinnernd fest und verweist damit auf Anchises' nie versiegende geistige Kraft. Arisbe und Anchises versichern sich gegenseitig ihr Lebens- und Liebeskonzept. Es steht in krassem Gegensatz zum Machtdenken der Krieger und zur Unterwürfigkeit derer, die es genießen, Objekt zu sein.

Das Besondere dieser uneigennützigen Liebe ist in der Tatsache zu sehen, dass sie von einer Frau *und* einem Mann verkörpert wird. Genau betrachtet gibt es im Liebesverhalten der beiden geschlechtsspezifische Unterschiede. Arisbe ist die massige, erdgebundene Frau (S. 60). Sie breitet sich wie selbstverständlich dröhnend aus, ist der Erde und ihren Kräften nahe und braut Kräuter zu Heilgetränken wie eine weise Frau oder eine Naturhexe (S. 59, 146). Anchises dagegen wirkt vergeistigt und edel. Er ist in seiner allumfassenden Güte wie eine Heilandsgestalt.[2] Christa Wolf zeigt mit diesen Persönlichkeiten eine Zusammengehörigkeit jenseits sexueller Verbindung, aber diese ist in der geschlechtsspezifischen Ausprägung und in ihrem Wunsch nach Auseinandersetzung nicht ohne Erotik. Arisbe und Anchises ergänzen sich in ihrer Art, sich anderen zuzuwenden, sie mit einer heiteren, selbstlosen Liebe zu umgeben. In einem Kapitel über Liebe und Sexualität in der Erzählung *Kassandra* muss von ihnen die Rede sein.

Es empfiehlt sich, Arisbes und Anchises Art zu lieben mithilfe eines im Unterricht zu entwickelnden Tafelbildes zu erschließen. Die Lehrperson bereitet zwei Spalten vor und schreibt als Überschrift über die linke Spalte „Christliche Nächstenliebe". Die Lernenden werden aufgefordert, diesen Begriff in kurzen Sätzen zu definieren und diese in das Tafelbild einzutragen. In einem nächsten Schritt wird die Frage gestellt, ob sich diese Art von Liebe auch in der Erzählung *Kassandra* findet. Es ist anzunehmen, dass Arisbes und Anchises' Verhalten jetzt erwähnt werden und dass sich beim Ausfüllen der zweiten Spalte viele Parallelen zur ersten ergeben, die mit Beispielen aus dem Text gestützt werden müssen.

Die Schülerinnen und Schüler erhalten anschließend folgenden Schreibauftrag:

☐ *1. Arbeiten Sie die Unterschiede zwischen christlicher Nächstenliebe und der Liebe des Anchises und der Arisbe zu anderen Menschen heraus.*

☐ *2. Überlegen Sie, warum Christa Wolf als Beispiel für die vorbildliche liebevolle Anteilnahme gegenüber Notleidenden einen Mann **und** eine Frau wählt.*

☐ *3. Suchen Sie eine passende Überschrift für die rechte Spalte.*

Wahrscheinlich werden die Schülerinnen und Schüler darauf kommen, dass es sich bei der christlichen Nächsten- und Feindesliebe um die Erfüllung eines göttlichen Gebotes handelt, während Arisbe und Anchises von sich aus humanes Verhalten an den Tag legen. Kein Gebot drängt sie. Aber sie können auch keinerlei göttliche Hilfe erwarten. An Götter glauben sie nicht, sie hält allein der Glaube an den Menschen. Im Rückgriff auf die oben genannten Textstellen ist das zu erhellen.[3]

---

[1] Da sich dazu im Rahmen des Bausteins 3 bereits Ausführungen finden, an die angeknüpft werden kann, werden in diesem Kapitel nur noch einige ergänzende Bemerkungen gemacht.

[2] Vgl. die entsprechenden Ausführungen im Kapitel 3.3.

[3] Vielleicht muss die Lehrperson den Zusammenhang von Liebesbefähigung des Gläubigen durch Gott und der Weitergabe dieser göttlichen Liebe an den Nächsten erklären und auf diese Weise darauf aufmerksam machen, dass Anchises und Arisbe keine göttliche Kraftquelle für ihren Einsatz beanspruchen oder zur Verfügung haben. Im Einzelfall ist es auch möglich, die linke Spalte des Tafelbildes vorzugeben und die Schülerinnen und Schüler unmittelbar nach Vergleichsgesichtspunkten suchen zu lassen.

Ein weiterer Unterschied ist in der Art zu sehen, wie mit Leid umgegangen wird. Obwohl das geschilderte Elend groß ist, sind Trost und Hilfe Arisbes und Anchises' frei von Opfermut. Sie sind mit Humor verbunden, mit einer gewissen Leichtigkeit des Seins.

Bei der Beantwortung der Aufgabe 2 (vgl. S. 55) wird ein Hinweis auf die Gleichberechtigung von Mann und Frau erwartet. Bei Arisbe und Anchises handelt es sich um zwei Leitfiguren, die beide in geschlechtspezifischer Ausprägung für den Mitmenschen einstehen. Als Überschrift über der rechten Spalte (vgl. Aufgabe 3) sind Begriffe wie „Liebe zum Mitmenschen" oder „Hilfsbereitschaft" dem christlich geprägten Begriff „Nächstenliebe" vorzuziehen, um die Unterschiede in den Verhaltensweisen anzudeuten und dem religionsgeschichtlichen Zusammenhang zu entsprechen.

Christliche Nächstenliebe	Die Liebe zum Mitmenschen bei Anchises und Arisbe
Hilfsbereitschaft und Hinwendung zu Notleidenden als Zeichen der Nächstenliebe	Anchises und Arisbe helfen Notleidenden.
Nächstenliebe ist auch Feindesliebe. Nächstenliebe und Toleranz bedingen sich.	Anchises lässt alle Menschen, auch den Eumelos, gelten.
Nächstenliebe und Selbstliebe gehören zusammen.	Arisbe und Anchises ruhen in sich, akzeptieren ihr So-Sein und wenden sich souverän anderen Menschen zu.
Caritative Einrichtungen sind Zeichen der Nächstenliebe; dabei handelt es sich um Einrichtungen, die von einer Glaubensgemeinschaft getragen werden.	Die Höhlen am Skamander sind mit caritativen Einrichtungen vergleichbar. Die Menschen, die dort Kranke pflegen und Gedemütigte aufrichten, bilden eine sich stützende Gemeinschaft.
Nächstenliebe erfordert gelegentlich den Verzicht auf Bequemlichkeit.	Anchises und Arisbe leben wie alle Menschen am Skamander einfach.
Nächstenliebe ist mit der Lehre Jesu und seinem Wirken verbunden. Sie ist das Hauptkennzeichen christlicher Gesinnung und impliziert Leidens- und Opferbereitschaft.	Anchises und Arisbe belehren sich gegenseitig und andere. Sie haben keine richtungsweisende Instanz für ihre Lebensweise. Ihr Wirken ist von Humor, Weisheit und dem Wunsch nach Veränderung bestimmt. Davon ist mehr die Rede als von dem Leid, das sie lindern.

5.3 ☐ Machtgier und Sexualität. Polyxena als Lockvogel

Von Liebe oder Sexualität ist in dieser Erzählung in vielfältiger Ausprägung die Rede: Kassandras Brüder begeben sich für ihre erste Nacht zu den schönen Frauen am Skamander (S. 57). Diese Sitte wird in Form einer Feststellung erwähnt, aber die Praktiken der Griechen und Männer aus anderen Völkerschaften (S. 49), die ihre Sklavinnen zu Objekten ungehemmter Lust erniedrigen, allen voran Achill (vgl. S. 99), werden ausführlich und mit Abscheu beschrieben. Frauen werden vergewaltigt, Marpessa zum Beispiel mehrfach in den

Pferdeställen, sodass sie später „keinen Mann mehr an sich heranließ" (S. 49f.), Kassandra durch den Griechen Klein Aias (ebd.). Griechen vergehen sich an Trojanern und Trojanerinnen (S. 103, 162), sie, allen voran Achill, schänden sogar noch die Toten (S.143). „Väter, ältre Brüder" beherrschen Töchter und Schwestern. Sie machen von der Möglichkeit Gebrauch, Frauen als wohlfeile Ware einzuschätzen. Was bei den Griechen üblich ist, überträgt sich auf die Trojaner. Auch wenn sie nur „zum Schein" „auf Achills Begehren"eingehen, erniedrigen sie Polyxena (S. 129f.). Die Forderung des Eumelos „Wir sollten werden wie der Feind, um ihn zu schlagen" (S. 38), wird erfüllt. Wie das sich verändernde Verhältnis zwischen Priamos und Hekabe zeigt, werden die Normen der Griechen für die Trojaner gültig. Der Machtanspruch der Männer, die sich im Krieg als Helden und Sieger bewähren müssen, betrifft auch ihr Verhältnis zu den Frauen. Aber indem „sich die Trojaner den Normen des Feindes unterwerfen, werden sie sich selbst zum Feind."[1] Sie werden, wie die Entwicklung des Priamos zeigt, dem unbekümmerten Leben und zärtlicher Liebe entfremdet. Sie werden abhängig von politischer Anerkennung und einsam.

Gerdzen und Wöhler führen das „Panorama von Sexualität", das Christa Wolf in dieser Erzählung entwirft, auf den grundsätzlichen Gegensatz zwischen den Geschlechtern in der patriarchalischen Gesellschaftsordnung zurück.[2] Hier herrscht der Kampf zwischen Männern und Frauen. Beide versäumen es wie Kassandra und Aineias, oder in abgewandelter Form wie Arisbe und Anchises, in einen Austausch zu treten, der ihre Denk- und Lebensintensität erhöht. Vergleicht man die Liebesbeziehung zwischen Kassandra und Aineias mit den vielen anderen sexuellen Akten und Liebesbeziehungen, die in der Erzählung erwähnt werden, so entsteht der Eindruck, dass Krieg und ungezügelte Gier der Männer, sowohl der Griechen als auch der Trojaner, in einem Zusammenhang stehen. Der Machtanspruch, dem die Krieger im patriarchalischen Gesellschaftssystem genügen müssen, stellt eine Überforderung dar. Sie müssen ihn pervertieren, um ihm zu genügen. Hemmungslose Sexualität, Sadismus oder Masochismus sind mit dem Bedürfnis, Ich-Schwäche zu kompensieren oder zu verbergen, zu erklären. Die Männer werden zu machtbesessenen Triebtätern, die Frauen zu Lustobjekten. „Die Männer, schwach, zu Siegern hochgeputscht, brauchen, um sich überhaupt noch zu empfinden, uns als Opfer." (S.143)[3]

Im besonderen Maße verkörpert Polyxena, dass Frauen den ihr zugedachten Objektstatus verinnerlicht haben. „Polyxena ist die weibliche, die verführerische Frau, die sich ihrer Anziehungskraft auf Männer bewusst ist und sie einsetzt, um Beachtung zu finden und Macht auszuüben."[4] In ihrem Erinnerungsmonolog holt sich Kassandra Polyxenas Anmut und Schönheit in allen Einzelheiten vor Augen. Nicht nur Männer verfallen ihr, auch Frauen stehen in ihrem Bann (S. 31f.). Kassandra ist ihr gegenüber nicht frei von Neid und Eifersucht und doch erfüllt von Bewunderung. Ihre Beschreibung, bei der sie nach Worten ringt, wirft ein Licht auf das gespannte Verhältnis der ungleichen Schwestern und auf die Ambivalenz der Figur selbst.

„Polyxena. Sie war die andere. Sie war, wie ich nicht sein konnte. Hatte alles, was mir fehlte. [...] Wenn sie vorbeiging, lächelten sie alle, der erste Priester und der letzte Sklave wie das dümmste Küchenmädchen. Ich suche ein Wort für ihre Erscheinung [...] Aber bei ihr versag ich. Sie war aus verschiedenen Elementen zusammengesetzt, aus Liebreiz, Schmelz und Festigkeit, ja Härte, in ihrem Wesen war ein Widerspruch, der aufreizend wirkte, doch auch reizend, den man fassen, behüten oder aus ihr herausreißen wollte, und müßte man sich selbst dafür zerstören. [...] Sie war gut und hatte zugleich den bösen Blick, mit dem sie mich durchschaute, nicht sich selbst." (S.114)

Hoheit und Liebreiz Polyxenas werden durch ihr eigenes Verhalten geschmälert. Sexuell kann sie nur dann höchste Lust empfinden, wenn sie sich unterwirft. Sie verachtet zum

---

[1] Vgl. Gerdzen/Wöhler (1991), S. 98.

[2] Vgl. Gerdzen/Wöhler (1991), S. 95f.

[3] Da bereits in den Kapiteln 3.1 und 3.2 ausgeführt wurde, dass Christa Wolf die Zeit des Trojanischen Krieges als Zeit des Übergangs vom Matriarchat zum Patriarchat ansieht, wird diese Sicht auf Geschichte und das mit ihr zusammenhängende Erklärungsmuster für ungezügelte Sexualität in diesem Baustein zwar erwähnt, aber nicht vertieft. Falls die Kursteilnehmer nicht von sich aus auf entsprechende Ergebnisse vorausgegangener Arbeit zurückgreifen, ist es Aufgabe der Lehrperson, erneut auf sie aufmerksam zu machen.

[4] Vgl. Henze (1987), S. 53.

Beispiel Adron, einen Anhänger des Eumelos, und geht dennoch ein Verhältnis mit ihm ein. Während sie mit ihm schläft, träumt sie von ihrem Vater, von dem sie Liebe und Anerkennung begehrt. Willfährig lässt sie sich als „Lockvogel" für Achill benutzen. Christa Wolf entlarvt den im Mythos gepriesenen Opfermut Polyxenas als Bedürfnis nach Anerkennung und Macht, zugleich aber auch nach Selbstzerstörung.

„Abends vor Sonnenuntergang stand sie auf der Mauer […] und blickte auf Achill hinab. Der stierte. Beinahe tropfte ihm der Speichel. Da entblößte meine Schwester langsam ihre Brust [...]. Für Monate war [...] Polyxena die bewundertste Frau in Troja. Das hatte sie gewollt. Die Ihren strafen, indem sie sich selbst verdarb". (S. 130)[1]

Zunächst gilt es, den Textbefund zu sichern und Zusammenhänge herzustellen. Dazu dient der folgende Arbeitsauftrag:

❏ *Nennen Sie aus dem Gedächtnis Spielarten von Sexualität und Liebe, die in dieser Erzählung neben der Liebe zwischen Aineias und Kassandra eine Rolle spielen.*

❏ *Arbeiten Sie die Erklärungsmuster heraus, die auf S. 9f., 99, 129f., 136, 143 für bestimmte sexuelle Verhaltensweisen gegeben werden.*

Die Ergebnisse werden im Unterrichtsgespräch vorgetragen und durch Mitschriften gesichert: Folgendes müsste in etwa festgehalten werden:

Zu 1: Homosexualität (Achill), Heterosexualität (Kassandra), Vergewaltigungen (Marpessa in den Pferdeställen, Kassandra von Klein-Aias), Liebesfreuden am Skamander, nebeneheliche Beziehungen (Klytaimnestra, Agamemnon), sexuelle Schändung von Toten (Achill schändet Penthesilea), eheliche Beziehungen (Hektor und Andromache, Priamos und Hekabe), Impotenz (Panthoos, Agamemnon).

Zu 2: Als Erklärungsmuster findet man in den angegebenen Textstellen folgende: S. 9: Heterosexualität ist Ausdruck der Lust (Kassandra und Myrine), S. 99: Heterosexualität dient zur Vertuschung homosexueller Neigungen (Achill), S. 129f.: Sexualität ist Ausdruck von Gier und Machtbesessenheit (Polyxena und Achill), S. 136: Impotenz kann Ausdruck von Angst sein, S. 143: Die Grausamkeit bei der Schändung der toten Penthesilea wird auf den verletzten Stolz des Achill zurückgeführt.

Besondere Beachtung gebührt Polyxena. Sie ist der Inbegriff weiblicher Schönheit und das Opfer deklarierter, ja, verinnerlichter Erniedrigung. Ihr sexuelles Verhalten wird mithilfe der Textstellen S. 114 und S. 129f. bedacht (s.o.).
Die Lernenden erhalten folgende Aufgabe (ggf. als Hausarbeit):

❏ *Kennzeichnen Sie Polyxenas Wesen und ihr Verhältnis zur Sexualität. Lesen Sie dazu die Textstellen S. 114 und S.129f. und orientieren Sie sich zusätzlich an der Personenliste (Zusatzmaterial 1).*

Die folgenden zwei Aufträge sind geeignet, die Aktualität der hier dargestellten Art von Weiblichkeit zu erfassen. Aus den Vorschlägen können sich die Lernenden einen auswählen.

❏ *Stellen Sie sich Polyxena als moderne junge Frau auf der Bühne vor und entwerfen Sie eine Figurine. Erklären Sie den Betrachtern der Figurine mündlich oder schriftlich, worauf es Ihnen bei der Darstellung Polyxenas besonders ankommt.*

Der Auftrag könnte dazu führen, dass Polyxena als Modepuppe dargestellt wird mit einer Überbetonung sekundärer Geschlechtsmerkmale. Die Kritik an einer verflachenden Sicht auf diese Frau kann sich auf die Textstelle S. 31f. stützen.

❏ *Erstellen Sie in Anlehnung an die Textstelle auf S. 114 ein Standbild: Polyxena bewegt sich auf einer Straße und unterschiedliche Personen werfen Blicke auf sie. Machen Sie sich zusammen mit den Betrachtern Ihres Standbildes ein Bild vom Wesen und der Wirkung dieser Frau.*

[1] Auch als man Hektors Leiche mit Gold aufwiegt, wird Polyxenas „Lust an Selbstzerstörung" hervorgehoben.

Auch bei der Lösung dieser Aufgabe ist darauf zu achten, dass die Ambivalenz dieser Frauengestalt zum Ausdruck gelangt. Vgl. S. 114: Polyxena „war gut und hatte zugleich den bösen Blick, mit dem sie mich durchschaute, nicht sich selbst."

5.4 ☐ Die Frau als Objekt. Weibliches Schreiben

Die Schülerinnen und Schüler werden mit Auszügen aus den *Voraussetzungen* (Arbeitsblatt 6, S. 61) konfrontiert, um mithilfe der hier vorgetragenen Erläuterungen zum Objektstatus der Frau die Erzählung *Kassandra* besser zu verstehen, die Aktualität ihrer Ausführungen zu erwägen und ihre Auffassung von der Aufgabe einer Schriftstellerin zur Kenntnis zu nehmen. Zugleich haben sie Gelegenheit, ihre persönliche Meinung zu artikulieren.

Die Schülerinnen und Schüler tragen ihre Arbeitsergebnisse vor. Sie werden im Unterrichtsgespräch ergänzt oder korrigiert.

Als Antwort auf die erste Aufgabe sind folgende Ergebnisse zu erwarten:
Christa Wolf stuft Literatur hoch ein, weil es ihr gelingt, den Menschen in seiner Widersprüchlichkeit und Lebendigkeit darzustellen. Im Gegensatz dazu rauben Statistiken, politische Verlautbarungen und die Werbung dem Menschen seine Individualität und machen ihn zum Objekt. Das „Objektmachen" des Menschen ist die Ursache für Gewalt.

Die zweite Aufgabe könnte folgendermaßen gelöst werden:
Wenn es Schriftstellerinnen gelingt, erlebte Wirklichkeit künstlerisch zu gestalten, kann man von weiblichem Schreiben sprechen. Frauen, die Jahrhunderte lang als Objekte behandelt wurden, sollten autonom werden, „schreibend und lebend"; sie sollten darauf verzichten, sich anzupassen. Autonome Menschen und Staaten fördern, aber bekämpfen sich nicht. Frauenliteratur überzeugt oft deshalb nicht, weil Frauen in ihrer einseitigen Rationalismuskritik häufig dem Irrationalismus verfallen und statt dem Männlichkeitswahn jetzt einem Weiblichkeitswahn erliegen.

Bei der Lösung der dritten Aufgabe liegt es nahe, einerseits auf die Menschen erniedrigenden Handlungen der Griechen hinzuweisen, auf die Gewalt gegenüber Frauen, auf die Vormachtstellung der „Zitadelle" und ihre Unterdrückungsmechanismen, die denen in totalitären Staaten entsprechen. Andererseits zeigt Christa Wolf mit der Gegenwelt am Skamander das selbstbestimmte Leben, zu dem sie Menschen der Moderne ermuntert.
Die vierte Aufgabe soll den Jugendlichen Gelegenheit zu einer Auseinandersetzung mit der Sicht der Autorin geben. Die Position Christa Wolfs wird vor allem von männlichen Lesern als die einer männerfeindlichen Feministin bezeichnet.
Der Textauszug liefert ein deutliches Argument gegen diese Einschätzung. Christa Wolf ist jeder Weiblichkeitswahn zuwider. Bei weiblichen Lesern ist eher mit Zustimmung zur Position der Autorin zu rechnen.

5.5 ☐ Schönheit und Sexualität in der griechischen Mythologie

Wenn Christa Wolf in ihrer Erzählung bei der Darstellung von Liebe und Sexualität das Augenmerk auf die Machtgier und Grausamkeit der Männer und die Unterwürfigkeit der Frauen lenkt, folgt sie ihrer Auffassung, dass das Patriarchat Fehlentwicklungen bedingt. Schönheit und Anziehungskraft der Geschlechter werden mit Gier und ungezügelter Wildheit in Zusammenhang gebracht. Um dieser Einseitigkeit eines Geschichtsbildes zu entgehen, ist in diesem Kapitel von Schönheit und Lust die Rede, die Männer und Frauen in gleicher Weise anzieht. Diesen Zusammenhang bezeugt griechische Literatur und Kunst in vielfältiger Weise. Ein Vergleich mit der Rolle der Frau in der griechischen Mythologie stellt den Kontrast zu Christa Wolfs Bearbeitung des Mythos und zu dem von ihr gewählten Erklärungsmuster der Entwürdigung der Frau her.

Bei Götterfesten wurden Auszüge aus der Ilias oder der Odyssee vorgetragen. Ein Homerischer Hymnos, im Stil durchaus den Gesängen Homers ähnlich, aber im Inhalt moderner, fungierte bei solchen Festen als Vorgesang. Zu den Homerischen Hymnen, entstanden zwischen dem 7. bis 3. Jahrhundert v. Chr., zählt der auf Aphrodite, der Göttin, die mit wenigen Ausnahmen „sämtliche unsterblichen und sterblichen Wesen in ihren Bann zwingt."[1] Sogar Zeus lässt sich von ihr erregen und gibt sich der Liebe mit irdischen Frauen hin. Im Gegenzug flößt Zeus Aphrodite das Verlangen nach einem irdischen Mann, nach Anchises ein.

Aphrodite eilt zu ihm, badet und schmückt sich, um ihn zu betören, behauptet eine Königstochter zu sein, die die Ehe mit ihm begehrt. Anchises ist entzückt, verspricht die Heirat und genießt mit der willigen Geliebten sofort die Freuden der Liebe. In dieser Beziehung ist Aphrodite Eroberin, nicht die Unterdrückte. Sie setzt alles daran, den begehrten Mann für sich zu gewinnen. Am Morgen nach der Liebesnacht gibt sie sich dem Geliebten als Göttin zu erkennen. Anchises erschrickt und fürchtet um sein Leben; denn wer die Nacktheit einer Göttin sieht, verstößt gegen ein Sakrileg. Aphrodite beruhigt ihn, verspricht ihm den Sohn, den sie gebären wird, und nimmt ihm das Versprechen ab, mit niemandem über den Vorfall zu reden.

Bei einem Trinkgelage bricht Anchises sein Versprechen. Er wird von Zeus mit einem Blitzwurf bestraft, den Aphrodite im letzten Moment mit ihrem Gürtel ablenkt. Trotzdem ist Anchises sein Leben lang durch diesen Blitz geschwächt. Der Sohn der gemeinsamen Liebesnacht ist Aineias.

Wenn man es in Anlehnung an Christa Wolf formuliert, ist Anchises derjenige, der zum Objekt gemacht wird. Die Schönheit und das Selbstbewusstsein der Göttin erregen seine Lust. Er verzeiht seiner himmlischen Geliebten sogar die Lüge, dass sie eine irdische Königstochter sei. Dieser Hymnos ist nicht durch den Ton einer Anklage bestimmt, sondern durch genussvolles Lächeln. „Wie die Göttin ihr Verlangen stillt und die für sie peinlichen Folgen durch Einsatz ihrer göttlichen Macht zu beseitigen sucht, erzählt der Dichter mit ironisch-frivoler Anmut."[2]

Die Lehrperson führt in die Textsorte und die Umstände ihrer Verwendung ein. Sie macht darauf aufmerksam, dass bei den Griechen gelegentlich Frauen aus dem höheren Stand Liebhaber aus niedrigeren Ständen wählten und dass man vorliegenden Hymnos vielleicht auch als Anspielung auf solche Gewohnheiten verstehen kann. Alsdann wird mit folgendem Arbeitsauftrag die Lektüre und Erschließung des Textes empfohlen (vgl. Zusatzmaterial 6, S. 90ff.)

❏ *Lesen Sie diesen Textauszug und beachten Sie das hier zum Ausdruck gelangende Verhältnis zwischen Mann und Frau. Kennzeichnen Sie die Art der Liebesbeziehung und vergleichen Sie sie mit denen der Erzählung „Kassandra".*

Es ist zu erwarten, dass die Schülerinnen und Schüler die verschmitzte Raffinesse der liebessüchtigen Aphrodite erkennen, dass sie im Vergleich mit Christa Wolfs Erzählung die Aktivität der Frau und den Objektstatus des Mannes hervorheben, dass sie auf den Liebesgenuss des Anchises hinweisen und herausstellen, dass er sich nicht erniedrigt fühlt.

Falls man dem spöttisch-frivolen Ton des Hymnos besondere Aufmerksamkeit zollen will, werden einige Passagen laut vorgelesen. Die Frage nach dem angemessenen Vortrag und entsprechende Bemühungen um die Betonung begleiten die Deutungsversuche des Textauszuges. Es wäre schon viel gewonnen, wenn die Lernenden auf diese Weise mit einem leisen Lächeln auf den Text reagierten könnten, eine Reaktion, auf die man in der Schule zu selten trifft.

Das Arbeitsblatt 7 (S. 62) dient zur Festigung und Sicherung der in diesem Baustein erarbeiteten Kenntnisse.

---

[1] Vgl. Ebener (1985), S. 469.
[2] Vgl. Ebener, ebd. Ebener nimmt an, dass das Liebesabenteuer der Aphrodite auf reale Begebenheiten anspielt, bei denen jonische Frauen Liebesabenteuer mit „niedriger stehenden Männern" hatten.

Der Mensch als Objekt

❑ *Erläutern Sie Christa Wolfs Ausführungen zur Degradierung des Menschen als Objekt.*

❑ *Arbeiten Sie heraus, welche Bedeutung Christa Wolf der Frau als Schriftstellerin beimisst.*

❑ *Stellen Sie Parallelen zu Christa Wolfs Erzählung Kassandra her.*

❑ *Wie beurteilen Sie die hier entfalteten Positionen, aus der Sicht eines Mannes/aus der Sicht einer Frau?*

Über Realität. Die irrsinnige Tatsache, daß die Literatur in allen „zivilisierten" industrialisierten Ländern, wenn sie realistisch ist, eine vollkommen andre Sprache spricht als eine jede öffent-
5 liche Verlautbarung. So, als gebe es ein jedes Land zweimal. Als gebe es jeden Bewohner zweimal: einmal als ihn selbst und als mögliches Subjekt einer künstlerischen Darstellung; zweitens als Objekt der Statistik, der Publizistik, der
10 Agitation, der Werbung, der politischen Propaganda.
Das Objektmachen: Ist es nicht die Hauptquelle von Gewalt? Die Fetischisierung lebendig-widersprüchlicher Menschen und Prozesse in den öf-
15 fentlichen Verlautbarungen, bis sie zu Fertigteilen und Kulissen erstarrt sind: selbst tot, andre erschlagend. Inwieweit gibt es wirklich „weibliches" Schreiben? Insoweit Frauen aus historischen und biologischen Gründen eine andre
20 Wirklichkeit erleben als Männer. Wirklichkeit anders erleben als Männer, und dies ausdrücken. Insoweit Frauen nicht zu den Herrschenden, sondern zu den Beherrschten gehören, jahrhundertelang, zu den Objekten der Objekte, Objek-
25 te zweiten Grades, oft genug Objekte von Männern, die selbst Objekte sind, also, ihrer sozialen Lage nach, unbedingt Angehörige der zweiten Kultur; insoweit sie aufhören, sich an dem Versuch abzuarbeiten, sich in die herrschenden
30 Wahnsysteme zu integrieren. Insoweit sie, schreibend und lebend, auf Autonomie aus sind. Da begegnen sie dann den Männern, die auf Autonomie aus sind. Autonome Personen, Staaten und Systeme können sich gegenseitig för-
35 dern, müssen sich nicht bekämpfen wie solche, deren innere Unsicherheit und Unreife andauernd Abgrenzung und Imponiergebärden verlangen.

Meteln, 7. Mai 1981 Aber: Woraus speist sich mein Unbehagen bei der Lektüre so mancher 40 Veröffentlichung – auch aus dem Bereich von Archäologie, Frühgeschichtsschreibung –, die sich selbst unter das Prädikat „Frauenliteratur" begibt? Nicht nur aus meiner Erfahrung, in welche Sackgasse sektiererisches, andere als die von 45 der eigenen Gruppe sanktionierten Gesichtspunkte ausschließendes Denken immer führt; vor allem empfinde ich einen wahren Horror vor jener Rationalismuskritik, die selbst in hemmungslosem Irrationalismus endet. Daß Frauen 50 zu der Kultur, in der wir leben, über die Jahrtausende hin offiziell und direkt so gut wie nichts beitragen durften, ist nicht nur eine entsetzliche, beschämende und skandalöse Tatsache für Frauen – es ist, genau genommen, diejenige 55 Schwachstelle der Kultur, aus der heraus sie selbstzerstörerisch wird, nämlich ihre Unfähigkeit zur Reife. Jedoch bringt es der Fähigkeit zur Reife nicht näher, wenn an die Stelle des Männlichkeitswahns der Weiblichkeitswahn gesetzt 60 wird und wenn die Errungenschaften vernünftigen Denkens, nur weil Männer sie hervorgebracht haben, von Frauen zugunsten einer Idealisierung vorrationaler Menschheitsetappen über Bord geworfen werden. Die Sippe, der 65 Clan, Blut und Boden: Dies sind nicht die Werte, an die Mann und Frau von heute anknüpfen können; daß diese Schlagworte Vorwände für schreckliche Regressionen bieten können, sollten gerade wir wissen. Es gibt keinen Weg vor- 70 bei an der Persönlichkeitsbildung, an rationalen Modellen der Konfliktlösung, das heißt auch an der Auseinandersetzung und Zusammenarbeit mit Andersdenkenden und, selbstverständlich, Andersgeschlechtlichen. Autonomie ist eine Auf- 75 gabe für jedermann, und Frauen, die sich auf ihre Weiblichkeit als einen Wert zurückziehen, handeln im Grunde, wie es ihnen andressiert wurde: Sie reagieren mit einem großangelegten Ausweichmanöver auf die Herausforderung der Re- 80 alität an ihre ganze Person.

EinFach Deutsch: Unterrichtsmodell: Kassandra. © Schöningh Verlag 2004

Fragebogen zur Sicherung von erworbenen Kenntnissen

Vorbemerkung

Dieser Fragebogen soll Ihnen helfen, das in dieser Unterrichtseinheit erworbene Wissen zu aktivieren und dadurch zu festigen. Zwei Arbeitsschritte werden empfohlen. Im ersten Schritt beantworten Sie die Fragen aus dem Gedächtnis, das heißt ohne Blick in Ihre Aufzeichnungen. Sie merken auf diese Weise, was Sie wissen und was Sie wiederholen sollten. Im zweiten Schritt ergänzen Sie im Rückgriff auf Ihre Mitschriften das, woran Sie sich zunächst nicht mehr erinnern konnten.

Fragebogen

1. Kennzeichnen Sie die Liebesbeziehung zwischen Aineias und Kassandra und weisen Sie nach, was zu dem entscheidenden Streit der Liebenden beiträgt.

2. Vergleichen Sie Kassandras und Polyxenas Einstellung zur Liebe.

3. Nennen Sie die Spielarten der Liebe, die in der Gegenwelt am Skamander zu finden sind.

4. Geben Sie Beispiele für den Zusammenhang von Sexualität, Gier und Macht in dieser Erzählung.

5. Bei welchen Gelegenheiten wurde ein Homerischer Hymnos vorgetragen?

6. Vergleichen Sie die Auffassung von der Liebe im Homerischen *Hymnos auf Aphrodite* mit Liebesauffassungen in der Erzählung *Kassandra*.

EinFach Deutsch: Unterrichtsmodell: Kassandra. © Schöningh Verlag 2004

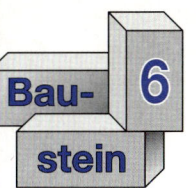

Veröffentlichung und Rezeption der Erzählung

In diesem Baustein wird die Frage nach der Botschaft gestellt, die man dieser Erzählung, ergänzt durch Erläuterungen in den *Voraussetzungen,* entnehmen kann und auf die man in der DDR und in der Bundesrepublik unterschiedlich reagierte. Von dieser Botschaft war im Rahmen anderer Bausteine schon mehrfach die Rede. Jetzt aber soll diese Botschaft vor allem vor dem politischen und biografischen Hintergrund der Erzählung bedacht werden. Christa Wolfs Bedeutung als Schriftstellerin der DDR gelangt dabei ins Blickfeld.

6.1 ▢ Kassandras Botschaft – und die Botschaft Christa Wolfs

Dass die Orientierung an einer vergangenen Botschaft zu bedeutsamen Einsichten führen kann, gilt allgemein für Mythen und gehört, wie die *Voraussetzungen* bezeugen, zu Christa Wolfs Intention. In der Erzählung *Kassandra* ist die Weitergabe einer Botschaft zentrales Thema.

Kassandra wünscht sich noch kurz vor ihrem Tod Schreiber, die ihre Erkenntnisse für zukünftige Zeiten festhalten,
„So daß neben dem Strom der Heldenlieder, dies winzige Rinnsal, mühsam, jene fernen, vielleicht glücklicheren Menschen, die einst leben werden, auch erreichte." (S. 97)
Sie möchte Zeuge sein, damit andere ihre Erfahrungen nutzen. Panthoos versichert Kassandra, dass sie im Gedächtnis der Menschen bleiben wird: „Aus unserem Untergang holst du dir, indem du ihn verkündest, deine Dauer. [...] Dein Name wird bleiben." (S. 14)
Seine Feststellung umreißt das, was herkömmlich mit dem Kassandra-Mythos verknüpft wird, die Botschaft des Untergangs, der keiner Glauben schenkt. Dadurch, dass Christa Wolf die Beschreibung des Untergangs mit dem Lernprozess der Protagonistin und der konkreten Utopie einer friedlichen Gesellschaft verknüpft, wandelt sie die Aussage des Mythos. Die totale Hoffnungslosigkeit gerät zum Hoffnungsschimmer, „in die finstere Gegenwart, die alle Zeiten besetzt hält, einen schmalen Streifen Zukunft vorzuschieben." (S. 159)

Folgt man der Erzählung, dann überdauert die Leuchtkraft des Hoffnungsschimmers die Zeiten. Uralte Höhlenmalereien bezeugen ein genügsames, selbstbestimmtes Leben, das Frauen erprobten und von dem sie zukünftigen Generationen Kunde geben wollten. Kassandra und die Skamander-Leute vernehmen sie, leben nach ihr und geben sie auf die gleiche Art und Weise weiter.

Die Botschaft vom Skamander wird angereichert durch das, was Kassandra angesichts ihres Todes über ihr Leben und ihre Erfahrungen aussagt. Sie akzentuiert ihre Wandlung: Nicht als Mächtige, sondern als Leidende, die ihr Ich auch mit seinen Schwächen akzeptieren lernt, steht sie vor dem Löwentor, bereit, Zeuge zu sein bis zum letzten Atemzug.

Nach Kassandras Tod erinnert das Löwentor anstelle der Wandmalereien an die Botschaft vom friedlichen selbstbestimmten Leben, an eine Botschaft, die nicht ‚versteinert', sondern in Bewegung ist. Die Erzählfigur und mit ihr Christa Wolf gibt sie weiter. Der Leser kann sie hören, wenn er sich ‚anrühren' lässt. (Vgl. S. 164) Die Weitergabe der Botschaft ist eingebettet in Überlegungen, die in den *Voraussetzungen* laut werden.[1] Christa Wolf erläutert ihre Begegnung mit der mythischen Gestalt detailliert und kennzeichnet ihre Interpretationsansätze.[2] Sie vollzieht mit der Figur Kassandra den Prozess der Ichfindung nach,

---

[1] Vgl. die Kapitel 1.4 und 5.4.
[2] Nickel-Bacon akzentuiert die Schwerpunkte der Interpretation folgendermaßen: „Eben dieser Akt einer Inthronisierung des weiblichen Subjekts als Erzählerin der eigenen Geschichte wurde von der Autorin Christa Wolf an der mythischen Kassandra vollzogen [...] Damit schreibt sie zum einen gegen das Ausgelöschtwer-

das „Zu-Sich-Selber-Kommen" einer Frau, die sich von Unterdrückungsmechanismen befreien lernt, indem sie sie durchschaut. Zugleich beschreibt die Autorin die Folgen der Unterdrückung für das politische Umfeld, den Zusammenhang von Macht, Unterwerfung und Krieg.

Um sich diesen Facettenreichtum der Botschaft und damit das zentrale Anliegen der Erzählung noch einmal im Zusammenhang vor Augen zu führen, erhalten die Lernenden das Arbeitsblatt 8, S. 69. Es wird erwartet, dass die Ergebnisse des Arbeitsblattes in etwa den eben gemachten Ausführungen entsprechen.

Eine andere Möglichkeit, sich der Botschaft zu vergewissern, stellt ein szenisches Spiel auf der Textgrundlage Seite 97 dar. An die Schülerinnen und Schüler ergeht folgender Arbeitsauftrag:

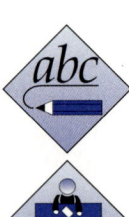

❐ *Auf S. 97 der Erzählung findet sich der wichtige Hinweis auf eine Bitte Kassandras. Sie wünscht sich einen Schreiber oder „eine junge Sklavin mit scharfem Gedächtnis und kraftvoller Stimme". Stellen Sie sich vor, dieser Wunsch wird ihr erfüllt. Eine der gewünschten Figuren steht unvermittelt vor Kassandra und fordert sie angesichts der kurzen verbleibenden Zeit auf, das Wichtigste von dem zu sagen, was tradiert werden soll. Schreiben Sie mit Ihrem Nachbarn einen entsprechenden Dialog. Tragen Sie diesen Dialog anschließend wie bei einer ersten Spielprobe eines Stückes vor.*

6.2 ❐ Christa Wolf im Spannungsfeld zwischen Ablehnung und Begeisterung: Unterschiedliche Textausgaben in Ost und West. Rezensionen

Die Botschaft, die Christa Wolf mit der Erzählung *Kassandra* und den *Voraussetzungen* vermitteln wollte, wurde im Westen und im Osten Deutschlands überwiegend bereitwillig gehört. Seitens der Partei begegnete man ihr in der DDR allerdings mit großem Argwohn. Das bezeugen die Umstände der Veröffentlichung. Unter dem Titel *Kassandra. Vier Vorlesungen. Eine Erzählung* wurde Christa Wolfs Werk 1983 im Aufbau Verlag herausgegeben. Die Herausgabe verzögerte sich, weil die Autorin zunächst nicht bereit war, den Zensoren anstößig erscheinende Stellen der *Voraussetzungen* zu streichen. Schließlich nahm sie einige Kürzungen vor, verlangte aber, dass man sie durch Pünktchen kenntlich machte.[1] Beim Vergleich mit den in Westdeutschland gesondert erschienenen *Voraussetzungen einer Erzählung* wird offensichtlich, welche Kürzungen vorgenommen wurden. Sie führen die Situation der Autorin und die politischen Verhältnisse der DDR eindrücklich vor Augen.
Nach einem kurzen Lehrer- oder Schülerreferat (Angehörige des Geschichts-Leistungskurses bewähren sich in solchen Zusammenhängen als Experten) über die Kriegsbedrohung angesichts des Nato-Doppelbeschlusses und die Friedensbewegungen in Ost und West werden die Schülerinnen und Schüler mit Synopsen der ersten Ausgaben in West und Ost bekannt gemacht (vgl. Zusatzmaterial 7, S. 98f.). Die Textauszüge werden in arbeitsteiliger Gruppenarbeit verglichen. Die Kursteilnehmer schließen aus den Kürzungen der Ost-Ausgabe auf die politische Gesinnung der Zensoren und auf Christa Wolfs Position.[2]

---

den an, das die Kassandra des Aischylos befürchtet, zum andern vollzieht sie deren Opferrolle einfühlend nach, indem sie sie freiwillig in den Tod gehen lässt [...]. In der Befreiung der Frau zur künstlerischen Selbstmanifestation liegt die Hoffnungsperspektive [...]." Vgl. Nickel-Bacon (2001), S. 283. Dieser Akzentuierung könnte man durchaus zustimmen, enthielte sie den Hinweis, dass es bei der Hoffnungsperspektive auch um die Gleichwertigkeit der Geschlechter, um neue Lebensformen und intensiven Austausch geht.

[1] Vgl. Magenau (2002), S. 338. Magenau kommentiert dieses Vorgehen folgendermaßen. „Das hatte es in der DDR noch nicht gegeben und würde es auch nie wieder geben. Denn damit wurde die Aufmerksamkeit erst recht auf die Eingriffe der Zensur gelenkt." (Ebd.)

[2] Vgl. Kliewer (1995), S. 59.

❏ *Vergleichen Sie die Passagen der DDR-Ausgabe mit den entsprechenden der Ausgabe in der BRD und markieren Sie die Streichungen.*

❏ *Versuchen Sie zu erklären, warum diese Passagen den Zensoren untragbar erschienen.*

❏ *Erörtern Sie Christa Wolfs Position bei der Veröffentlichung des Kassandra-Projektes.*

Folgende Ergebnisse sind zu erwarten:

– Äußerungen, die auf die aussichtslose Weltlage zielen, das Plädoyer für eine einseitige Abrüstung wurden gestrichen (vgl. Ausgabe West, S. 88 mit Ausgabe Ost, S. 114).
– Die Resignation der Autorin, als Schriftstellerin etwas verändern zu können, durfte nicht laut werden (vgl. Ausgabe West, S. 97 mit Ausgabe Ost, S. 124).
– Ihre Klage über die Politiker, die im isolierten Raum ihre Entscheidungen fällen und über Leben und Tod der Menschen bestimmen, durfte in der DDR nicht gehört werden (vgl. Ausgabe West, S. 112 mit der Ausgabe Ost, S. 142).

Nach dem Austausch der Ergebnisse im Plenum erscheint es angebracht, die Lernenden grundsätzlich über die Erwartungen, die die Parteiführung an die Schriftsteller richtete, und über Christa Wolfs Leben und Werk zu informieren. Das kann mithilfe von gemeinsam zu bearbeitendem Textmaterial, Referaten und einem Lehrervortrag geschehen.[1]

In einem nächsten Schritt werden die Kursteilnehmer mit Rezensionen der Erzählung bekannt gemacht (vgl. Zusatzmaterial 8, S. 95f.), und zwar zunächst mit der von Wilhelm Girnus, die exemplarisch ist für das negative Echo seitens der SED,[2] und der von Manfred Jäger, der sich als wohlwollender Westdeutscher zum Kassandra-Projekt äußert und sich dabei auch auf die Kritik Girnus' bezieht.
„Wilhelm Girnus, temperamentvoller Altkommunist und ehemaliger KZ-Häftling, veröffentlichte in ‚Sinn und Form' einen wutschäumenden Verriss."[3] Er bezeichnet Christa Wolfs Einsatz für den Frieden als naiv. Frieden lasse sich angesichts der atomaren Bedrohung durch das Pentagon nicht erbeten, er müsse erzwungen werden. Christa Wolfs Bemühen, den Ursachen der Gewalt auf die Spur zu kommen und dabei den Kampf der Geschlechter ins Auge zu fassen, steht nach der Ansicht Girnus' in völligem Widerspruch zur sozialistischen Doktrin.
Christa Wolf reagiert auf diese Rezension souverän. Mit einem Zitat von Friedrich Engels, welcher im Kampf der Geschlechter und damit in der Unterdrückung der Frau durch den Mann, den ersten „Klassengegensatz" erkannte, entkräftet sie den Vorwurf ihres Rezensenten. Mit ihrer Reaktion werden die Schülerinnen und Schüler bekannt gemacht.
Die Rezension von Girnus ist ein Beleg für die enge Bindung der Schriftsteller an die Vorgaben der Partei. Dass Christa Wolf auf den Verriss öffentlich und selbstbewusst reagieren darf, wirft ein Licht auf ihre herausragende Stellung als Autorin.

❏ *Lesen Sie die Rezension, die Wilhelm Girnus in der namhaften Literaturzeitschrift „Sinn und Form" veröffentlichte, und Christa Wolfs Replik. Geben Sie den Inhalt knapp mit eigenen Worten wieder und versuchen Sie zu erklären, warum Christa Wolf es wagen konnte, die gegen sie gerichteten Vorwürfe so selbstbewusst zu entkräften.*

Wahrscheinlich bieten die Lernenden folgende Erklärungen an:

– Friedrich Engels gilt wie Marx als Urvater sozialistischer Lehre. Wenn sich Christa Wolf auf ihn berufen kann, ist sie wenig angreifbar.

---

[1] Vielfältiges Material findet man in dem von Karin Kampa erarbeiteten und von Johannes Diekhans in der Reihe Ein Fach Deutsch herausgegebenen Unterrichtsmodell „Christa Wolf, Medea. Stimmen." Paderborn 2001, S. 82ff. Zu Christa Wolfs Leben und Werk vgl. Magenau (2002) und Stephan (1987) sowie den Abriss über Leben und Werk Christa Wolfs in diesem Modell, vgl. Zusatzmaterial 17.
[2] Der Auszug aus der Rezension von Wilhelm Girnus und die Replik Christa Wolfs werden zitiert nach Kliewer (1995), S. 58.
[3] So formuliert Jörg Magenau seinen Eindruck von der Rezension, die in der bekanntesten Literaturzeitschrift der DDR im Heft 2 des Jahrgangs 1983 erschien. Vgl. Magenau (2002), S. 337.

– Ihre Schlussbemerkung „Alles übrige: geschenkt!" wirkt hochmütig und verrät zugleich Enttäuschung über das Niveau der Kritik. Christa Wolf genießt in der DDR und im westlichen Ausland ein so hohes Ansehen, dass sie eine derart selbstbewusste Antwort wagen kann.

In der Bundesrepublik sind die Reaktionen auf die Erzählung Kassandra überwiegend positiv.[1] Manfred Jägers Buchkritik, die in der Zeitung *Deutsches Allgemeines Sonntagsblatt* am 29.5.1983[2] erschien, ist hierfür ein Beispiel (s. Zusatzmaterial 8, S. 95f.).
Sie bietet sich als Grundlage einer literarischen Erörterung an. Dazu ergeht folgender Arbeitsauftrag:

❏ *Geben Sie die Hauptaussagen der vorliegenden Rezension von Manfred Jäger wieder.*

❏ *Nehmen Sie zu einzelnen Ihnen wichtigen Aussagen des Textes Stellung und beziehen Sie sich dabei auch auf Christa Wolfs Erzählung.*

❏ *Würdigen Sie die Rezension als Ganze. Begründen Sie Ihre Ausführungen.[3]*

Folgende Hauptaussagen sind zu erwarten:
Nach der Ansicht Jägers ist die Erzählung von aktueller Brisanz. Christa Wolfs Anliegen wird nicht nur durch die Erzählung, sondern auch durch die Erläuterungen, die sie in den *Voraussetzungen* gibt und denen sie sich verpflichtet weiß, deutlich. Diese Erläuterungen machen mit der Situation der Autorin bekannt und erleichtern das Verständnis der Erzählung.
Jäger hebt das Aufsehen hervor, das Christa Wolf mit ihren eindringlichen Überlegungen in der DDR erregt. Was sie zur Unterlegenheit der Frau und zum männlichen Machtanspruch ausführt, fordere Kritiker der DDR heraus. Sie entlarven die Sicht der Autorin als nicht linientreu. Jäger belegt seine Ausführungen mit einem Zitat aus der Kritik Wilhelm Girnus' und prüft im Rückgriff auf die Erzählung, insbesondere auf die Frauenfiguren, ob es berechtigt sei, Christa Wolf männerfeindliche Tendenzen vorzuwerfen. Die unterschiedliche Darstellung von Frauen in der Erzählung zeige, dass die Autorin das Verhältnis der Geschlechter differenziert sieht. Neben Textstellen, die „schwesterliche(r) Solidarität" (Z. 67) bekunden, finden sich solche, die deutliche Distanz gegenüber Frauen zum Ausdruck bringen, zum Beispiel gegenüber der kämpferischen Penthesilea (Z. 71ff.). Im Folgenden würdigt Jäger Christa Wolfs Umgang mit dem Kassandra-Mythos. Er betont, dass die Autorin mit dem überlieferten Stoff sehr frei umgeht, dass sie den Akzent auf die Kriegsbedrohung in der Moderne legt und dass sie als Schriftstellerin mit der gewählten Figur Warnrufe laut werden lässt. Die Kassandra der Erzählung bringe Anschauungen und Lebensumstände der Autorin zu Gehör, ihre atheistische Prägung, ihre Situation angesichts der Sicherheitsorgane der DDR, ihren Lern- und Emanzipationsprozess, der sie zum Neinsagen befähigt. Am Ende seiner Ausführungen erwähnt Jäger, dass die Erzählung *Kassandra* trotz des geschilderten Untergangs der Protagonistin auch Hoffnungen erwecke. Sie aber seien ein „Wunschbild", an dem die Autorin „wider alle Erfahrung" (Z. 119) festhalte.

Zu welchen der Aussagen die Schülerinnen und Schüler Stellung beziehen, ist schwer vorherzusagen. Vielleicht betonen sie den Aspekt der Hoffnung, indem sie auf die Welt am Skamander hinweisen und auf die Botschaft, von der in der Erzählung wiederholt die Rede ist.
Vielleicht verweisen sie auf die Bedeutung herausragender männlicher Figuren wie Anchises und Aineias.
Vielleicht geben sie im Unterschied zu Jäger zu bedenken, dass die Bindung der Autorin an den Mythos doch größer ist, als er es wähnt.

---

[1] 90000 Bände der *Voraussetzungen* und 150000 der Erzählung *Kassandra* wurden innerhalb eines Jahres abgesetzt. Vgl. Magenau (2002), S. 338.
[2] Diese Rezension wird zitiert nach Dörfler (1988), S. 230f.
[3] Diese Aufgabe ist auch zur Vorbereitung einer Klausur geeignet (vgl. die empfohlenen Klausurthemen und das Zusatzmaterial 8, S. 95f.).

Bei der Würdigung der vorliegenden Rezension ist den Lernenden selbstverständlich ein Freiraum zuzubilligen. Wichtig allerdings ist die sorgfältige Begründung ihrer Ausführungen.
Einige der schriftlichen Arbeiten werden vorgelesen. Die Schülerinnen und Schüler üben Kritik und ergänzen die Ausführungen der anderen.

6.3 ⬚ Überlegungen zur Dialektik von rationaler Weltsicht und dem Rückgriff auf den Mythos

Die Erzählung *Kassandra* ist ein Beispiel dafür, dass mythische Stoffe auch in der modernen Literatur relevant sind. Es liegt nahe, nach den diesbezüglichen Gründen zu fragen, zu erwägen, was die besonderen Kennzeichen von Mythen sind, zu prüfen, warum die Auseinandersetzung mit ihnen sinnvoll ist. Das ist auch deshalb wichtig, weil Schülerinnen und Schüler unter der wissenschaftspropädeutischen Arbeit in der gymnasialen Oberstufe vor allem analytische Verfahren verstehen, die zu sicheren Ergebnissen führen. Wenn sie im Bereich der Naturwissenschaften Lösungen erreichen, haben sie den Eindruck, sich auf festem Boden zu befinden. Dass auch naturwissenschaftliches Denken ein Denken in Modellen ist und die Wirklichkeit als solche nicht erfasst, wird kaum bedacht. Der Wunsch nach eindeutigen Erkenntnissen ist so groß, dass manche Schülerinnen und Schüler sich grundsätzlich gegen die Interpretation literarischer Texte sträuben, müssen sie doch erfahren, dass die Ergebnisse vielfältig sind, an die Erfahrungen des jeweils Deutenden gebunden.

Bei der Erschließung von Mythen spielt überdies deren Fremdheit eine Rolle. Weltbild und Lebensumstände, die Personen und die Gesetze ihres Handelns wirken unzugänglich und erschweren jedwede Identifikation. Das aber kann gerade den Reiz der Erschließung von Mythen ausmachen. Sie erfordern gründliche Deutungsarbeit, eine Öffnung für ungewohnte Bilder. Sie erweitern den Horizont. Die Beschäftigung mit literarischen Mythen verheißt hohen Lerngewinn, denn sie spiegeln grundlegende Erfahrungen. Sie vermitteln in ihrer zeittypischen Bearbeitung Kenntnisse über vergangene Kulturen. Sie enthalten Vorstellungen und Bilder, die den Rezipienten dazu anregen, sie auf seine eigenen Erfahrungen zu beziehen und über seinen eigenen Standort in der Welt nachzudenken.

Die Annäherung an das anspruchsvolle Thema „Die Bedeutung der Mythen" sollte vorbereitet werden. Zunächst wird nach der Bedeutung von literarischen Überlieferungen für die Gegenwart allgemein gefragt. Dazu dient die Auseinandersetzung mit einem Textausschnitt aus Christa Wolfs Essay *Lesen und Schreiben*. Im Kapitel *tabula rasa* erwägt die Autorin die Wirkungen der Literatur (sie verwendet den Begriff „Prosa") auf die Entfaltung der Vorstellungswelt und das moralische Bewusstsein von Heranwachsenden (vgl. Zusatzmaterial 11, S. 99).

Die Kursteilnehmer werden aufgefordert, zu Hause eine kleine Rede zu entwerfen, in der sie die Bedeutung der Literatur für den Heranwachsenden erläutern. Der Text von Wolf unterstützt die Vorbereitung auf die Reden, denn er liefert entsprechendes Material.

⬚ *Entwerfen Sie eine Rede, in der Sie Ihren Zuhörern die Bedeutung von Literatur nahe bringen. Es soll sich nicht nur um Literatur zum Schmökern handeln, sondern auch um anspruchsvollere und ältere Literatur. Christa Wolfs Überlegungen helfen Ihnen, Ihre eigenen Gedanken anzureichern. Lesen Sie den Text und stellen Sie heraus, warum Christa Wolf Literatur für bedeutsam hält. Fügen Sie die entsprechenden Darlegungen und Ihre Reaktion auf sie in Ihre Rede zum Thema „Die Bedeutung der Literatur für Kinder und Jugendliche" ein.*

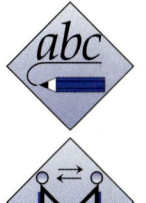

Die fertig gestellte Rede wird vor der Lerngruppe gehalten und von ihr auf ihre rhetorische Wirksamkeit und inhaltliche Schlüssigkeit überprüft.

Im nächsten Schritt werden die Lernenden gezielt zum Nachdenken über die Bedeutung von Mythen angeregt. Sie erhalten das Arbeitsblatt 9 (S. 70) zum Begriff Mythos. Definitionen, Erklärungsversuche und Wirkungsweisen sind auf diesem Arbeitsblatt aufgelistet. Die Ergebnisse der Partnerarbeit werden im Unterrichtsgespräch hinterfragt und gesichert.

Für eine grundsätzliche Reflexion des Verhältnisses von argumentativem logischen Denken und dem Denken in Bildern, Allegorien, Symbolen und fantastischen Erzählzusammenhängen, wie es Mythen repräsentieren, eignet sich ein Schüleraufsatz, den Müller-Michaels in seinem Buch „Deutschkurse" veröffentlichte (vgl. Zusatzmaterial 12, S. 100). Er hatte die Aufgabe gestellt, einen Mythos zu verfassen. Im vorliegenden Aufsatz legt ein Schüler dar, warum er dieser Aufgabe nicht nachkommen konnte.

Den Lernenden wird der Text mit folgender Arbeitsaufgabe ausgehändigt:

❏ *In diesem Aufsatz erklärt ein Schüler, warum es ihm unmöglich ist, der Aufgabe nachzukommen, selbst einen überlieferten Mythos aus moderner Sicht zu gestalten. Stellen Sie sich vor, Sie läsen diesen Aufsatz als Lehrperson. Versehen Sie den Aufsatz mit Randkorrekturen und schreiben Sie einen längeren Kommentar dazu. Wenn es Ihnen möglich erscheint, können Sie auch eine Note geben.*

Die Kursteilnehmer und Kursteilnehmerinnen müssten zu dem Ergebnis kommen, dass der Schüler seine Weigerung, einen Mythos zu aktualisieren, folgerichtig begründet. Er arbeitet das Wesen des Mythos heraus, hebt seine religiösen Wurzeln hervor und unterstreicht die symbolische Bedeutung von Mythen in der Literatur. Er räumt ein, dass man durch die Interpretation von Mythen wichtige historische und ethische Zusammenhänge erfassen kann, resümiert seine Überlegungen dennoch in einer Absage an den Mythos. Seiner Meinung nach stehen Mythen der Klärung wissenschaftlicher Zusammenhänge, denen er sich verpflichtet weiß, im Wege.
Die Feststellung, dass man durch die Interpretation von Mythen wichtige Erkenntnisse sammeln kann, steht in Widerspruch zu der Aussage, „dass der Mythos die Tatsachen nicht erklärt, sondern eher verschleiert" (Z. 41f.). Deutungsversuche im historischen oder weltanschaulichen Bereich sind in den Augen des Verfassers also unwissenschaftlich. Sein wissenschaftliches Weltbild basiert auf der Untersuchung von Naturereignissen und der Sicherung entsprechender Gesetzmäßigkeiten (vgl. Z. 17ff.). Alle Erkenntnismöglichkeiten, die nicht eindeutig sind, klammert er aus.

Abschließend diskutieren die Lernenden, wie Christa Wolf den Kassandra-Mythos bearbeitete.

❏ *Im Anschluss an die Überlegungen zur Bedeutung des Mythos bedenken wir noch einmal grundsätzlich, wie Christa Wolf den Kassandra-Mythos bearbeitete.*

Folgende Ergebnisse sind zu erwarten:
Christa Wolf nähert sich dem Mythos häufig so, dass sie ihn entmythologisiert. Man bedenke die Art, wie Kassandra zur Seherin berufen wird: Ihr wird die Sehergabe im Unterschied zur mythischen Überlieferung nur in einem Traum verliehen, der ihrem Wunsch entsprach (S. 19f., vgl. auch S. 29), nicht von einem Gott. Sehen wird als Fähigkeit begriffen, über die jeder aufmerksam Beobachtende, klar Denkende verfügen kann. Kassandra glaubt nicht mehr an Götter. Sie ist der kritische, auf sich selbst gestellte, der Ratio verpflichtete Mensch.

Neben dieser dem Logos verpflichteten Ausrichtung finden sich Textstellen, die dem objektivierenden Denken das Denken in Bildern gegenüberstellen. Es ist vieldeutig, dem sensiblen sinnlichen Erlebnis, der Ekstase und der Deutung von Träumen verhaftet. Diese Art der Weltwahrnehmung stellt Christa Wolf dem klaren Sehen und logischen Erkennen zur Seite. Ihre Art, mit dem Mythos umzugehen, entspricht einem Menschen, der über rationale *und* emotionale Kompetenzen verfügt, der klare Argumentation und Hoffnung wider den Augenschein gelten lässt und beide in gleicher Weise für bedeutsam hält. Christa Wolf tritt für eine rationale Weltsicht, aber auch für die Hingabe an Träume und Emotionen ein, wie sie den Menschen am Skamander eigen ist. Ihre Botschaft lehnt sich an den Mythos an, verändert ihn aber so, dass er für den modernen Menschen erträglich ist.

Die Bedeutung der Botschaft in der Erzählung *Kassandra*

Von bedeutsamer Botschaft war bei der Erschließung der Erzählung wiederholt die Rede. Dieses Arbeitsblatt dient dazu, sich die entsprechenden Zusammenhänge noch einmal ins Gedächtnis zu rufen. Das versetzt Sie in die Lage, die Reaktionen auf Christa Wolfs Erzählung, von denen in einem nächsten Schritt die Rede sein soll, auf ihre Angemessenheit zu überprüfen.

Erläutern Sie die folgenden Aussagen und stellen Sie im Rückgriff auf den Kontext die besondere Bedeutung der jeweiligen Botschaft heraus.

1. Zu Zeiten des Matriarchats ritzen Frauen Bilder in die Felswände ihrer Höhlen.

2. Die Frauen am Skamander betrachten die uralten Bilder in den Felswänden und erkennen Übereinstimmungen. Auch sie „verewigen" sich mit ihren Bildern.

3. Kassandra möchte Zeuge sein; sie will, dass ihre Erkenntnis weitergegeben wird.

4. Die Erzählerin nimmt Kassandras Botschaft angesichts des Löwentors wahr.

5. Christa Wolf ist diejenige, die die Botschaft in der Moderne weitergibt.

6. Das Spektrum der Botschaft gewährt den Lesern Deutungsspielräume. Belegen Sie diese Behauptung mit Beispielen aus der Erzählung und aus den *Voraussetzungen*.

EinFach Deutsch: Unterrichtsmodell: Kassandra. © Schöningh Verlag 2004

Das Wesen und die Bedeutung des Mythos

Liebe Schülerinnen und Schüler,
dieses Arbeitsblatt soll Sie dazu anregen, grundsätzlich über das Wesen und die Bedeutung des Mythos nachzudenken. Anschließend sollen Beziehungen zum Kassandra-Mythos in der Bearbeitung durch Christa Wolf hergestellt werden.

☐ *Geben Sie auf der Basis der vorliegenden Textauszüge eine Definition des Begriffs Mythos.*

☐ *Erläutern Sie den Unterschied zwischen wissenschaftlichem und mythischem Denken.*

„Mythos (gr.: = Wort, Rede, Erzählung, Fabel), ‚Wort' im Sinne einer letztgültigen, affirmativ vorgetragenen Aussage, die die Existenz und Geschichte der Welt wie des Menschen auf das
5 Handeln von Numina zurückführt, auf deren Wirken im Himmel, auf der Erde, bei ihrer Begegnung mit Menschen und in der Unterwelt." (Vgl. Meyers Enzyklopädisches Lexikon. Mannheim. Wien. Zürich 1976, Bd. 16, S. 687f.)

Worterklärung: Numina = Schauer und Ehrfurcht erregende göttliche Mächte

10 „Mythos [...] Erzählung von Göttern, Dämonen und Helden, Ereignissen der Ur- und Vorzeit als symbolische Verdichtung der allg. Urerlebnisse zu religiöser Weltdeutung in der Frühzeit aller Völker [...]. (Vgl. v. Wilpert, G.: Sachwörterbuch
15 der Literatur. Stuttgart 1969, S. 505)

„Mythen" sollen „die Angst der Individuen vor der ‚Natur' [...] besänftigen, darüber hinaus wohl auch die Angst vor (sozialer) Isolation". (Vgl. Grimminger, R.: *Der Mythos, die Kunst und die*
20 *antimoderne Moderne.* In: DU 1999, Heft 6, S. 10f.)

„Mythen werden schon früh ästhet. geformt, in Dichtung transformiert, wobei ihre ursprüngl. religiöse Funktion oft gebrochen wird. Dieser Pro-
25 zess beginnt schon bei den ältesten europ. Mythendarstellungen bei Homer und Hesiod [...]" (Vgl. Meyers Enzyklopädisches Lexikon. Mannheim. Wien. Zürich 1976, Bd. 16, S. 687f.)

„Mythos und Logos sind [...] nicht gegeneinan-
30 der ausspielbar. Was wir erkennen und wissen-
schaftlich beschreiben können, was unserem Verstand zugänglich ist, das fällt in den Bereich des Logos. Der Mythos erzählt von den Bereichen, die der Logos nicht erreicht und erreichen kann, und dazu gehört auch das Gebiet des Un- 35
erforschten im seelischen, geistigen und materiellen Sinne. Auch S. Freud konzedierte, dass über die Wahrheit des Menschen und seine Psyche nur Geschichten und Metaphern erzählt werden könnten." (Vgl. Dörfler, H.: *Moderne Ro-* 40
mane im Unterricht. Frankfurt a.M. 1988, S. 203)

„Gegen den Logos mit seinem *analytischen* Geist setzt der Mythos seine *synthetische* Natur und stellt Totalität, wenigstens partiell, wieder 45
her." (Vgl. Müller-Michaels: Deutschkurse. Frankfurt a.M. 1987, S. 169)

„Mythen in ihrer literarischen Version bieten eine anschauliche Form des Denkens, die den Erkenntniswert von Kunst gegenüber Wissen- 50
schaft sichtbar machen kann." (Vgl. Müller-Michaels: Deutschkurse. Frankfurt a.M., S. 173)

„Für die Dichtung des 20. Jhs. ist v.a. die psychoanalyt. Deutung durch S. Freud und ins- 55
bes. C. G. Jung folgenreich. M. und Literatur können in dieser Auffassung in gleicher Weise als Objektivierungen von Archetypen verstanden werden, die im kollektiven Unterbewusstsein verankert sind. Die Aktualisierung archaischer 60
Mythen in der modernen Dichtung kann so unmittelbar wirklichkeitsdeutenden Anspruch erheben." (Vgl. Meyer 1976, ebd.)

EinFach Deutsch: Unterrichtsmodell: Kassandra. © Schöningh Verlag 2004

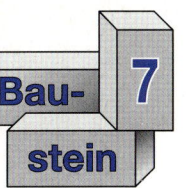

Andere Bearbeitungen des Mythos und Möglichkeiten des Vergleichs

In diesem Baustein werden weitere Bearbeitungen des Kassandra-Mythos vorgestellt. Die Auseinandersetzung mit ihnen eröffnet Möglichkeiten intertextueller Arbeit und schärft den Blick für die geschichtliche Bedingtheit von Kunst und Literatur: „Literarische Mythen bilden konkretes Material für literaturgeschichtliche Studien, insofern sie über Variationen eines bekannten Stoffes dem Zeitgeist der Epochen immer neuen Ausdruck verschaffen."[1] Das trifft auch auf ihre malerische oder plastische Bearbeitung zu.

7.1 ☐ Friedrich v. Schillers Ballade *Kassandra*

Die Kenntnis des Kassandra-Mythos verdankte sich lange Zeit der Ballade Friedrich Schillers (s. Zusatzmaterial 13, S. 101f.). Schiller schrieb diese Ballade 1802. Sie wurde in Cottas *Taschenbuch für Damen auf das Jahr 1803* veröffentlicht.[2]

Die 16 Strophen des Gedichts umfassen jeweils acht Verse mit vierhebigen Trochäen. Der durchgehende an manchen Stellen unreine Kreuzreim unterstützt den Erzählgestus des Gedichtes. In den ersten drei Strophen wird die festliche Atmosphäre in Troja angesichts der Hochzeit Polyxenas mit Achill geschildert. In den folgenden 12 Strophen wählt Schiller die Figurenperspektive. Die Seherin Kassandra entflieht der Schar der Feiernden, entledigt sich ihrer Priesterbinde und klagt Apoll wegen der Bürde ihres Amtes an. Sie kann die Festfreude nicht teilen, denn sie weiß um den nahenden Untergang Trojas. Ihr Wissen, die Gabe der Weissagung überhaupt, empfindet sie als Last; denn sie musste erfahren, dass diese Gabe sinnlos ist, weil ihr als Seherin keiner Glauben schenkt.

In ihrer Klage breitet sie zunächst grundsätzliche Überlegungen aus. Sie fragt nach dem Sinn prophetischen Wissens und negiert ihn, weil das Wissen um die Zukunft den Menschen überfordere, seine Kraft, die Gegenwart zu genießen, lähme.[3] Nach diesen allgemeinen Erwägungen spricht sie von ihrem persönlichen Geschick. Sie ist durch ihr Priester- und Seheramt von jeglicher Freude ausgeschlossen und muss der Ehe entsagen. Wo sie sich auch befindet, was sie auch empfindet, das grauenvolle Wissen um den Untergang Trojas, um ihr eigenes Ende in der Fremde, um Mord und Hinterlist, belastet sie.

Als Kontrastfigur zur leidenden Seherin wählt Schiller Polyxena. Er stellt sie als eine Frau dar, die Erfüllung in der Liebe zu finden hofft, weil sie frei ist von dem schrecklichen Wissen um den nahen Tod, einem Wissen, das ihre Schwester Kassandra nie verlässt. Polyxena erlebt die Gegenwart ungetrübt („in des Herzens trunknem Wahn", Strophe 12). Ihr ist es vergönnt, sich dem Augenblick des Festes hinzugeben. Sie muss nichts vorauswissen, sie darf einfach leben, auch wenn diese Art zu leben nur wie ein Taumel ist, nur kurze Zeit umfasst.

Vorausahnung und Erfüllung dieser Ahnung stehen in dieser Ballade eng nebeneinander. Was Kassandra sieht und aus ihrer Sicht darstellt, wird fast im gleichen Augenblick Wirklichkeit. (Vgl. Strophe 16: „Und noch hallen ihre Worte [...] Tot lag Thetis' großer Sohn!") Die letzte Strophe der Ballade bestätigt aus allgemein gültiger Perspektive, dass Kassandras „Wissen" „Tod" ist und Polyxenas „Leben" „Irrtum" (vgl. Strophe 8).

Schiller erwähnt in seiner Ballade nichts davon, dass Kassandras Schicksal Folge der Strafe ist, die Apoll über sie verhängt, weil sie sich ihm verweigerte. Vielmehr legt er den Ak-

---

[1] Vgl. Müller-Michaels (1987), S. 173.

[2] Vgl. Kurscheidt (1990), S. 145ff. Kurscheidt erwähnt, dass diese Veröffentlichung mit einer Warnung „an die weiblichen Almanach-Leser" verbunden war, „sich ihrer von der patriarchalisch eingerichteten Gesellschaft zugewiesenen Rolle als Ehefrau, Hausfrau und Mutter nicht zu überheben." Ebd. S.148.

[3] In Gesprächen mit älteren Menschen hört man noch heute gelegentlich das entsprechende Zitat aus Schillers Ballade „Frommts den Schleier aufzuheben, Wo das nahe Schrecknis droht? Nur der Irrtum ist das Leben, und das Wissen ist der Tod."

zent seiner Aussage auf die Überforderung des Menschen durch göttliche Mächte. Kassandra begehrt gegen die Fremdbestimmung durch Apoll auf, aber anders als Prometheus in Goethes Ballade und anders als die Jungfrau von Orleans erlangt sie ihre Freiheit nicht. Kassandra wirkt „wie ein Zwitterwesen: ‚modern‘ in ihrer Opposition gegen Heteronomie und Theonomie, griechisch in der unauflösbar scheinenden Dependenz von ihrem Schicksal. Kassandra zeigt keine Entwicklung, in welcher die Widersprüche aufbrächen; sie verharrt im Protest, ohne dass es zu einem Konflikt käme, der einen Prozeß der ‚Selbstfindung‘ auslöste und einen Weg aus ihrer inneren Zerrissenheit eröffnete.“[1]

Im Unterschied zu anderen großen Frauengestalten bei Schiller verkörpert Kassandra nicht das Ideal der Erhabenheit oder Schönheit. Ihre Klagen entsprechen einer skeptischen Grundhaltung gegenüber vorgegebener Ordnung. „Schillers idealistischer Optimismus [...] erfuhr gegen Ende seines Lebens eine skeptische Relativierung“.[2]

Christa Wolf empört sich in den *Voraussetzungen* über Schillers Ballade, vor allem über das hier zum Ausdruck gelangende Frauenbild und beklagt die „kaum übertreffbare Biederkeit dieser Kassandra-Auffassung, die dem landläufig-spießigen Abscheu gegen Größe, besonders Größe bei einer Frau, nichts schuldig bleibt“.[3]

Kassandras Sehnsucht gelte der bürgerlichen Existenz. Sie verhalte sich wie „eine Figur aus dem Zeitalter der Empfindsamkeit, die lieber gutbürgerlich verheiratet wäre, als andauernd unter der Last ihrer Gesichte stöhnen zu müssen.“[4]

Diese Einschätzung belegt die Autorin allerdings nicht mit Versen aus der Strophe 13 („Gerne möchte ich mit dem Gatten in die heimische Wohnung ziehn“), sondern sie zitiert die Strophen 6 und 7, in denen Kassandras Klage über das Schicksal, zum ohnmächtigen Gefäß eines Gottes erwählt zu sein, laut wird. Ihre Klage gipfelt in der allgemein gültigen Aussage „Schrecklich ist es, deiner Wahrheit Sterbliches Gefäß zu sein.“ Kassandra erscheint hier zwar nicht als Heroin, aber sie ist auch mehr als die bürgerlich-empfindsame Frau. Sie wird zur Stimme eines an höhere Mächte ausgelieferten Menschen.[5]

Die Erschließung der Ballade erfolgt mithilfe der Aufgaben (s. Zusatzmaterial 13, S. 101f.) nach mehrmaligem leisen und lauten Lesen, bei dem die Arbeit an der angemessenen Betonung einzelner Strophen zugleich mit der Klärung des Inhalts verbunden ist.

Um sich der Gesamtaussage der Ballade zu nähern, um zu begreifen, dass es bei der Klage Kassandras um mehr geht als um das verpasste bürgerliche Glück einer Frau, der die Ehe verwehrt bleibt, werden die Schülerinnen und Schüler mit folgender Schreibaufgabe konfrontiert:

❐ *Stellen sie sich vor, statt der weiblichen Seherin klagte ein Mann über das falsche „Geschenk“ Apolls, das er am liebsten zurückgäbe (vgl. Strophe 9). Ändern Sie die Aussagen der entsprechenden Strophen in diesem Sinne um (Stichpunkte reichen aus).*

Anschließend wird im Rahmen eines Kurzreferates (Schüler/Schülerin oder Lehrperson) Christa Wolfs Deutung der Schiller'schen Ballade entfaltet. Im Unterrichtsgespräch sollte die Lehrperson darüber informieren, dass Schiller in dieser Ballade ein Problem behandelt, welches auch in anderen Werken des Sturm und Drang und der Klassik Beachtung findet. Je nach Vorwissen der Lernenden kann auf Goethes *Prometheus* oder *Iphigenie*, auf Dramengestalten Schillers wie die *Jungfrau von Orleans, Maria Stuart* oder die Figur der *Thekla* im *Wallenstein* hingewiesen werden. Leitend bei diesen Verweisen bleibt die Frage, ob diese Figuren eine Entwicklung durchlaufen, ob sie sich einem Ideal nähern, das der Epoche des Sturm und Drang oder der Klassik entspricht. Ein entsprechender Arbeitsauftrag lautet:

❐ *Vergleichen Sie das Aufbegehren Kassandras in Schillers gleichnamiger Ballade mit dem des Prometheus in der Sturm und Drang-Hymne* Prometheus.

---

[1] Vgl. Kurscheidt (1990), S. 152.
[2] Vgl. Kurscheidt (1990), S. 155.
[3] Vgl. Christa Wolf: *Voraussetzungen*, S. 141.
[4] Ebd., S. 140.
[5] Christa Wolf argumentiert mit ihrer Interpretation interessanterweise auf gleichem Niveau wie die Herausgeber der Erstausgabe der Ballade.

Dieser Vergleich wirft ein Licht auf die optimistisch-idealistischen Positionen der Dichter zur Zeit des Sturm und Drang. Hier ist der selbstbewusste Mensch in der Lage, den Göttern Verehrung zu versagen und seine Zukunft selbst zu bestimmen. Er fühlt sich in seiner herausragenden Position gottgleich und kann „Menschen nach seinem Bilde" formen. Kassandra hebt mit Klagen an, steigert sie zur Anklage und verändert nichts. Sie ist ihrem eigenen Schicksal ausgeliefert und vermag sich dem Untergang, den sie voraussieht, nicht zu entziehen. Was Apoll über sie verhängt hat, ist ihr im hohen Maße fragwürdig.[1]

Als Alternative oder Ergänzung zu den bisherigen Aufgaben ist ein szenisches Spiel denkbar: Zwei Kassandrafiguren treffen sich, die Kassandra Schillers und die Kassandra Christa Wolfs. Dieses Spiel ist mit folgender Aufgabe verbunden:

❏ *Stellen Sie sich eine Begegnung der Kassandra Friedrich Schillers und der Kassandra Christa Wolfs vor. Beide teilen sich ihre Auffassung vom Seheramt mit, reden über ihren Lebensweg und stellen sich Fragen. Bereiten Sie ein entsprechendes Gespräch vor. Spielen Sie anschließend dieses Zusammentreffen.*

7.2 ❏ Die Figur der Kassandra bei Gustav Schwab

Neben Schillers Ballade trug Gustav Schwabs 1836 erstmals erschienenes Buch *Die Sagen des klassischen Altertums* dazu bei, dass die Seherin Kassandra zum Begriff wurde. Schwabs Leser sind Jugendliche, auf die er erziehend einwirken möchte. Die klassischen Helden und Heldinnen werden aus diesem Grund unter moralischen Kategorien betrachtet und eindeutig gemacht. Alles, was dem Heranwachsenden schaden könnte, spart Schwab aus. Bei der Darstellung der Kassandra werden weder das Liebesbegehren und die Strafe Apolls erwähnt noch wird auf die Vergewaltigung durch Ajax näher eingegangen. Bei Schwab ist Kassandra die Patriotin. Sie will ihr Volk vor dem Untergang retten und nimmt aus diesem Grunde alle Unbill des Zukunftswissens auf sich.

Die Passagen, in denen von Kassandra die Rede ist, befinden sich in unterschiedlichen Kapiteln des Buches. Sie wurden für die Textarbeit der Kursteilnehmer zusammengestellt (vgl. Zusatzmaterial 14, S. 103f.).
Die Berufung zur Seherin wird im Textauszug 1 nur in einem Nebensatz erwähnt (vgl. „welche die Wahrsagergabe von den Göttern zum Geschenk erhalten hatte"). Dass sie als Wahrsagerin auf Unverständnis stößt, ergibt sich aus ihrer ersten Tätigkeit als Seherin nicht. Sie erkennt im Sieger der Kampfspiele den einst ausgesetzten Paris, ihre Erkenntnis wird geglaubt und erfreut.
Im Textauszug 2 wird Kassandra in einer Haltung dargestellt, die man aus anderen Bearbeitungen des Mythos kennt. Sie ist die einsame, unbequeme, mahnende Seherin, die ihre Umgebung aufhorchen lässt. Ihre in der Ruhe des Morgens unüberhörbare Wehklage entspringt einer Beobachtung, sie hat nichts mit Voraussage zu tun. Aber sie gibt der Vermutung Raum, dass noch weiteres, größeres Leid zu erwarten ist. Ein großer Held, der Stolz Trojas, verlor sein Leben. Die Troer aber liegen „noch im Schlummer". Im Unterschied zu Kassandra verkennen sie die Situation.
Angesichts des hölzernen Pferdes (vgl. Textauszug 3) gerät Kassandra in Ekstase. Schwab steigert seine diesbezüglichen Ausführungen so, dass sie auf die Erregung der Seherin vorbereiten, sie verständlich erscheinen lassen. Der Blindheit und ungezügelten, rasenden Freude der Troer, die das hölzerne Pferd in die Zitadelle ziehen und sich damit am Untergang Trojas schuldig machen, stellt er Kassandra gegenüber. Sie ist die Einzige, die die Wahrheit erkennt. Das wird mit einer allgemein gültigen Aussage beglaubigt. „Nie sprach sie ein Wort aus, das nicht erfüllt worden wäre."
Im Folgenden entwirft Schwab ein Bild der Seherin, das sie als Werkzeug der Götter bestätigt: Sie versteht es, die Zeichen des Himmels zu deuten, aber diese sind so unheilvoll, dass sie die Erkennende zu zerstören scheinen. Sie ist „getrieben" von dem, was sie weis-

---

[1] Der Vergleich und die entsprechenden Ergebnisse sind auf Goethes Hymne bezogen, weil sie am ehesten als bekannt vorauszusetzen ist.

sagen muss, ihre Blicke, ihre Haare, ihre Bewegungen spiegeln höchste Erregung und tiefste Trauer. Den Inhalt ihrer Weissagung gestaltet Schwab dramatisch in wörtlicher Rede. Er stellt Kassandra als Ruferin den Stadtbewohnern gegenüber. Kassandra versucht sie mit unterschiedlichen Hinweisen auf das zu erwartende Grauen zu überzeugen: Die Troer werden die „Straße zum Hades hinunterwandeln", sie stehen „am Rande des Verderbens", die Stadt wird bald „mit Feuer und Blut erfüllt" sein. Erregung und Worte der Seherin sind vergeblich. Während sie warnt, weiß sie bereits, dass ihre Ankündigungen wirkungslos bleiben. Der Untergang ist unausweichlich.[1]

Mit der Reaktion der Umstehenden wird die Einsamkeit der Seherin angedeutet. Man verlacht sie, man versteht sie nicht, wirft ihr fehlendes Schamgefühl, unkönigliches Gebaren, mangelnde Sensibilität und Schwatzsucht vor. Schwab gibt die Reaktion der Troer auf Kassandra in wörtlicher Rede wieder. Die Vorwürfe werden in asyndetischer Reihung laut. Sie lassen keinen Raum für einen Widerspruch. Wie Wurfgeschosse treffen sie die Beschimpfte. Sie wird gewarnt und ausgestoßen: „Kehre zurück in dein Haus, damit dich nichts Schlimmes treffe." Für die Kennzeichnung Kassandras wählt Schwab Wendungen, die ihre Hoheit anzeigen: Sie ist die „gottbegabte(n) Königstochter", ihr „Geistesblick" ist „ungetrübt". In der vierten Textstelle ist von ihrem edlen „Wuchs" die Rede. Er „ragte hoch über die anderen empor". Das entspricht ihrer moralischen Gesinnung. Ihr Edelmut steht der niedrigen Gesinnung der anderen gegenüber.

Aufgrund ihrer Weissagungen und deren Erfüllung ist Kassandra selbstbewusst; der Abschied von Troja erfüllt sie mit Leid, aber sie erträgt es mit Würde. Die Ereignisse bestätigten ihre Prophezeiungen. Das versetzt sie jetzt in die Lage, über das Nichtwissen und den Unglauben der anderen zu spotten.

Die letzte Textstelle spiegelt das Wesen Kassandras in der Wahrnehmung Klytämnestras. Obwohl Kassandra in demütiger Haltung auf dem Beutewagen sitzt, erkennt die Königin ihre Schönheit, „ihre edle Gestalt". Anders als einst die Troer ist Klytämnestra davon überzeugt, dass die Seherin mit ihren Weissagungen die Wahrheit zum Ausdruck bringt. Diese Überzeugung führt zum Plan, Kassandra sofort zu vernichten.

Schwab stellt die Seherin angesichts ihres Todes als scheu, mutig und überlegt dar. Sie geht mit dem Wissen in den Tod, dass sie sich ihrem Schicksal beugen muss. Noch mit dem letzten Satz, der der Beschreibung der Seherin dient, werden die Liebe zu ihrem Vaterland und zugleich ihr Edelmut betont. Sie „hätte der Rachegöttin den Feind ihres Volkes nicht entziehen wollen, und weil er doch ihr Retter war, so verdross es sie nicht, mit ihm zu sterben."

Die Schülerinnen und Schüler bearbeiten die Textauszüge, nachdem die Lehrperson sie über die Entstehungszeit des Buches und seine Wirkung informiert hat. Sie erhalten folgenden Arbeitsauftrag:

❏ *Lesen Sie die Textauszüge aus Gustav Schwabs Buch und unterstreichen Sie die Textstellen, die Schwabs Auffassung von der Seherin Kassandra zum Ausdruck bringen.*

❏ *Kennzeichnen Sie zusammenfassend und im Rückgriff auf andere Bearbeitungen des Kassandra-Mythos, welches Bild der Seherin durch die Darstellung Gustav Schwabs vermittelt wird. Bedenken Sie dabei, dass er sich vor allem an jugendliche Leser wendet.*

Diese Phase wird mit einem Folienbild abgeschlossen. Es macht die unterschiedlichen Deutungen der Kassandrafigur übersichtlich.

---

[1] Da Gustav Schwab das Liebesbegehren Apolls und die mit der Zurückweisung verbundene Strafe nicht erwähnt, erscheint Kassandra „als eine Mischung aus Augurin und Ekstatikerin, die aus unbegreiflichen Gründen niemals Glauben findet." Vgl. Epple (1993), S. 113.

Unterschiedliche Deutungen der Kassandrafigur

	Die Art der Berufung	Die Einstellung zum Sehertum	Die Ausübung des Amtes	Allgemeine Kennzeichnung Kassandras
Christa Wolf	Die Berufung geschieht im Traum. Die Liebesverweigerung Kassandras und die Strafe Apolls werden erwähnt.	Die Sehergabe wird zunächst begehrt. Sie wird jedoch nicht als Auszeichnung, sondern als Folge genauer Beobachtung und sensibler Teilnahme verstanden.	Die frühen Prophezeiungen sind von Anfällen begleitet. Die Seherin nimmt Stellung zu politischen Fragen, deutet Träume und berät. Sie ist geachtet, aber gilt auch als unbequem und gefährlich.	Kassandra ist eine Außenseiterin. Sie distanziert sich von ihrer Familie, aber hört nicht auf sie zu lieben. Sie reift durch Leid und die Hinwendung zur Gegenwelt am Skamander. Kurz vor dem Tod erkennt sie die Grenzen menschlichen Wissens.
Friedrich Schiller	Von einer Berufung ist nicht die Rede. Die Gabe der Weissagung wird allgemein erwähnt.	Die Seherin leidet unter ihrer Gabe. Sie bittet Apoll, das „falsche Geschenk" zurückzunehmen.	Das, was die Seherin erlebt, öffnet ihren Blick für das Zukünftige. Sie hört und sieht in quälenden Bildern das nahe kommende Grauen. Doch keiner glaubt ihren Prophezeiungen.	Kassandra wird als einsame, trauernde Person beschrieben. Sie hadert mit ihrem Schicksal und klagt Apoll an. Aber an ihrer Situation ändert sich nichts. Sie kann weder ihrem Amt noch dem vorausgesagten Schrecken entfliehen.
Gustav Schwab	Die Gabe der Weissagung wird als Göttergeschenk bezeichnet. Von einer Berufung ist nicht die Rede.	Die Seherin ist eine selbstbewusste, herausragende Persönlichkeit. Sie ist sich ihrer Verpflichtung bewusst und möchte ihr Volk retten.	Die Seherin steht als einsam Erkennende der Masse der Verblendeten gegenüber. Sie gibt sich ihrer Aufgabe ekstatisch hin und ist zugleich von Stolz erfüllt.	Die Seherin ist schön, sie ist von hohem Wuchs und edler Gesinnung.

7.3 ☐ Die Figur der Kassandra bei Hans Erich Nossack und Peter Michael Hamel

Die folgenden Ausführungen verstehen sich lediglich als Hinweise auf weitere Möglichkeiten, die Lernenden mit modernen Bearbeitungen des Kassandra-Mythos bekannt zu machen.

Die Erzählung *Kassandra* von Hans Erich Nossack[1] wurde 1948 veröffentlicht. Sie ist in einer leicht verständlichen Sprache geschrieben und rührt an. Kassandra wird in dieser Erzählung als eine Seherin dargestellt, die ihren Feind Agamemnon vor seiner Heimkehr warnt. Diese Warnung äußert sich leise und zurückhaltend, fast bescheiden. Ihr scheues Wesen, ihre Zartheit und geheimnisvolle Schönheit erwecken den Eindruck von großer Sensibilität und Verletzlichkeit. Wenn sie von der Verleihung der Sehergabe durch Apoll berichtet, betont sie ihre Angst. Nossack stellt Kassandra nicht als die Augurin oder Ekstatikerin hin, sondern als das junge, zarte Mädchen, das bei den Männern Bewunderung und Beschützerinstinkte weckt. Was sein Vater Odysseus ihm über Kassandra erzählte und was er aus anderen Quellen erfuhr, gibt Telemach als faszinierter Ich-Erzähler in dieser Geschichte weiter.

Diese Erzählung ist eingängig und eignet sich für ein Referat. Eine Schülerin oder ein Schüler gibt den Inhalt der Erzählung wieder, liest einige Textstellen vor, die Nossacks Auffassung von der Seherin spiegeln, und fordert dann die Mitschüler zum Vergleich mit anderen schon bekannten Auffassungen von der Seherin Kassandra auf.

In dem Musiktheater *Kassandra,* das Peter Michael Hamel 1989 in Bonn inszenierte, stellt die Protagonistin einen gefesselten Menschen dar. Er kann seinem Schicksal, dem Wissen um den Untergang Trojas und dem eigenen Verderben, nicht entrinnen. Aus dem Szenarium (vgl. Zusatzmaterial 15, S. 105)[2] ergibt sich, dass Hamel Kassandra als eine Seherin versteht, deren Botschaft Jahrtausende überdauert. Das „riesig(e) Augenpaar" im Bühnenhintergrund bleibt während der Aufführung sichtbar, eine Chiffre für den Seherblick, der nicht erlischt, der um Untergang und Tod weiß.

Auch wenn Troja vernichtet wird, Sonnenfinsternis und Aschenregen die Welt verdunkeln, sagen sich die Frauen Trojas die Botschaft weiter, die vor dem Tor von Mykene laut wird. Zunächst ist Kassandra allein in einer archaisch anmutenden düsteren Welt, aber dann treten ihre Mutter und ihre Dienerin mit den Kindern auf und sprechen. Sie geben ihre Worte weiter, scheinen Hoffnungen zu wecken. (Darauf lassen der Wechsel des Lichts und die Wiederholung des Partizips „erwachend" schließen). Aber das riesige Augenpaar im Hintergrund, das „Dunkel", „Schwarze(e) Felsen. Gestein" zeigen das Trügerische der Hoffnung an. Das Szenarium liest sich wie ein Kommentar zu den Versen Erich Arendts, die Hamel zu seinem Musiktheater anregten. In Arendts Gedicht *Seherblick*[3] aus dem Gedicht-Zyklus *Kassandra* entsteht vor dem Auge des Lesers eine rätselhafte Welt, die bedrohlich auf ein Du einwirkt. Es hat den eigenen Tod vor Augen und fühlt sich dennoch vom Schrecken angezogen. Die Sprache dieses Gedichtes lässt Bilder nur holzschnittartig aufleuchten, Zusammenhänge nur ahnen. Wortfetzen, Satzellipsen erschweren das Verständnis und schaffen eine bedrückende Atmosphäre. Man ahnt, dass hier von einem unausweichlichen Untergang die Rede ist.

Falls man die Schüler mit der Auffassung Peter Michael Hamels und Erich Arendts von der Seherin Kassandra bekannt machen möchte, werden die Lernenden aufgefordert, das Szenarium Peter Hamels zu lesen und die Bilder zu beschreiben, die sie bei der Lektüre vor sich sehen (Zusatzmaterial 15, S. 105).

In einem weiteren Schritt wird das Gedicht *Seherblick* von Erich Arendt vorgelesen und danach still gelesen. Auch hier sollte nach Vorstellungsbildern gefragt werden, die diese hermetischen freien Rhythmen evozieren.[4] Die Wortfetzen lassen Bilder des Leids, des Untergangs von Troja, der Fahrt über das Meer aufleuchten. Aber eine zeitliche Abfolge, ein kausaler Zusammenhang sind nur zu vermuten. Das Los der Seherin wird in direkter Anrede erwähnt: „Du aber, vor Zeit, hast das kalte Verrauchen geschmeckt [...] den eigenen

---

[1] Nossack (1987).
[2] Vgl. Hamel (1989), S. 42f.
[3] Vgl. Hamel (1989), S. 14.
[4] Meines Erachtens sperrt sich das Gedicht gegen eine genaue Einzelanalyse.

Tod." Das Wissen um die Zerstörung begleitete Kassandra, längst bevor die Vision des Untergangs Realität wurde. Dennoch war sie von Sehnsucht nach Liebe und Leben erfüllt. Ihr Seherlos wird in der letzten Strophe mit der Qual des Tantalos in Verbindung gebracht: Das, was sie wider den Augenschein hofft, ist Trug, die Botschaft vom Untergang ist ihre Wahrheit.

Die Lernenden werden abschließend aufgefordert, Hamels und Erich Arendts Verständnis von Kassandra mit dem Christa Wolfs oder auch anderer Autoren zu vergleichen. Im Unterschied zu den bislang vorgestellten Deutungen der Seherin wirkt sie bei Hamel und Arendt unpersönlich. Sie betonen die Exemplarität der Figur. Kassandra ist in diesem Musiktheater die Zeiten überdauernde und nie verstummende Stimme des Untergangs.

7.4 ☐ Beispiele aus der antiken Vasenmalerei

Bei Lerngruppen, welche für künstlerische Gestaltungen offen sind, ist es aufschlussreich, Vasenbilder zum Kassandra-Mythos vorzustellen. (Vgl. Zusatzmaterial 16, S. 106) Sie spiegeln seine Bedeutung in der Antike.

Große Figurenvasen, auf denen Szenen aus bekannten Mythen abgebildet sind, sind für die Griechen keine Gebrauchsgegenstände, sondern Teil des Totenkults. Während des Bestattungszeremoniells erklären Sänger die Bilder und stellen Beziehungen zu dem Toten her. Auf diese Weise ist der Mythos den Trauernden ein Trost; der Einzelne wird als Teil eines großen Zusammenhanges betrachtet. Szenen aus dem Kassandra-Mythos werden seit der ersten Hälfte des sechsten Jahrhunderts vor Christus dargestellt. Mehrfach wurde die Vergewaltigung Kassandras bei der Eroberung Trojas gemalt. Klein-Ajax reißt Kassandra von dem Standbild der Athene, bei dem sie vergeblich Hilfe suchte.

Die Vivenzio-Hydria,[1] so genannt nach dem ersten Besitzer der Vase, wird dem Maler Kleophrades (505–475 v. Chr.) zugeschrieben. Er malt Szenen zur Eroberung Trojas „wie nie zuvor und auch nie danach: nicht nur die Grausamkeit – Frevel, Mord, Vergewaltigung, sondern auch der Mut [...] auch die Befreiung [...] werden geschildert."[2] Es handelt sich bei dieser Kalpis um ein umlaufendes Bild an der Schulter der Vase. Fünf Gruppen sind dargestellt: In der Mitte befindet sich als zentrale Szene die Bedrohung des Königs Priamos durch Neoptolomus. Priamos sitzt auf dem Altar des Zeus und hält seinen Enkel Astinax, Hektors Sohn, auf dem Schoß, zu seinen Füßen ein toter Krieger. Neben ihm trauernde Frauen, ihre gebeugte Haltung entspricht der geneigten Palme.

Auch in der Szene, deren Mittelpunkt die Schändung Kassandras bildet, liegt ein toter Krieger zu Füßen des Ajax. Der Krieger wollte Kassandra helfen und verlor dabei sein Leben. Kassandra, die beim Standbild der Athene, also am heiligen Ort, Zuflucht suchte, wird von der Göttin allein gelassen. Dass Kassandra nackt dargestellt ist, wird in der Sekundärliteratur unterschiedlich gedeutet. Zum einen geht man davon aus, dass diese Nacktheit im Zusammenhang mit der Vergewaltigung eine erotische Bedeutung hat. Zum anderen, dass es sich hier um die rituelle Nacktheit einer Seherin handelt.

In den Randszenen sind Rettungstaten dargestellt:

– Aineias rettet seinen Vater Anchises. Sein Sohn Ascanios befindet sich vor dem Schild.
– Die zweite Rettungsszene stellt die Befreiung der Aithera dar. Sie wird durch ihre Enkel gerettet.
– Den Mut der Trojaner bekundet die Frau mit dem Dreschflegel; „die einzigen beherzten Aktionen erfolgen hier durch die Trojaner."[3]

Die Halsamphore des Kassandra-Malers[4] (die Namensgebung des Malers folgt dem thematischen Schwerpunkt) stammt aus dem vierten Jahrhundert vor Christus.

Auch hier umfasst Kassandra Schutz suchend den Altar der Athene. Diese ist als Standbild mit Speer abgebildet. Obwohl der Altar einen sakralen Raum darstellt, reißt Ajax Kassandra weg. Sie fasst in seine Armbeuge, ein Zeichen ihres Flehens um Verschonung. Ajax umgreift Speer und Schild mit der linken Hand, damit er die rechte Hand für den Raub frei hat.

---

[1] Vgl. Boardman (1981) Abbildung 135 und Beazley (1974), Abbildung 27.
[2] Vgl. Boardman (1974), S. 104.
[3] Ebd.
[4] Vgl. Trendall (1989), Abb. 273

Beide Hauptfiguren sind nackt und sehr schön. Ihre Gesichter wirken zart, nicht schmerzverzerrt. Bei der Betrachtung dieser Amphore denkt man kaum daran, dass hier ein grausames Geschehen abgebildet wurde.

Selbst für künstlerisch Interessierte ist es nicht leicht, die Zusammenhänge auf dem ersten Bild zu erkennen. Von daher erscheint es angebracht, dass die Lehrperson zunächst die einzelnen Szenen erklärt und dann den Fragen und Bemerkungen der Kursteilnehmer Raum gibt.

Die Beschreibung des zweiten Bildes erfolgt aus dem Vergleich mit dem ersten und dürfte von daher weniger Schwierigkeiten bereiten.

Die Betrachtung der Abbildungen schließt mit folgendem Arbeitsauftrag:

❒ *Zu Beginn unserer Reihe haben wir nach Vorstellungsbildern von Sehern und Seherinnen gefragt. Stellen Sie Bezüge zu den antiken Darstellungen der Kassandra her.*

Notizen

_____

_____

_____

_____

_____

_____

_____

_____

_____

_____

_____

_____

_____

_____

_____

_____

_____

_____

_____

_____

Personenliste/Stellen zu Christa Wolf: Kassandra

Aineias

S. 21f.: Erste zarte Begegnung, kein Beischlaf.

S. 47f.: Seine Ehrlichkeit, Kassandras Vertrauen in ihn.

S. 79: meidet Kassandra, da sie sich nach ihrer Krankheit veränderte.

S. 90: geht während des Krieges in die Berge.

S. 103: er ist die Seele Trojas.

S. 113: Kassandra soll mit ihm gehen.

S. 117: wird nicht zu K. gelassen.

S. 131: wurde in den Krieg involviert, das bedrückt ihn, kehrt zurück.

S. 137: führt Penthesileas Frauen sicher nach Troja.

S. 137: Frage, ob Ain. in Penthesl. verliebt sei. Abschied.

S. 143: Schwur, Kassandra nicht mehr alleine zu lassen. K. befreit ihn später von diesem Schwur.

S. 163ff.: Trennung der beiden. Streit, weil K. nicht mit ihm gehen will. Kassandras Vorausdeutung: er wird ein Held. Der Schmerz soll aneinander erinnern.

Arisbe

S. 59f.: Aisakas Mutter, weder freundlich noch unfreundlich, ein massiges Weib.

S. 63: ihr Humor, K. liebt ihn.

S. 74: besucht K. heimlich während ihrer Krankheit, Parthena lässt sie ein.

S. 105: zuständig für K.s Träume.

S. 140: Gespräch mit Penth. über die Art, sich von Männern zu unterscheiden, Grausamkeit zu pflegen oder nicht.

S. 146f.: Arisbes aufgeklärte Haltung dem Götterglauben gegenüber: Mensch erträgt sich nicht, braucht fremdes Abbild.

Achill

S. 31: Polyxena wurde zum Grab des wüsten Achill geschleppt.

S. 31: erwürgte K.s Bruder Troilos

S. 87: Er ist der Kern des griechischen Heeres.

S. 89: schlachtet Troilos, köpft ihn im Tempel.

S. 98: mit Geschenken will er die Legende verbreiten, er sei Sohn der Göttin Thetis.

S. 99: homosexuell veranlagt, Frauen will er nur, um zu zeigen, dass „er wie alle" ist. Kalchas muss ihm seine Tochter Briseis überlassen.

S. 103: Tollwütig plündert, vergewaltigt, tötet er im Land um den Ida-Berg.

S. 129f.: Achill wird Polyxena angeboten, wenn er den Plan des griechischen Lagers verrät, hält sich an die Abmachung.

S. 133f.: Achill ersticht Hektor.

S. 134f.: lässt Leiche seines Geliebten Patroklos verbrennen, schlachtet zusätzlich 12 Gefangene, darunter zwei Söhne der Hekabe und des Priamos.

S. 143: schändet die tote Penthesilea, nachdem er sie im Kampf besiegt hatte, weint anschließend um sie.

S. 148f.: sieht im Tempel Polyxena, verschlingt sie mit seinen Blicken.
Seine verletzliche Stelle, die Ferse, vertraut er Polyxena an.

S. 155: Der Anschlag auf ihn glückt, Tod durch Paris.

Agamemnon

S. 12,

64: König, opferte seine Tochter.

S. 13: Potenzschwäche als Ursache seiner Grausamkeit.

S. 51: Hohlkopf

S. 64: ein Schwächling, ohne Selbstbewusstsein

S. 64: ließ Tochter Iphigenie als Opfer schlachten. K. führt ein Gespräch mit ihm darüber, quält ihn damit.

S. 123f.: schenkt K. einen teuren Halsschmuck, weil sie seiner Tochter ähnle, seiner Frau Klytaimnestra den gleichen.

S. 139: begreift den Leichnam als Hinweis auf den Untergang Mykenes.

Andron

S. 111: junger Offizier des Eumelos, geht auch einmal zu Anchises.

S. 129: bejaht, dass Achill Polyxena sehen darf.

S. 151: führt K. mit ins Heldengrab ab.

S. 162: verriet Polyxena, wird von Klein Aias erstochen.

Anchises

S. 37: Vater des Aineias, der ihn beim Untergang Trojas rettet.

S. 39: sein Äußeres. Lehrt K. die Geschichte Trojas.

S. 40: leitete das zweite Schiff.

S. 68: bildet Gegenpartei zu Eumelos.

S. 109: er ist ein freier Mensch, objektiv, auch Eumelos gegenüber.

S. 110: wird von Hekabe mehrfach aufgesucht, verehrt sie. Sein Mund lacht, aber seine Stirn ist traurig, sagt Oinone.

S. 111f.: seine Holzschnitzwerke, Erkennungszeichen für ihn, schenkt sie denen, denen er vertraut. Er ist ein Revolutionär, glaubt nicht an die Götter, sondern nur an die Menschen.

S. 125: nennt K. immer „Mädchen", wenn er sie belehrt.

S. 127: er meint, wichtiger als die Erfindung des Eisens hätte die Gabe der Einfühlung für die Griechen sein können.

S. 146: Gebrechlichkeit seines Körpers, nicht seines Geistes. Streitet mit Arisbe, meint aber K.

Aisakos

S. 52f.:   K.s Bruder, sie liebt ihn über alles. Er liebte seine schöne junge Frau Asterope. Als diese im Kindbett stirbt, springt er von den Klippen ins Meer. Wurde mehrmals gerettet, aber starb irgendwann, ohne gefunden zu werden. Er verhielt sich anders als die anderen Brüder zu K.

S. 58:   K. wundert sich über das Schweigen des Aisakos, was Paris betrifft.

S. 59f.:   sagte voraus, dass auf Paris ein Fluch liegt.

Andromache

S. 107f.:   seit Beginn des Krieges Hektors Frau, treu, hässlich, unscheinbar.

S. 135:   sie liegt leblos in der Ecke, als Achill seine Grausamkeiten verübt.

Aias

S. 50,
162:    vergewaltigt K. vor Marpessas Augen.

Briseis

S. 58:   klug, Tochter des abtrünnigen Sehers Kalchas, gibt K. Auskunft, wo sie Arisbe finden kann.

S. 69:   mit Troilos verbunden.

S. 95ff.:   verliert nach Troilos Tod fast den Verstand, darf zu ihrem Vater zurückkehren.

S. 99:   Achill quält sie, alles Grauen der Welt in ihrem Gesicht.

S. 131:   Kalchas rettet sie vor Achill.

S. 133:   lebt in den Höhlen, will nicht zu den Griechen zurück.

Deiphobos

S. 55:   Er und Hektor sind ältere Brüder K.s.

Eumelos

S. 55:   junger Offizier, tut sich durch Umsicht und Konsequenz hervor.

S. 61:   verrät dem König, dass K. bei Arisbe war. Priamos bezeichnet ihn als fähigen Mann.

S. 67:   Sohn eines niedrigen Schreibers und einer Sklavin aus Kreta, jeder bezeichnet ihn auf einmal als fähig.

S. 83:   durchschaut K.

S. 108:   baut Hektor zum ersten Helden auf, um seine Mutter zu treffen.

S. 122:   ordnet die totale Sicherheitsstufe für den Palast an.

S. 123:   als Verkäufer verkleidete Eumelos-Leute, Spitzel auf dem Herbstmarkt.

S. 139:   Penthiselea wird auf seine Anweisung mit einem dichten Sicherheitskordon umgeben.

Eurypylos

S. 94:   Heerführer von Mysern, verlangt Kassandra vom König, wenn er ihn unterstützen soll.

S. 158:   fällt kurz nach der Eheschließung, nach der ersten Nacht mit Kassandra.

Groß Aias

S. 131f.:   kämpft gegen Hektor, begeht mit dessen Schwert Selbstmord.

Hekabe

S. 13:   K.s Mutter.

S. 16:   Das Kind braucht mich nicht.

S. 26:   unterstützt Ks. Wunsch, Priesterin zu werden. Sie liebt die Unbeherrschbaren. Durch Verlust der Kinder wird sie immer mitfühlender und lebendiger.

S. 29f.:   Kindheitserlebnisse der Zwillinge, glaubt an deren besondere Begabung.

S. 46:   warnt K.: Tränen trüben das Denkvermögen.

S. 68:   steht nicht auf Eumelos Seite.

S. 77:   lässt K. heimlich bei sich übernachten.

S. 95:   ihre furchtbare Fruchtbarkeit.

S. 108:   kann für Hektor nichts tun. Er muss ein Held sein.

S. 110:   ihr wird die Teilnahme an der Ratssitzung verweigert. Anchises wird ihr Vertrauter.

S. 131:   verlässt mit weißem Gesicht den Kampf zwischen Hektor und Groß Aias.

S. 135:   alte Frau, hohlwangig, weißhaarig.

S. 148:   holt K. aus den Höhlen. Führt sich und K. in den Rat.

S. 157:   schickt Polyxena zu den Höhlen, sitzt manchmal selbst still dort.

S. 162:   stößt Flüche aus, die K. noch nie gehört hatte.

Helenos

S. 30:   K.s Zwillingsbruder.

S. 35:   anders geartet, gleich aussehend, Ebenbild.

S. 36:   K.s Neid, weil er als Mann Orakelsprecher werden kann. Er ist kein Seher, hat die Gabe nicht. Aller Leichtsinn liegt auf ihm. Alle Schwermut auf Kassandra.

S. 106:   beliebter Orakelsprecher, aber er verbreitet leeres Geschwätz. Weiht K. über bestellte Orakel ein.

Hektor

S. 40:   K.s älterer Bruder.

S. 66:   von Geschwistern dunkle Wolke genannt.

S. 103:   Trojas Arm.

S. 108:   hat merkwürdigen Traum, eignet sich nicht zum Helden, aber Hekabes Lieblingssohn wird zum Helden aufgebaut.

S. 119:   liebt Andromache sehr.

S. 129:   arrangiert Komplott gegen Achill und benutzt dazu Polyxena.

S. 131f.:   kämpft gegen Groß Aias, tauscht mit ihm die Waffen. Steht Kassandra bei aller Fremdheit nahe. „Schade, daß du kein Mann bist. Du

könntest in den Kampf gehen." Er weiß, dass er nur noch kurz zu leben hat.
S. 133f.: fällt auf dem Schlachtfeld, erstochen von Achill.

Hesione
S. 44: Schwester des Königs, geraubt vom Spartaner Telamon.

Kybele
S. 24f.: Es ist in Troja verboten, den Namen auszusprechen. Das Heiligtum der Kybele am Ida-Berg; die Frauen davor, ekstatisch tanzend.

Klein Aias
S. 162: vergewaltigt K. im Heldengrab, ersticht Andron, bezeichnet Hekabe als heulende Hündin.

Killa
S. 140f.: junge Sklavin aus dem Griechenlager, lebt nun bei den Leuten am Skamander; bittet Penthesilea, bei ihnen zu leben. (Diese lehnt ab.) Ist mit Oinone befreundet.

Kalchas
S. 43: der Seher.
S. 46f.: lief zu den Griechen über.
S. 66: Traumdeutung vor Paris' Geburt: er wird Troja in Brand stecken:
S. 96f.: Vom Heimweh ausgebrannt, schützt die unbewaffneten Troer, weiß, dass sie Helena nicht haben. Bezeichnet Troja als verloren.
S. 98f.: vertraut K. Informationen über Achill an. Muss Achill seine Tochter Briseis übergeben.
S. 124: hatte Agamemnon befohlen, seine Tochter Iphigenie zu opfern.
S. 130f.: behauptet, dass die Pest, die das Griechenlager heimgesucht hat, von Apoll geschickt worden war. Kann Briseis vor Achill retten.

Klytaimnestra
S. 63f.: K. erkennt sie in Mykene am Stoff des Kleides, den Agamemnon kaufte.
S. 123f.: trägt den gleichen Halsschmuck wie K., blickt sie deshalb verständnisvoll an.

Lykaon
S. 121: K.s Bruder. Von Achill gefangen genommen und gegen ein kostbares Bronzegefäß an den gehässigen König von Lemnos verkauft.

Marpessa
S. 5f.: enge Vertraute K.s, kennt sie genau.
S. 16: K.s Dienerin, hochmütiger als K. selbst.
S. 20: genauso alt wie K.
S. 24ff.: im Kreis der Tänzerinnen, fällt in Ekstase.

S. 25: wartet auf K. an ihrem Lager.
S. 32: sieht keinen Mann mehr an, ist entzückt von Polyxenas Schönheit.
S. 49f.: behütet K.s Zwillinge. Wollte sich bei K.s Vergewaltigung durch den Griechen Klein Aias für sie opfern, ist zärtlich zu ihr.
S. 141: genießt Achtung in den Höhlen am Skamander.

Myrine
S. 9f.: gehört zu Phentesilea. Kassandra liebt Myrine.
S. 141f.: Sehnsucht nach den Höhlen am Skamander, offener Blick zwischen ihr und K. Birgt sich mit ihrem verwundeten, gequälten Körper in einer Baumhütte, weicht in der Schlacht nicht von Penthesileas Seite.
S. 155: schmuggelt ein Holztier des Anchises zu K., weicht nicht von ihrer Seite.
S. 156: Ihr Körper ist von Narben übersät.
S. 162: stirbt als Erste, als die Griechen Troja erobern.

Menelaos
S. 62: König von Sparta.
S. 66f.: wird auf Eumelos Anweisung hin nicht mehr als Gastfreund bezeichnet, sondern als Provokateur verdächtigt und beobachtet.
S. 70f.: seine Ehefrau Helena von Paris entführt.
S. 81: Er verlangt seine Frau zurück. Die schöne Helena ist nicht in Troja.

Merops
S. 53: der uralte Traumdeuter.

Oinone
S. 57: von auffallendem Liebreiz, betreut die uralten Mütter am Skamander.
S. 70: bedient am Königstisch, Paris brachte sie aus den Bergen mit.
S. 75: betört Paris. K. meint, sie habe ihr den geliebten Bruder weggenommen, ihrem Einfluss entzogen.
S. 110: liebt Anchises wie einen Vater.
S. 141: mit Killa befreundet, nie mehr in Paris Nähe.
S. 146: streichelt stundenlang Ks. Stirn, als diese in die Höhlen kommt, zusammengebrochen nach Penthesileas Tod.
S. 159f.: sucht sterbenden Paris auf, zu spät. Fremd kommt sie zurück.

Panthoos
S. 14f.: der Grieche, eifersüchtig, boshaft, scharfzüngig, Eigenliebe.
S. 19: hält Polyxena für geeigneter, was den Priesterberuf betrifft. K. schlägt ihm ins Gesicht.
S. 29: glaubt nicht an Träume, nennt sie kleine K., beleidigt sie. Ist erster Priester.

S. 38: was K. früh auffiel: seine Angst vor Schmerz.

S. 41: aus Griechenland kam er nicht als Gefangener, sondern freiwillig.

S. 59: macht K. auf ihre Bewacher aufmerksam.

S. 65: P. hört auf, K. die Kleine zu nennen, besucht sie nicht mehr, wirkt gebrechlich.

S. 67: Er gilt als verdächtig, wird unter Beobachtung gestellt.

S. 79f.: „besucht" K. nach ihrer Krankheit wieder, gegenseitiger Hass.

S. 117: erkennt als Einziger K.s schwindenden Glauben.

S. 136: nähert sich K. wieder, obwohl sie sich nicht mehr leiden können, hält sich vor Angst nur noch im Tempel auf, gleicht nach K.s Ansicht einem Iltis, fleht K. an, versagt sexuell, zischt wie ein Tier.

S. 144f.: kommt zu Penthesileas Beerdigung, wird von ihren Anhängerinnen umgebracht.

Paris

S. 54ff.: ausgesetztes Baby, das sich als Königssohn entpuppt, zum Schloss zurückkehrt.

S. 59f.: wurde aufgrund von Vorsehungen ausgesetzt.

S. 68ff.: hält sich an Eumelos, schielt nach Beachtung. Sohn der Hekabe und Appolons, wurde von einer Bärin gestillt, hat unbekannte Krankheit, ruft in Oinones Armen nach Helena, obwohl er nur O. liebt.

S. 77f.: entführt Helena, führt Trojas Untergang herbei.

S. 80: kommt von seiner Reise verändert zurück.

S. 82: Nach drei Jahren gesteht er, dass es Helena in Troja nicht gibt.

S. 92: Er wurde durch fremde Frau verdorben, meint Oinone.

S. 119f.: zermalmt, nur noch die Hülle seiner selbst; man sagt, er gehe über Troerleichen.

S. 135f.: Führer einer Kriegertruppe. K. stellt sich ihm in den Weg.

S. 148f.: will Achill töten, in die Ferse schießen.

S. 151: durch Fehler mit Helena ist er in der Hand des Rates.

S. 155: tötete Achill.

S. 159f.: entfernte sich von Oinone, brauchte viele Mädchen. Geht qualvoll an Wundbrand ein.

Penthesilea

S. 9: K.s Lachkrampf, als P. geharnischt durch das Skäische Tor zieht. Das verletzt P. sehr. P.: eine männermordende Heerführerin.

S. 140ff.: verachtet K.s „Gehabe", ihre Träume. Vertraut stattdessen auf ihre Wurfspeere. Nicht der Gesang, nur der Befehl bewegt mehr als die Luft.

S. 139: kämpft nicht nur gegen Griechen, sondern gegen alle Männer, will lieber kämpfend sterben als versklavt sein.

S. 141: nimmt Angebot vom Frieden in den Höhlen nicht an, beschimpft K.

S. 143: kämpft mit Achill, zwingt ihn, sie zu töten.

Parthena

S. 20: die Amme: Marpessas Mutter.

S. 23f.: erfährt Kassandras Träume.

S. 72ff.: pflegt Kassandra während ihrer Krankheit.

Priamos

S. 17f.: Kassandras Vater, braucht seine Tochter. Früher mächtig, jetzt zerrüttet. Er beschuldigt Kassandra, die Stadt verraten zu haben.

S. 26: der Schmerz um seine Söhne tötet ihn.

S. 33: bereitet den Krieg vor.

S. 79: Träume von zwei Drachen. K. deutet ihn: du liegst mit dir selber im Streit.

S. 84: will den Krieg nicht beenden; Eumelos' Einfluss.

S. 90f.: fühlt sich von K. verraten. „Sie ist mein Kind nicht mehr."

S. 91: will nicht lügen, dass Troilos schon zwanzig Jahre zählt, keine Lüge über einen Toten.

S. 96: widerspricht Eumelos, ist wieder der Alte, K. liebt ihn wieder.

S. 120: zerbröckelt, je mehr er gezwungen wurde, den König herauszukehren.

S. 134: vergreift sich nicht am schlafenden Achill, will Hektors Leichnam von ihm erbitten.

S. 135: ein kranker Greis.

S. 139: Angst vor Penthesilea.

S. 150: kritisiert, beleidigt K. im Rat, lässt sie festnehmen.

S. 158: schickt nach K., da der neue Verbündete Eurypylos sie zur Frau will.

S. 160: am schauerlichsten die Gestalt des Königs.

Polyxena

S. 31f.: Äußere Beschreibung. Vielleicht strebt sie das Priesteramt als Schutz vor zu vielen Liebhabern an. Sogar Frauen sind in sie verliebt.

S. 33: sprach ein Jahr kein Wort mit K.

S. 114: sucht K. auf zur Traumdeutung, Freundinnen folgen ihr. Sie ist die Schönste, träumt von Andron, den sie im Wachen hasst.

S. 115f.: fühlt nichts für ihren Mann, hat ein heimliches Verhältnis mit Andron.

S. 116: sie geht zugrunde, weil K. und nicht sie die Lieblingstochter des Königs war.

S. 128: will Apoll opfern, damit er Schwangerschaft durch Andron beendet.

S. 129f.: K. beleidigt P., als sie dem Plan folgt, Achill zu verführen („So liebst du dieses Vieh? Kriegst du auch das noch fertig!"). Gilt als bewundertste Frau Trojas, weil sie sich als Frau opfert.

S. 135: scharf entschlossen wie ein Schwert angesichts des Untergangs.

S. 148f.: soll Achill für angebliche Vermählung in den Tempel locken.

S. 157: hat den Verstand verloren, irre geworden vor Angst, Hekabe schickt sie zu den Höhlen.

S. 162: soll versteckt werden, plötzlich ist sie bei Sinnen. Bittet K. sie zu töten.

Troilos

S. 31: K.s Bruder. Achill erwürgt ihn.

S. 66: ganz junger liebreizender Bruder, verbunden mit der klugen Briseis.

S. 69: mit Briseis zusammen, das Paar schlechthin.

S. 86ff.: wird am ersten Tag des Überfalls getötet.

Kassandra

S. 6: Die Lust des Sehens. Die Seherin „Warum wollte ich die Sehergabe unbedingt?" (Vgl. S. 12)

S. 7: „Der Ton der Verkündigung ist dahin."

S. 11: „lebenslang geübt: meine Gefühle durch Denken besiegen".

S. 13: den Namen Achill tilgen.

S. 14: „Schön? Ich die Schreckliche." Panthoos' Bemerkung: „Aus unserm Untergang holst du dir, indem du ihn verkündest, deine Dauer."

S. 16: „Das Glück, ich selbst zu werden und dadurch den andern nützlicher – ich hab es noch erlebt."

S. 17: Liebling des Vaters, an Politik interessiert.

S. 18ff.: Das schwere Amt der Ankündigung. Priesterweihe. Traum von Apoll: Verleihung der Sehergabe, die sie heiß begehrte. Annäherung Apolls als Mann, Verwandlung in einen Wolf, von Mäusen umgeben. Apoll spuckt K. in den Mund.

S. 21f.: Abscheu gegenüber Männerbeinen, als sie für die Entjungferung ausgesucht werden soll. Liebe zu Aineias. Niemals habe ich mein Inneres nach außen gekehrt.

S. 26f.: „Nie war ich lebendiger als in der Stunde meines Todes, jetzt." Schwierige Aufgabe, das Bild von sich ändern. „Ich habe immer mehr an Bildern gehangen als an Worten [...]. Das letzte wird ein Bild sein, kein Wort."

S. 28: Wunsch, Zeugin zu bleiben. Fähigkeit der Selbstbeobachtung. Kampf mit der Angst.

S. 30: Gabe, die Zukunft vorauszusagen, aber keiner wird ihr glauben.

S. 33: von Panthoos entjungfert. Spielte die Priesterin. „Mit der Sehergabe überfordert, war ich blind."

S. 35: will von der Familie bevorzugt werden, aber Neid erträgt sie nicht.

S. 36f.: Wenn Panthoos länger nicht kam, vermisste sie „es".

S. 38: „ich war berühmt dafür, daß ich Schmerz ertrug".

S. 43: Unterschiedliche Arten der Angst und des Umgangs mit ihr.

S. 45ff.: Expedition 2. Schiff, K.s zwiespältige Gefühle, Distanzierung von der Familie dadurch.

S. 51: K. kann nicht begreifen, dass andere nicht sehen, was sie sieht.

S. 53: Erster Anfall als Kind nach dem Tod des Bruders Aisakos. Traum: Kind wächst in ihr, sie speit es als Kröte aus.

S. 58f.: regt sich über Bewacher auf.

S. 62: will Priesterin werden, um Macht zu gewinnen.

S. 63: gliedert sich in die Gruppe derer vom Skamander ein (durch Marpessa), trifft sich mit ihr auf geheimen Wegen.

S. 66: Sie lernt, sich selbst nicht tragisch zu nehmen. Der Übertritt von der Palastwelt in die Berge ist der Übergang von der Tragödie in die Burleske.

S. 71ff.: Erneuter Anfall. „Ich aber. Ich allein sah. Oder, sah ich denn?" „Ich fühlte. Erfuhr." Wahnsinn als Schutz.

S. 75: Arisbes Rat: „Tauch auf, Kassandra [...] Öffne dein inneres Auge. Schau dich an."

S. 78: entzieht sich der Sprachregelung durch Eumelos.

S. 80: Frage nach dem Beginn des Vorkriegs.

S. 83: Eingeständnis eigener Heucheleien und Feigheit: der Eumelos in mir.

S. 85: verspricht ihrem Vater, das Wissen über Helena geheim zu halten. Allseits begann man, K. aufzugeben.

S. 90f.: plädiert im Rat nach Troilos' Tod für das Ende des Krieges. Wird auf Befehl des Priamos abgeführt.

S. 93ff.: „Die Weide mein letzter Sitz." Letzte Begegnung mit Aineias. Schlangenring. Verhältnis zu ihren eigenen Kindern. Die durch Priamos erzwungene Heirat. Frauen in den Bergen trieben ihr den Hochmut aus.

S. 96: begleitet Briseis zu den Griechen.

S. 97f.: will um Leben flehen, will sterben.

S. 103f.: mein schönster Tag, Aineias lebt. Träumt das erste Mal wieder. Wirkt unbeteiligt an Ritualen mit.

S. 105f.: Liebesakt mit Aineias.

S. 108: Leute kommen zu ihr, um Träume zu erzählen.

S. 110: alles wurde leichter mit Anchises.

S. 113f.: Prophetin, Traumdeuterin für ganz Troja. Weigerung, mit Aineias Troja zu verlassen. Unterschied zu Polyxena. „Sie war, wie ich nicht sein konnte, hatte alles, was mir fehlte".

S. 116f.: pflegt Polyxena, rät ihr.

S. 117ff.: glaubt nicht mehr an Götter, nur Panthoos bemerkt das. Gewöhnung an den Kriegszustand. Fühlt sich wie eine Gefangene. „Ritualien" der Überprüfung, wenn sie die Festung betreten will.

S. 121f.: Erinnerung an beschämendes Gespräch mit Eumelos, den sie zu überzeugen versuchte.

S. 123f.: Der teure Halsschmuck, den Agamemnon ihr wie auch Klytaimnestra schenkte.

S. 124f.: Anchises als Hilfe.

S. 126: Ein Angstgedächtnis, ein Gefühlsgedächtnis, kann Aineias nicht über Ereignisse berichten, erinnert sich an das Unglück, wehrt sich gegen ihre „Angstgewissheit".

S. 128: Ohnmacht, als Polyxena und Achill im Tempel aufeinander treffen.

S. 129f.: fleht Polyxena an, sich nicht Achill zu zeigen.

S. 131f.: Aineias kommt: „Ich lebte wieder." Sieht Hektors Tod voraus.

S. 134: nach Hektors Tod: K. fühlt sich eins mit ihm, Größe ihres Schmerzes.

S. 134ff.: Achills Grausamkeiten („In jener Nacht verließen uns die Götter.") Stellt sich gegen Paris. Will nicht, dass er Gleiches mit Gleichem vergilt.

S. 136: gibt Panthoos nach, kommt ihm sexuell entgegen, er versagt. Ihre Vorstellung, dass er einem Iltis gleiche.

S. 137: Trennung von Aineias.

S. 138f.: Dialog mit Wagenlenker in Mykene; er spricht sie mit Seherin an.

S. 140f.: hält sich zurück in Penthesileas Frauenrunde bei Anchises, Wunsch, in den Höhlen am Skamander dabei zu sein. Vorwürfe gegenüber Penthesilea. („Du willst sterben, und die andern zwingst du, dich zu begleiten.")

S. 143: schwache Männer brauchen Frauen, um ihr Selbstbewusstsein zu stärken.

S. 144f.: Nach Penthesileas Tod beobachtet sie die Raserei der tanzenden Frauen, hält Totenklage für Penthesilea. Will Panthoos vor den Frauen retten, ruft vergeblich Apoll um Hilfe an. Bricht zusammen. Aineias bringt sie zu den Höhlen. Trost der Menschen am Skamander.

S. 148: Hekabe holt sie in den Palast.

S. 149f.: kritisiert den Plan, Polyxena als Lockvogel zu gebrauchen. Konflikt mit Vater, wird festgenommen und ins Heldengrab gebracht.

S. 152: ihr Bemühen, Weidengerten herauszulösen, so auch jetzt vor Mykene.

S. 153ff.: im Heldengrab. Nach 2–3 Tagen fängt sie an, etwas zu essen, fühlt den Schmerz. „Verlust all dessen, was ich ‚Vater' nannte". Beginnt mit Mäusen zu sprechen. Angst vor den Weibern. Andron bringt ihr Schwertgehänge des Achill, um zu zeigen, dass die Pläne des Palastes die richtigen waren. Anchises lässt K. durch Myrine ein Holztier zukommen, Zeichen der Hoffnung. Nach der Befreiung große Lichtempfindlichkeit. Myrine an ihrer Seite.

S. 156f.: Aineias, ich liebte ihn mehr als mein Leben. Gedanke an die nachfolgenden Generationen, die die Botschaft der Höhlenbewohner durch Bilder empfangen könnten.

S. 158: Heirat mit Eurypylos. Die Geburt der Zwillinge. Sie fühlt so, als sei Aineias der Vater. Die Friedensutopie am Skamander.

S. 160: zurück nach Troja zur Totenfeier des Paris. Trennung von Aineias.

S. 161: keiner hört auf ihre Warnung vor dem Pferd der Griechen.

S. 162f.: Versuch, zusammen mit Hekabe Polyxena zu verstecken.
Erinnerung an Streit mit Aineias, will nicht mit ihm gehen. Sie kann keinen Helden lieben. Schmerz soll uns an uns erinnern.

Kassandras Familie. Die Berufung zur Seherin

Priamos, dem Herakles großzügig den troischen Thron zusprach, glaubte, dass das Unglück, das Troia befallen hatte, mehr seiner ungünstigen Lage als dem Ärger der Götter zuzuschreiben sei. Daher sand-
5 te er einen seiner Neffen aus, die Pythia zu Delphi zu befragen, ob noch immer ein Fluch auf dem Hügel der Ate läge. Aber der Priester des Apollon, Panthoos, der Sohn des Othrias, war so schön, dass Priamos' Neffe seinen Auftrag vergaß, sich in ihn verliebte und ihn
10 mit nach Troia brachte. Obwohl Priamos verärgert war, konnte er es nicht übers Herz bringen, seinen Neffen zu bestrafen. Als Entschädigung für das getane Unrecht ernannte er Panthoos zum Priester des Apollon. Da er sich schämte, die Pythia noch einmal zu be-
15 fragen, erbaute er Troia auf den gleichen Grundmauern. Die erste Gattin des Priamos war Arisbe, eine Tochter des Sehers Merops. Als sie ihm Aisakos geboren hatte, verheiratete er sie an Hyrtakos, durch den sie die Mutter der Hyrtakiden wurde: Asios und Ni-
20 sos.
Dieser Aisakos, der die Kunst der Traumdeutung von seinem Großvater Merops gelernt hatte, ist wegen seiner großen Liebe berühmt, die er Asterope, einer Tochter des Flusses Kebren, entgegenbrachte: Als sie
25 starb, versuchte er wiederholt, sich selbst zu töten, indem er von einer Klippe sprang, bis sich endlich die Götter seines Leidens erbarmten. Sie verwandelten Aisakos in einen Tauchvogel und erlaubten ihm so, sich seinem Wahn mit größerem Anstand hinzugeben.
30 Hekabe, die zweite Gattin des Priamos – die die Lateiner Hekuba nennen –, war eine Tochter des Dymas und der Nymphe Eunoë oder, wie manche sagen, des Kisseus und der Telekleia oder des Flusses Sangarios und der Metope oder der Glaukippe, der Tochter des
35 Xanthos. Sie gebar Priamos neunzehn seiner fünfzig Söhne, die Übrigen waren Kinder von Konkubinen. Alle fünfzig bewohnten nebeneinander liegende Schlafzimmer aus poliertem Stein. Priamos' zwölf Töchter schliefen mit ihren Gatten an der äußeren Sei-
40 te des gleichen Hofes. Der älteste Sohn der Hekabe war Hektor, den manche einen Sohn des Apollon nennen. Als nächsten gebar sie Paris, dann Kreusa, Laodike und Polyxena, dann Deiphobos, Helenos, Kas-

sandra, Pammon, Polites, Antiphos, Hipponoos und Polydoros. Aber Troilos wurde mit Sicherheit von 45 Apollon mit ihr gezeugt.
Unter den jüngeren Kindern der Hekabe waren die Zwillinge Kassandra und Helenos. An ihrem Geburtstag, der im Heiligtum des Thymbraiischen Apollon gefeiert wurde, wurden sie beim Spielen müde und 50 schliefen in einer Ecke ein, während ihre vergesslichen Eltern, die zu viel Wein getrunken hatten, ohne sie nach Hause stolperten. Als Hekabe zum Tempel zurückkehrte, sah sie, wie die heiligen Schlangen an den Ohren der Kinder leckten, und schrie vor 55 Schreck auf. Sofort verschwanden die Schlangen in einem Haufen von Lorbeerzweigen, aber von dieser Stunde an besaßen Kassandra und Helenos die Gabe der Prophezeiung.
Ein anderer Bericht über dieses Ereignis ist, dass Kas- 60 sandra eines Tages im Tempel einschlief. Da erschien Apollon und versprach ihr, sie die Kunst der Prophezeiung zu lehren, wenn sie mit ihm schliefe. Nachdem Kassandra die Bedingung angenommen hatte, bedauerte sie ihr Versprechen. Doch Apollon bat sie um ei- 65 nen Kuss, und als sie dies gewährte, spie er ihr in den Mund; damit ging er sicher, dass ihr niemand eine Prophezeiung glauben würde.
Als Priamos nach einigen Jahren kluger Regierung Troia seinen früheren Reichtum und seine alte Macht 70 zurückgegeben hatte, berief er eine Ratsversammlung, um den Fall seiner Schwester Hesione, die der Aiakide Telamon nach Griechenland entführt hatte, zu besprechen. Obwohl er selbst für Gewalt war, empfahl der Rat, zuerst die Überredungskunst anzuwenden. 75 Sein Schwager Antenor und sein Vetter Anchises gingen daraufhin nach Griechenland und überbrachten den am Hofe des Telamon versammelten Griechen die troische Forderung; sie wurden voller Verachtung zurückgeschickt. Dieser Vorfall war die Hauptursache 80 des Trojanischen Krieges, dessen düsteres Ende nun Kassandra voraussagte. Um einen Skandal zu vermeiden, sperrte Priamos sie in einer Pyramide auf der Zitadelle ein. Die Wärterin, die den Auftrag hatte, für sie zu sorgen, musste ihn über all ihre prophetischen 85 Äußerungen unterrichten.

Die Annäherung an die Figur Kassandra

Am nächsten Vormittag, in der leeren Wohnung, in die kein Anruf, kein Brief sich mehr verirrte, begann ich die »Orestie« des Aischylos zu lesen. Ich konnte mir noch zusehen, wie ein panisches Entzücken sich in mir
5 ausbreitete, wie es anstieg und seinen Höhepunkt erreichte als eine Stimme einsetzte:
Oh! Oh! Ach!
Apollon! Apollon!
Kassandra. Ich sah sie gleich. Sie, die Gefangene,
10 nahm mich gefangen, sie, selbst Objekt fremder Zwecke, besetzte mich. Später würde ich danach fragen, wann, wo und von wem die nötigen Übereinkünfte getroffen waren: Der Zauber wirkte sofort. Ihr glaubte ich jedes Wort, das gab es noch, bedingungs-
15 loses Vertrauen. Dreitausend Jahre – weggeschmolzen. So bewährte sich die Sehergabe, die ihr der Gott verlieh, nur schwand sein Richtspruch, daß ihr niemand glauben werde. Glaubwürdig war sie mir in einem andern Sinn: Mir schien, daß sie als einzige in
20 diesem Stück sich selber kannte.
Undistanziert, nach dem Grund von Ergriffenheit nicht fragend, fragte ich auch nicht, was die Absicht des Aischylos mit dieser Figur gewesen sein mochte, gewesen sein konnte. Ehe Kassandra den Mund auftut, ha-
25 ben wir erfahren: Der Krieg gegen Troia ist aus. Der König, der die Achäer anführte und vor dessen Burg Mykenae wir stehen, Agamemnon, wird von seiner Frau Klytaimnestra und von den Greisen, die zu Hause bleiben mußten, nach zehnjähriger Abwesenheit zu-
30 rückerwartet. Er kommt, auf dem Siegeswagen neben ihm sitzt Kassandra, die Troerin, Tochter des Troerkönigs Priamos, der tot ist, wie ihre Brüder und die meisten ihrer Schwestern tot sind. Troia ist zerstört, und sie hat dies alles vorausgesagt, doch ihre Lands-
35 leute haben ihr nicht geglaubt. Jetzt erlaubt sie sich, den Fremden, die sie umstehn, vorauszusagen, ihr eigner König, der gerade von seiner Frau Klytaimnestra genötigt wurde, auf dem Purpurteppich des Siegers in seine Burg zu gehen, werde von eben dieser Frau er-
40 mordet werden. Den Fluch, der auf dem Hause der Atriden liegt, hat sie sofort gerochen. Der Chor der argivischen Greise wundert sich: Sie folgt nicht der noblen Einladung der Klytaimnestra, am Opfer teilzunehmen, das drinnen vorbereitet wird. Man weiß nicht:
45 Versteht sie überhaupt das Griechische?
Chor: Komm, Kassandra! Geh hinein
Steig ab von deinem Wagen, füge dich dem Joch!
Kassandra: Apoll! Apollon!
Wegführer! Du!
50 Den andern allen
Gibst du Schutz! Und mich vernichtest du, Apoll,
Zum zweiten Mal.

Berlin, 2. Januar 1981 Die Kassandra-Geschichte, wie sie sich mir jetzt darstellt: Kassandra, älteste und
55 geliebteste Tochter des Königs Priamos von Troia, eine lebhafte, sozial und politisch interessierte Person, will nicht, wie ihre Mutter Hekabe, wie ihre Schwestern, das Haus hüten, heiraten. Sie will etwas lernen. Für eine Frau von Stand ist Priesterin, Seherin der einzig mögliche Beruf (den in grauer Vorzeit überhaupt
60 nur Frauen ausgeübt haben: als die oberste Göttin eine Frau war, Ge, Gaia, die Erdgöttin; ein Beruf, den im Verlauf anscheinend jahrtausende langer Kämpfe Männer den Frauen streitig machten, in dem Maße, in
65 dem Götter sich an die Stelle der Göttinnen schoben – wofür das Orakel von Delphi, das der Gott, Apollon, direkt von Gaia übernimmt, ein schlagendes Beispiel ist). Dieser Beruf, ein Privileg, wird ihr zugeschoben: Sie soll ihn nach dem Herkommen ausfüllen.
70 Genau dies muß sie verweigern – zuerst, weil sie auf ihre Art den Ihren, mit denen sie innig verquickt und verbunden ist, am besten zu dienen meint; später, weil sie begreift, daß „die Ihren" nicht die Ihren sind. Ein schmerzhafter Loslösungsprozeß, in dessen Verlauf
75 sie, wegen „Wahrheitssagens", zunächst für wahnsinnig erklärt, dann in den Turm geworfen wird – von ihrem geliebten Vater Priamos. Die Gesichte, von denen sie überwältigt wird, haben nichts mehr mit den rituellen Orakelsprüchen zu tun: Sie „sieht" die Zu-
80 kunft, weil sie den Mut hat, die wirklichen Verhältnisse der Gegenwart zu sehen. Das schafft sie nicht allein. Unter den heterogenen Gruppen im Palast und um ihn – sozial und ethnisch heterogen – findet Kassandra Anschluß an Minderheiten. Dadurch begibt sie
85 sich bewußt ins Abseits, entledigt sich aller Privilegien, setzt sich Verdächtigungen, Verhöhnungen, Verfolgungen aus: der Preis für ihre Unabhängigkeit. Kein Selbstmitleid; sie lebt ihr Leben, auch im Krieg. Versucht, den Spruch aufzuheben, der über sie verhängt ist: daß sie zum Objekt gemacht werden soll.
90 Am Ende ist sie allein, Beute der Eroberer ihrer Stadt. Sie weiß, daß es für sie keine lebbare Alternative gegeben hat. Die Selbstzerstörung Troias kam der Zerstörung durch den äußeren Feind entgegen.

Aus: Christa Wolf: Voraussetzungen einer Erzählung. Kassandra. Erschienen im Luchterhand Literaturverlag, München, einem Unternehmen der Verlagsgruppe Random House GmbH, S. 10f. und 96f.

 Kennzeichnen Sie Christa Wolfs Annäherung an Kassandra und achten Sie dabei auf die Bedeutung, die sie der Seherin beimisst. Vergleichen Sie Wolfs Verständnis von der Seherin mit den Vorstellungen und Definitionen, von denen zu Beginn der Unterrichtsreihe die Rede war.

Homer: Ilias (Auszüge)

ELFTER GESANG Es beginnt der dritte Kampftag der Ilias, der bis zum achtzehnten Gesang reicht. Agamemnon dringt mächtig vor und vollbringt große Taten. Zeus gibt dem Hektor die Verheißung, er werde am Abend an den Schiffen stehen. Agamemnon, Diomedes und Odysseus werden verwundet. Die Troer dringen vor, und Aias allein hält den Rückzug auf. Achilleus schickt den Freund Patroklos zu Nestor, der ihm aufträgt, Achilleus zu bereden: Er soll entweder selber kämpfen oder Patroklos in seinen Waffen hinausschicken.

[…]

Der Atreus-Sohn aber rief und befahl, sich zu gürten,
Den Argeiern, und tauchte auch selbst in das funkelnde Erz.
Die Beinschienen legte er zuerst um die Unterschenkel,
5 Schöne, mit silbernen Knöchelplatten versehen.
Zum zweiten dann tauchte er mit der Brust in den Panzer,
Den ihm einst Kinyres gegeben als Gastgeschenk.
Denn bis nach Kypros war gedrungen die große Kunde, dass die Achaier
Hinauf nach Troja mit Schiffen fahren wollten.
10 Darum gab er ihm diesen, um Gunst zu erweisen dem König.
Ja, auf dem waren zehn Bahnen von schwarzem Blaufluss
Und zwölf von Gold und zwanzig von Zinn;
Und Schlangen von Blaufluss reckten sich auf zum Hals hin,
Beiderseits drei, Regenbogen gleichend, welche Kronion
15 In die Wolke stemmt, als Zeichen für die sterblichen Menschen.
Und um die Schultern warf er sich das Schwert; darauf glänzten hell
Goldene Nägel, und um es herum war eine Scheide
Von Silber, an ein goldenes Wehrgehenk gefügt.
Und auf nahm er den manndeckenden viel verzierten Schild, den stürmenden
20 Den schönen: Rings um ihn waren zehn Kreise aus Erz,
Und auf ihm waren Buckel, zwanzig, von Zinn,
Weiße, und inmitten einer aus schwarzem Blaufluss.
Und darauf rundete sich die Gorgo mit finsterem Antlitz,
Schrecklich blickend, umgeben von ‚Furcht‘ und ‚Schrecken‘.
25 Und an ihm war ein silbernes Tragband, und auf diesem
Ringelte sich eine Schlange von Blaufluss, und Häupter waren ihr
Drei, nach beiden Seiten gewendet, einem einzigen Hals entwachsen.
Und aufs Haupt setzte er den viergebuckelten Helm mit zwei Backenstücken
Den rossmähnigen, und schrecklich nickte von oben herab der Busch.
30 Und ergriff zwei wehrhafte Speere, mit Erz beschlagen,
Scharfe, und fernhin leuchtete das Erz von ihnen
Bis in den Himmel. Und es dröhnten dazu Athenaia und Here,
Ehrend den König der goldreichen Mykene.

[…]
35 Doch den Peisandros und den standhaften Hippolochos,
Die Söhne des Antimachos, des kampfgesinnten, der am meisten –
Da er Gold von Alexandros genommen hatte als prangende Gaben –
Nicht zuließ, dass man die Helena gab dem blonden Menelaos:
Von diesem ergriff die beiden Söhne der gebietende Agamemnon,
40 Auf einem Wagen stehend, und zugleich suchten sie die schnellen Pferde zu halten.
Denn ihnen aus den Händen waren entflohen die glänzenden Zügel,
Und durcheinander kamen die Pferde. Doch er stürmte an wie ein Löwe,
Der Atreus-Sohn. Die aber flehten ihn an vom Wagen:
„Fange uns lebend, Atreus-Sohn! Und nimm angemessene Lösung!
Viele Kostbarkeiten liegen in des Antimachos Häusern:
45 Erz und Gold und viel bearbeitetes Eisen;
Davon wird dir gern der Vater unermessliche Lösung geben.
Wenn er erfährt, dass wir am Leben sind bei den Schiffen der Achaier!"

So sprachen die beiden weinend zu dem König
50 Mit sanften Worten, unsanft aber hörten sie die Stimme:
„Wenn ihr denn seid des Antimachos Söhne, des kampfgesinnten,
Der einst in der Versammlung der Troer den Menelaos,
Als er auf Botschaft kam mit dem gottgleichen Odysseus,
Dort zu töten befahl und nicht zurückzulassen zu den Achaiern,
55 So werdet ihr jetzt für eures Vaters schmähliche Kränkung büßen!"
Sprach es und stieß den Peisandros vom Gespann zu Boden,
Mit dem Speer in die Brust treffend, und er schlug rücklings zur Erde.
Hippolochos aber sprang herab, und den erschlug er am Boden,
Schnitt ihm die Arme ab mit dem Schwert und schlug ihm ab den Hals,
60 [...]

*NEUNZEHNTER GESANG Mit Tagesbeginn bringt Thetis dem Achilleus die
neuen Waffen von Hephaistos. – Achilleus legt in einer Heeresversammlung den
Zwist mit Agamemnon bei und drängt sofort zum Kampf. Streit um das Frühmahl.
Athene stärkt den Achilleus mit Nektar und Ambrosia. Er legt die neuen Waffen
an. Beim Auszug sagt sein unsterbliches Pferd Xanthos ihm den Tod voraus.*

Eos im Safrangewand erhob sich von des Okeanos Strömungen,
Dass sie den Unsterblichen das Licht brächte und den Sterblichen.
Thetis aber kam zu den Schiffen und brachte von dem Gott die Gaben.
Und sie fand ihren eigenen Sohn über Patroklos hingeworfen,
5 Hellauf weinend, und viele Gefährten um ihn
Jammerten. Sie aber trat unter sie, die Hehre unter den Göttinnen,
Wuchs ihm ein in die Hand, sprach das Wort und benannte es heraus:
„Mein Kind! Diesen wollen wir liegen lassen, wenn auch bekümmert,
Da er denn einmal durch den Willen der Götter bezwungen wurde.
10 Du aber empfange von Hephaistos die ruhmvollen Waffen,
Sehr schöne, wie solche noch nie ein Mann an den Schultern getragen."
Als sie so gesprochen, die Göttin, legte sie die Waffen nieder
Vor Achilleus, und die erdröhnten, die kunstreichen, alle.
Die Myrmidonen aber erfasste ein Zittern, und keiner wagte,
15 Sie gerade anzusehen, sondern sie zitterten. Achilleus aber,
Wie er sie sah, da tauchte in ihn noch mehr der Zorn, und in ihm die Augen
Strahlten schrecklich unter den Lidern hervor wie Feuerschein.
Und er ergötzte sich, in Händen zu halten des Gottes prangende Gaben.
Doch als er sich in seinem Sinn ergötzt hatte, die Kunstwerke anzusehen,
20 Sprach er sogleich zu seiner Mutter die geflügelten Worte:
„Meine Mutter! Die Waffen hier hat der Gott gegeben, wie sich's gebührt
Dass die Werke Unsterblicher sind, und wie kein sterblicher Mann sie vollendet.
Jetzt aber, wahrhaftig! will ich mich rüsten!"

[...]

Aus: Homer: Ilias. Übertragen von Wolfgang Schadewaldt. © Insel Verlag 1975. „Elfter Gesang." „Neunzehnter Gesang."

☐ *Lesen Sie die Ausschnitte aus der „Ilias" Homers, kennzeichnen Sie das hier zugrunde liegende
Heldenbild und beschreiben Sie im Rückgriff auf die Personenliste (Zusatzmaterial Z1), wie Christa Wolf die homerischen Helden charakterisiert.*

Christa Wolf: Nachdenken über Christa T. (Auszüge)

S. 109: Die heikelste Frage übrigens, die mir beim Nachdenken über Christa T. gekommen ist. Denn wenn man mich danach fragen wird – und man *wird* danach fragen, wie denn nicht! –, ich werde nichts vor-
5 zuweisen haben: Warum, wird man fragen, stellst du sie vor uns hin? Denn das tu' ich, es wird nicht bestritten.
Man wird mich nach ihrem Erfolg fragen.
Wird mich also zwingen, über Erfolg zu reden, doch
10 wohin gerat' ich da? Worauf beruf' ich mich denn?

S. 112: Sie aber, Christa T., hat in diesem Sommer eine große Entdeckung gemacht, nicht, ohne es gewahr zu werden, doch ohne zu wissen, daß sie groß war. Sie hat auf einmal etwas wie eine Spur gesehen zwischen
15 sich – diesem Leben, das ihr doch durchschnittlich und oft sogar eng vorkam – und diesen freien, großmütigen Augenblicken. Sie hat zu ahnen begonnen, daß man sich selbst erzeugen muß und daß sie das Mittel dazu hatte. Da Sehnsucht von „sehen" kommt:
20 die Sucht, zu sehen, hat sie zu sehen angefangen und gefunden, daß ihre Sehnsucht, wenn sie nur ruhig und gründlich genug hinsah, mit den wirklichen Dingen auf einfache, aber unleugbare Art übereinstimmte.

S. 126f.: Da aber die Zukunft immer vor uns herge-
25 schoben wurde, da wir sahen, sie ist nichts weiter als die Verlängerung der Zeit, die mit uns vergeht, und erreichen kann man sie nicht – da mußte eines Tages die Frage entstehen: *Wie* werden wir sein? *Was* werden wir haben? Obwohl zum Innehalten die Zeit nicht ist,
30 wird einmal keine Zeit mehr sein, wenn man jetzt nicht innehält. Lebst du jetzt, wirklich? In diesem Augenblick, ganz und gar?

S. 168: Nichts ist so schwierig wie die Hinwendung zu den Dingen, wie sie wirklich sind, zu den Ereig-
35 nissen, wie sie wirklich passieren, wenn man ihrer lange entwöhnt war und ihren Abglanz in Wünschen, Glaubenssätzen und Urteilen für sie selbst genommen hat.

S. 230: Die Luft war dann voller Gänsegeschrei.
40 Manchmal, selten, schrieb sie einen Brief, oft las sie oder hörte Musik. Der Mond kam über dem See hoch, sie konnte lange am Fenster stehen und zusehen, wie er sich im Wasser spiegelte. Das Kind bewegte sich. Es kam vor, daß sie ruhig an die Zukunft dachte, an die Geburt des Kindes, an sein Leben. Sie wußte, wa-
45 rum sie stärker als bei den anderen Kindern dieses Kind schon in ihrer Phantasie zu sehen wünschte, ehe es geboren war. Warum sie wünschte, alles über es zu wissen. Ihr kam es wunderbar vor, daß sie auf der Welt war, daß man auf der Welt ist. Daß sie die Hand he-
50 ben konnte, um ihr Haar zurückzustreichen, wenn sie es wollte, das kam ihr wunderbar vor. In diesem Haus zu stehen, vor dem nächtlichen See, wie sie es geträumt hatte, war wunderbar. Träumte sie es denn jetzt? Oder erinnerte sie sich, viel später, an diese
55 Nacht? Was gewesen war und was vielleicht niemals sein würde, floß zusammen und machte diese Nacht. Das war so einfach, so verständlich und wirklich. Da war nichts zu bedauern und nichts zu bereuen.
Sie stand und wußte, daß sie sich an sich selbst er-
60 innerte, wie niemand später sich an sie erinnern würde. So ist das, dachte sie erstaunt, so kann das sein.

🔲 *Stellen Sie Beziehungen zwischen der Erzählung „Kassandra" und den hier vorliegenden Romanausschnitten her.*

Hymnos auf Aphrodite

Singe mir, Muse, das Lied von den Werken der goldenen Kypris;
die den unsterblichen Göttern süße Sehnsüchte einflößt,
ebenso auch die Geschlechter der Sterblichen jäh überwältigt,
gleichfalls die Vögel am Himmel und sämtliche anderen Tiere,
5 deren riesige Zahl sich vom Meere ernährt und vom Festland.
Der Kythereia im herrlichen Stirnband huldigen alle.
[...]
Ja, sie verführte Zeus sogar, den Werfer der Blitze,
ihn, den größten, dem auch die größte Ehre zuteil wird.
10 Ganz nach Belieben betört sie den klugen, bedachtsamen Herrscher,
nötigt ihn ohne Mühe, mit sterblichen Frauen zu schlafen,
[...]
Doch der Kronide flößte jetzt Kypris das süße Verlangen
zur Verbindung mit einem Sterblichen ein. Aphrodite
15 sollte den Beischlaf mit einem Menschen selber vollziehen,
sollte nicht mehr mit höhnischem Lächeln, ja deutlichem Lachen
unter den Göttern in stolzer Freude die Nachricht verbreiten,
daß sie die Götter zusammenbrächte mit sterblichen Frauen –
diese schenkten dann den Unsterblichen sterbliche Kinder –,
20 aber auch Göttinnen beigeselle sterblichen Männern.

Süßes Verlangen ließ er sie spüren zum Helden Anchises.
Dieser, so stattlich wie Götter, hütete damals die Rinder
auf den ragenden Bergen des quellensprudelnden Ida.
Jäh entflammte die lieblich lächelnde Göttin bei seinem
25 Anblick, es packte sie unwiderstehlich ein heftiges Sehnen.
Eilig flog sie nach Kypros, den duftenden Tempel in Paphos
suchte sie auf, wo Altar und heiliger Hain ihr gehörten.
In das Gebäude trat sie und schloß die schimmernden Türen.
Drinnen badeten sie die Chariten und rieben sie kräftig
30 ein mit ambrosischem Öl, dem Schönheitsbalsam der Götter,
den Aphrodite gleichfalls als Mittel des Wohlgeruchs nutzte.
Darauf schlüpfte die lieblich lächelnde Göttin in ihre
schönen Gewänder und eilte, prangend in goldenem Zierat,
fort von der angenehm duftenden Insel Kypros nach Troja.
35 [...]
Nunmehr gelangte die Göttin zum fest errichteten Viehhof.
In dem Gebäude traf sie, ohne die übrigen Hirten,
den von den Göttern mit Schönheit beschenkten Helden Anchises.
Alle anderen weilten auf den grasreichen Almen
40 bei den Rindern, Anchises allein war zu Hause geblieben,
wandelte auf und nieder und spielte laut schallend die Harfe.
Vor ihn trat die Tochter des Zeus, Aphrodite, als hübsches
stattliches Mädchen, das noch keine Ehe geschlossen;
sollte er doch bei ihrem Anblick ja nicht erschrecken.
45 Held Anchises bemerkte sie und gewahrte mit Staunen
ihre Größe und Schönheit und ihre glänzenden Kleider.
Denn sie trug ein Gewand, das leuchtete heller als Flammen,
trug auch gewundene Spangen und blanke Geschmeide in Kelchform.
Herrliche goldene Ketten von bunter, kunstreicher Arbeit
50 hingen um ihren zarten Nacken; ihr üppiger Busen
schimmerte silbern wie Schein des Mondes, ein Anblick zum Staunen.

Zärtliches Sehnen empfand Anchises, er sprach zu dem Mädchen:
„Glück dir, Herrin – als eine der Seligen bist du gekommen,
Artemis, Leto oder sogar Aphrodite, die goldne,
55 oder als Themis, die edle, als helläugig blickende Pallas

oder als eine der Chariten, die sämtlichen Göttern
sich zur Begleitung gesellen und selbst als Unsterbliche gelten,
oder als eine der Nymphen, die liebliche Haine bewohnen
oder in diesem schönen Gebirge die Wohnstätte haben
60 an den Quellen der Ströme oder auf grasreichen Almen.
Einen Altar will ich dir errichten, auf ragendem Gipfel,
einer weit sichtbaren Stelle, und reiche Opfer zu allen
Zeiten des Jahres dir bringen. Du laß mich, gnädigen Sinnes,
unter den Troern durch rühmliche Taten auszeichnen, schenke
65 einen blühenden Sohn mir, lange glücklich zu leben
sei mir vergönnt und das Licht der Sonne zu sehen, gesegnet
unter dem Volk, und die Schwelle des Alters noch zu erreichen!"

Ihm gab Antwort darauf die Tochter des Zeus, Aphrodite:
„Ruhmreichster unter den erdgeborenen Menschen, Anchises,
70 nimmermehr bin ich Göttin. Wie kommst du zu dieser Vermutung?
Sterblich bin ich und wurde von sterblicher Mutter geboren.
Otreus heißt mein ruhmreicher Vater – du kennst ihn vielleicht schon –,
Herrscher des ganzen wohlbefestigten phrygischen Landes.
Eure wie unsere Sprache beherrsche ich sicher; denn eine
75 troische Amme nährte zu Haus mich, empfing von der Mutter
mich schon in frühester Kindheit und pflegte mich treu und beständig.
Deshalb vermag ich auch eurer Sprache mich zu bedienen.
Doch mich entführte Hermes, der Träger des goldenen Stabes,
aus dem Reigen der lauten, goldpfeilbewaffneten Göttin.
80 [...]
Da erklärte mir Hermes, ich sei bestimmt als Gemahlin
für Anchises und solle ihm stattliche Kinder gebären.
Deutliche Hinweise gab mir der starke Töter des Argos,
darauf begab er sich wieder zurück zum Kreise der Götter.
85 Hierher gelangte, zu dir, ich, kann mich der Pflicht nicht entziehen.
Aber ich bitte dich dringend, bei Zeus und deinen erlauchten
Eltern – von guten allein stammt solch ein tüchtiger Sprößling –:
Führe mich heim, ein Mädchen, das nicht von der Liebe gekostet,
zeige mich deinem Vater und deiner sittsamen Mutter,
90 deinen Brüdern und allen deinen Stammesgenossen;
[...]
Derart sprach sie und weckte in ihm ein süßes Verlangen.
Sehnsucht ergriff den Helden, er gab ihr Antwort und sagte:
„Bist du ein Mensch und wurdest von sterblicher Mutter geboren,
95 ist, nach deiner Behauptung, Otreus dein ruhmreicher Vater,
nun, dann gelangtest du her durch Gunst des geleitenden Gottes
Hermes und sollst als meine Gemahlin walten für immer.
Keiner der Götter und keiner der Sterblichen sollte in dieser
Stunde mich hindern, deine Liebe sofort zu genießen,
100 auch wenn der sicher treffende Phoibos selber mit seinem
silbernen Bogen unheilbringende Pfeile verschösse!
Mädchen, so schön wie Göttinnen, habe mit dir ich das Lager
teilen dürfen, so möchte ich gleich zur Unterwelt ziehen!"

Damit ergriff er ihre Hand; da wandte die lieblich
105 lächelnde Göttin sich um mit niedergeschlagenen Augen
und begab sich zum stattlichen Bett, das schon vorher mit weichen
Decken vom Helden gerichtet war; es lagen darüber
Felle von Bären und schauerlich brüllenden Löwen gebreitet,
die er selber einst auf den ragenden Bergen erlegte.
110 Als sie sich auf dem lockenden Lager niedergelassen,

zog er zuerst den schimmernden Schmuck ihr vom Leibe, die Spangen
und die gewundenen Broschen, Geschmeide in Kelchform und Ketten,
löste den Gürtel ihr dann und streifte die glänzenden Kleider
ihr von den Gliedern und legte sie ab auf silberbeschlagnem
115 Sessel. Nach götterverhängtem Schicksal streckte sich schließlich,
ohne die Wahrheit zu wissen, der Sterbliche neben die Göttin.

   Während die Hirten Rinder und feiste Schafe von ihren
blumigen Wiesen zurück auf den Hof in die Viehställe trieben,
hielt Aphrodite Anchises in festem, erquickendem Schlummer.
120 Aber sie selber schlüpfte in ihre schönen Gewänder.
Als sich die herrliche Göttin die Stücke angelegt hatte,
stellte sie aufrecht sich hin im Gemach. An die Dachbalken reichte
mächtig ihr Haupt, von den Wangen strahlte der göttliche Liebreiz,
den Kythereia besitzt, die Göttin mit kostbarem Stirnband.
125 Und sie weckte den Helden aus seinem Schlummer und sagte:
„Auf, du Dardanosenkel! Was säumst du, im Schlafe befangen?
Sage mir offen: Siehst du in mir tatsächlich das gleiche
Mädchen, das du vorhin mit eigenen Augen erblicktest?"

   Derart sprach sie. Noch halb im Schlafe verstand sie Anchises.
130 Als er den Hals und die strahlenden Augen der Göttin gewahrte,
packte ihn Furcht, und er wandte vor Scheu die Blicke zur Seite.
Wieder verhüllte er, mit der Decke, sein herrliches Antlitz
und sprach flehend zu ihr die flugs enteilenden Worte:
„Göttin, vorhin schon, als ich zum ersten Mal dich erblickte,
135 habe ich dich als Gottheit erkannt. Du sprachst nicht die Wahrheit.
Aber ich flehe dich an bei Zeus, dem Träger der Aigis:
Laß mich hinfort nicht als Schwächling leben unter den Menschen,
sondern erbarme dich meiner! Denn die Kräfte des Lebens
blühen nicht länger den Männern, die mit Göttinnen schliefen."

140   Ihm gab Antwort darauf die Tochter des Zeus, Aphrodite:
„Held Anchises, ruhmreichster unter den sterblichen Menschen,
sei nur getrost, du brauchst dich durchaus nicht so heftig zu fürchten!
Keine Gefahr besteht, dir könnte von mir und den andern
Seligen Böses geschehen: Dich lieben doch herzlich die Götter!
145 Einen Sprößling will ich dir schenken, der über die Troer
herrschen wird; sein Geschlecht soll nie und nimmer erlöschen.
Held Aineias soll er heißen.
   [...]

Aus: Griechische Lyrik in einem Band. Aus dem Griechischen von Dietrich Ebener. © Aufbau-Verlag Berlin und Weimar 1976.
Aus lizenzrechtlichen Gründen erscheint dieser Text nicht in reformierter Schreibung.

❏   *Lesen Sie diesen Textauszug und beachten Sie das hier zum Ausdruck gelangende Verhältnis zwischen Mann und Frau. Kennzeichnen Sie die Art der Liebesbeziehung und vergleichen Sie sie mit der in der Erzählung „Kassandra".*

Kassandra (West)

[...] Europa ist gegen einen Atomkrieg nicht zu verteidigen. Es wird nur als Ganzes überleben oder als Ganzes zugrunde gehn: Die Existenz von Kernwaffen hat alle denkbaren Verteidigungsstrategien für unseren kleinen Erdteil ad absurdum geführt.

Gibt es für uns eine Chance? Wie kann ich mich auf die Experten verlassen, die uns an diesen verzweifelten Punkt geführt haben? Mit nichts ausgerüstet als dem unbändigen Wunsch, meine Kinder und Enkel leben zu lassen, erscheint mir das vielleicht ganz und gar Aussichtslose vernünftig: Einseitig abzurüsten (ich zögere: Trotz der Reagan-Administration? Da ich keinen anderen Ausweg sehe: Trotz ihrer!) und damit die andere Seite unter den moralischen Druck der Weltöffentlichkeit stellen; die erpresserische Doktrin des „Totrüstens" der UdSSR gegenstandslos machen; den Verzicht auf den atomaren Erstschlag erklären und alle Anstrengungen auf eine hocheffektive Verteidigung richten. Falls dies ein Risiko in sich birgt: Um wieviel größer ist das Risiko der atomaren Weiterrüstung, die doch sogar das Risiko, daß die atomare Vernichtung durch einen Zufall ausgelöst wird, täglich erhöht?

Dies sei Wunschdenken? So wäre der Wunsch, über Leben und Tod vieler, vielleicht aller künftiger Generationen mitzudenken, mitzureden, ganz abwegig?

Wenn die atomare Gefahr uns an die Grenze der Vernichtung gebracht hat, so sollte sie uns doch auch an die Grenze des Schweigens, an die Grenze des Duldens, an die Grenze der Zurückhaltung unserer Angst und Besorgnis und unserer wahren Meinungen gebracht haben.

Meteln, 10. August 1980 Sind vernunftbegabte Wesen denkbar, die *nicht* die Spaltung des heutigen Menschen in Leib/Seele/Geist kennen, sie gar nicht verstehen können? [...]

Berlin, 2. Februar 1981 Die meisten Kräfte werden verbraucht zur Abwehr der Irrsinnsnachrichten, besonders aus den USA, zum Beispiel dem Ausbruch kollektiven Wahnsinns bei der Rückkehr der Geiseln aus dem Iran. Bei uns wächst die Liste derer, die weggehn. Täglich Kampf um Arbeitsfähigkeit, von „Lust" nicht zu reden. – Jetzt muß man nicht mehr „Kassandra" sein: Die meisten beginnen zu spüren, was kommen wird. Ein Unbehagen, das viele als Leere registrieren, als Sinn-Verlust, der Angst macht. Eine neue Sinngebung durch die verbrauchten Institutionen – woran viele gewöhnt waren – ist nicht zu erhoffen. Zickzacklaufen. Aber ein Fluchtweg ist nicht in Sicht. Man fühlt sich gestellt. Australien ist kein Ausweg.

Meteln, 22. Februar 1981 Die Nachrichten beider Seiten bombardieren uns mit der Notwendigkeit von Kriegsvorbereitungen, die auf beiden Seiten Verteidigungsvorbereitungen heißen. Sich den wirklichen Zustand der Welt vor Augen zu halten, ist psychisch unerträglich. In rasender Eile, die etwa der Geschwindigkeit der Raketenproduktion beider Seiten entspricht, verfällt die Schreibmotivation, jede Hoffnung, „etwas zu bewirken". Wem soll man sagen, daß es die moderne Industriegesellschaft, Götze und Fetisch aller Regierungen, in ihrer absurden Ausprägung selber ist, die sich gegen ihre Erbauer, Nutzer und Verteidiger richtet: Wer könnte das ändern. Der Wahnsinn geht mir nachts an die Kehle. Vormittags Rundfunkvortrag eines inzwischen gestorbenen westlichen Wirtschaftswissenschaftlers [...]

Kassandra (Ost)

[...] Europa ist gegen einen Atomkrieg nicht zu verteidigen. Es wird nur als Ganzes überleben oder als Ganzes zugrunde gehn: Die Existenz von Kernwaffen hat alle möglichen Verteidigungsstrategien für unseren kleinen Erdteil ad absurdum geführt. [...]

Wenn die atomare Gefahr uns an die Grenze der Vernichtung gebracht hat, so sollte sie uns doch auch an die Grenze des Schweigens, an die Grenze des Duldens, an die Grenze der Zurückhaltung unserer Angst und Besorgnis und unserer wahren Meinungen gebracht haben.

Meteln, 10. August 1980 Sind vernunftbegabte Wesen denkbar, die *nicht* die Spaltung des heutigen Menschen in Leib/Seele/Geist kennen, sie gar nicht verstehen können? [...]

Berlin, 2. Februar 1981 Die meisten Kräfte werden verbraucht zur Abwehr der Irrsinnsnachrichten, besonders aus den USA, zum Beispiel dem Ausbruch kollektiven Wahnsinns bei der Rückkehr der Geiseln aus dem Iran. Bei uns wächst die Liste derer, die weggehn. Täglich Kampf um Arbeitsfähigkeit, von „Lust" nicht zu reden. – Jetzt muß man nicht mehr „Kassandra" sein: Die meisten beginnen zu spüren, was kommen wird. Ein Unbehagen, das viele als Leere registrieren, als Sinn-Verlust, der Angst macht. Eine neue Sinngebung durch die verbrauchten Institutionen – woran viele gewöhnt waren – ist nicht zu erhoffen. Zickzacklaufen. Aber ein Fluchtweg ist nicht in Sicht. Man fühlt sich gestellt. Australien ist kein Ausweg.

Meteln, 22. Februar 1981 [...] Vormittags Rundfunkvortrag eines inzwischen gestorbenen westlichen Wirtschaftswissenschaftlers.

Kassandra (West)

Meteln, 29. April 1981

[...] In den Giftlagerstätten unter der Erde hält man Kaninchen als Meßgeräte ... (Worin liegt der Unterschied zu den Opfertieren der Alten? Der Fortschritt, als sie von Men-
65 schen- zu Tieropfern übergingen.) In den USA werde eine neue Giftgasrakete entwickelt. Sie gehört, sagt der Amerikaner, auf das potentielle Schlachtfeld, und das ist eben Europa.

Danach die Protestaktionen evangelischer Christen, denen
70 Politiker jetzt entgegenhalten: Die Bergpredigt sei schließlich keine Anleitung zu aktuellem politischen Handeln. Eine junge Frau: Ich möchte mich später einmal nicht von meinen Kindern fragen lassen müssen – so wie wir unsre Eltern und Großeltern fragen –: Warum habt ihr damals nichts ge-
75 sagt. – Ein Menschentyp ist da entstanden, ähnlich oder gleich in Ost und West, eine schmale Hoffnung.

Zu Priamos' Zeiten, da die Einheiten kleiner waren, die diese Könige regierten (und sie durch Vergötterung einen zusätzlichen Schutz genossen), war vielleicht ihre Abschir-
80 mung vom normalen Alltagsleben nicht so total wie die heutiger Politiker, die ihre vernichtenden Entscheidungen nicht aufgrund eigner Beobachtungen, nicht aufgrund sinnlicher Erfahrungen treffen, sondern nach Berichten, Karten, Statistiken, Geheimdienstmeldungen, Filmen, Beratungen
85 mit ähnlich Isolierten, nach politischem Kalkül und den Erfordernissen der Machterhaltung. Die die Menschen nicht kennen, die sie da der Vernichtung preisgeben; die von Anlage oder Training her die eisige Atmosphäre an der Spitze der Pyramide ertragen; denen die einsame Macht den Schutz
90 gibt, den ihnen das alltägliche Leben in Tuch- und Hautfühlung mit normalen Menschen nicht gegeben hat und geben könnte. Banal, aber so ist es.

Das vielfach gefilterte, auf ihre Zwecke hin konstruierte und abstrahierte Bild von Realität, das diesen Politikern zuge-
95 schoben wird. [...]

Kassandra (Ost)

Meteln, 29. April 1981

[...] In den Giftlagerstätten unter der Erde hält man Kanin- 30 chen als Meßgeräte ... (Worin liegt der Unterschied zu den Opfertieren der Alten? Der Fortschritt, als sie von von Menschen- zu Tieropfern übergingen ...) In den USA werde eine neue Giftgasrakete entwickelt. Sie gehört, sagt der Amerikaner, auf das potentielle Schlachtfeld, und das ist eben 35 Europa.

Danach die Protestaktionen evangelischer Christen, denen Politiker jetzt entgegenhalten: Die Bergpredigt sei schließlich keine Anleitung zu aktuellem politischen Handeln. Eine junge Frau: Ich möchte mich später einmal nicht von mei- 40 nen Kindern fragen lassen müssen – so wie wir unsre Eltern und Großeltern fragen –: Warum habt ihr damals nichts gesagt. – Ein Menschentyp ist da entstanden, ähnlich oder gleich in Ost und West, eine schmale Hoffnung. [...]

Christa Wolf: Kassandra: Vier Vorlesungen. Eine Erzählung. Berlin und Weimar 1983.

---

1. Vergleichen Sie die Passagen der DDR-Ausgabe mit den entsprechenden der Ausgabe in der BRD und markieren Sie die Streichungen.

2. Versuchen Sie zu erklären, warum diese Passagen den Zensoren untragbar erschienen.

3. Erörtern Sie Christa Wolfs Position bei der Veröffentlichung des Kassandra-Projektes.

Rezeption in Ost und West

1. Wilhelm Girnus und Christa Wolfs Replik

Wer – wen, das ist heute die Frage. *Friede oder totale Vernichtung:* oder ist Christa Wolf neuerdings unter jene Schwarzröcke geraten, die für den Frieden beten, statt illusionistisch für seine *Erzwingung* gegen
5 seine Feinde zu kämpfen. Jawohl, den Frieden durch alle denkbaren Formen des politischen Drucks zu *erzwingen?* Das ganz allein ist heutzutage die einzig mögliche moralische Position. Ich finde es einfach kindlich zu glauben, das Pentagon und den Komödi-
10 anten im Weißen Haus durch gutes Zureden von ihrem fest geplanten Nuklear-Angriff auf das sozialistische Europa abzubringen. [...] Der bürgerliche – durchaus gut gemeinte – Pazifismus, auf den der Verzicht der Fragestellung Wer-Wen hinausläuft, hat noch
15 nie Frieden erzwungen. [...] Das ganz allein ist heute die Frage von Krieg oder Frieden. Kampf Männer wider Frauen, Frauen wider Männer ist da hirnverbrannter Selbstmord. Die Ausbeuterbande sitzt in ihren Atombunkern und reibt sich darüber ihre
20 blutbesudelten Hände. Wie kann man so naiv sein und das nicht sehen. [...]

Dadurch aber, dass Christa Wolf untergründig das Problem der unterdrückten Frau überdies auf mir unverständliche Weise mit dem „mörderischen Wer-Wen" verknüpft, wird dem Leser – möglicherweise unge- 25
wollt – der Eindruck suggeriert, die Geschichte sei nicht in ihrem tiefsten Grunde der Kampf zwischen Ausbeutern und Ausgebeuteten, sondern zwischen Männern und Frauen, ja noch grotesker: zwischen „männlichem" und „weiblichem" Denken, sozusagen 30
zwischen kausalem und akausalem, rationalem und emotionalem. Dass so ein blühender Unsinn in einem sozialistischen Land das Licht der Welt erblickt, das kann doch nicht wahr sein.

Wilhelm Girnus

Aus: Wilhelm Girnus: Wer baute das siebentorige Theben? Kritische Bemerkungen zu Christa Wolfs Beitrag in Sinn und Form 1/83. In: Sinn und Form 35 (1983), S. 445, 442

Christa Wolf antwortet darauf nur noch mit einem Satz:
Friedrich Engels: „Der Ursprung der Familie, des Privateigentums und des Staats": „Der erste Klassengegensatz, der in der Geschichte auftritt, fällt zusammen mit der Entwicklung des Antagonismus von Mann und Weib in der Einzelehe, und die erste Klas- 5
senunterdrückung mit der des weiblichen Geschlechts durch das männliche." – Soviel zur Beschuldigung unzulässiger „Verknüpfung". Alles übrige: geschenkt!

Zit. nach: Ursula Kliewer: „Kassandra". Heute wissen wir alles besser. In: Praxis Deutsch 1995, Heft 133, S. 58

□ *Lesen sie die Rezension, die Wilhelm Girnus in der namhaften Literaturzeitschrift „Sinn und Form" veröffentlichte, und Christa Wolfs Replik. Geben Sie den Inhalt knapp mit eigenen Worten wieder und versuchen Sie zu erklären, warum Christa Wolf es wagen konnte, die gegen sie gerichteten Vorwürfe so selbstbewusst zu entkräften.*

2. Manfred Jäger:
Kassandra: Wider die Macht der Erfahrung Mythos und Utopie (Rezension)

Dem Publikum, das so oft vergeblich danach fragt, wie der Dichter es denn eigentlich gemeint habe, kann diesmal geholfen werden. Christa Wolf lässt die Leser nicht mit ihrer Erzählung *Kassandra* allein. In vier
5 an der Frankfurter Universität gehaltenen Vorlesungen hat sie unter dem Titel *Voraussetzungen einer Erzählung: Kassandra* (Frankfurter Poetik Vorlesungen. Hermann Luchterhand Verlag, Darmstadt) [...] nicht nur ausführlich dargelegt, wie sie zu diesem Stoff
10 kam, sondern auch eine facettenreiche Selbstinterpretation geliefert, die niemandem, auch der Autorin nicht, die Fluchtmöglichkeit lässt, die scheinbar in weit entrückte Zeiten führende Prosadichtung von gegenwärtig im wahrsten Sinne des Wortes brennen-
15 den Konflikten abzuheben.

Seinerzeit in Frankfurt präsentierte Christa Wolf die Erzählung als abschließende fünfte Vorlesung, als Resultat und Konzentrat all ihrer Überlegungen im Dunstkreis jener mythischen Figur, die ihr Denken so gründlich verändert habe wie dreißig Jahre zuvor die 20
erste Begegnung mit dem Marxismus. Vielleicht wäre es besser gewesen, die Texte nicht für zwei (auch sehr unterschiedlich gestaltete) Bücher auseinander zu reißen. Denn was die Autorin als Bedingungen ihres Schreibens vorführt, sind für den Leser unentbehrli- 25
che Voraussetzungen zum vollen Verständnis des schwierigen, wohl auch in Teilen schwerblütigen Textes.
Die bohrende Schärfe, mit der Christa Wolf die bedrängenden Fragen umkreist, ist gleichwohl ein span- 30
nender Vorgang. Was sie dem Schweigen entreißt, hat gerade wegen der leisen unpolemischen Tonart oft sehr kräftige Reaktionen hervorgerufen. Als in der DDR, wo die Buchausgabe für den Herbst angekün-

digt ist, die 4. Frankfurter Vorlesung in der Zeitschrift „Sinn und Form" vorabgedruckt wurde, rückte die Redaktion gleichsam zur Richtigstellung ein zwölfzeiliges Zitat aus Clara Zetkins Artikel „Was die Frauen Karl Marx verdanken" auf die folgende Seite, des Inhalts, Marx habe im Grund auch zur „Frauenfrage" alles Entscheidende gesagt, auch wenn man im Einzelnen bei ihm nur wenig dazu finde. Das sollte wohl heißen, auf anderen Bahnen als den vorgezeichneten sei das Nachdenken ganz unnütz.

Christa Wolfs Überlegungen, ob die Institutionen, auch die Wissenschaft einschließlich der Militärtechnologie, von männlichem Selbstverständnis geprägt seien, beunruhigen die Ideologen. Das bestätigte sich, als im folgenden Heft von „Sinn und Form" der frühere Chefredakteur Wilhelm Girnus grob gegen die Autorin polemisierte: „Dass so ein blühender Unsinn in einem sozialistischen Land das Licht der Welt erblickt, das kann doch nicht wahr sein!" Ob Christa Wolf neuerdings unter jene Schwarzröcke geraten sei, die für den Frieden beten, statt illusionslos für seine Erzwingung gegen seine Feinde zu kämpfen, fragt er bissig und gab ein Beispiel für jene Denkart, die die Autorin wohl nicht für friedensfördernd hält, als er weiter schrieb: „Kampf Männer wider Frauen, Frauen wider Männer ist da hirnverbrannter Selbstmord. Die Ausbeuterbande sitzt in ihren Atombunkern und reibt sich darüber feixend ihre blutbesudelten Hände. Wie kann man so naiv sein und das nicht sehen. Das kann man nur, wenn man die Welt aus der Froschperspektive betrachtet."

Rechtfertigt die Erzählung solche Vorwürfe? Gewiss urteilt Kassandra im Geiste schwesterlicher Solidarität über ihre Geschlechtsgenossinnen. Sogar die Griechin Klytaimnestra, die ihre Mörderin sein wird, hätte in anderen weniger barbarischen Zeiten ihre Bündnispartnerin sein können. Aber man darf nicht übersehen, dass als militante Gegenfigur die Amazonin Penthesilea erscheint, der ihr Radikalismus, gegen alle Männer zu kämpfen, vorgeworfen wird. Freilich hält die Autorin nichts von Feindbildern und misstraut der Unterscheidung von gerechten und ungerechten Kriegsgründen – die angeblich gelungene Entführung der schönen Helena ist in ihrer Geschichte nur eine erfundene Nachricht damaliger Propagandamedien, der Anlass des trojanischen Krieges also ein Nichts.

Man sieht, dieses Friedensbuch versucht nicht, einen alten Mythos wieder zu beleben. Zwar stellt Christa Wolf die antike Sagengestalt in erdachte historische und soziale Bezüge, aber die Freiheit des Erfindens ermöglicht es, dabei Grundfragen des kollektiven und individuellen Überlebens am Ende unseres Jahrhunderts aufzugreifen. Kassandra, die Tochter des Troierkönigs Priamos, besaß prophetische Gaben und stand unter dem Fluch, dass ihr niemand glauben werde. Auch Schriftsteller sind mit ihren Warnungen selten durchgedrungen. Falls sie die vorgeahnten Katastrophen überlebten, konnten sie den zweifelhaften Triumph auskosten, recht gehabt zu haben. Die drohende Vernichtung der Weltzivilisation durch nukleare Überrüstung lässt auch solche späten Siege unmöglich werden.

Zwischen der Kassandra-Figur und der modernen Autorin aus der DDR besteht eine enge Wahlverwandtschaft. Viele ihrer Erfahrungen sind in den inneren Monolog der Priesterin eingegangen, die längst nicht mehr an die Götter glaubt. Sie kann zum Beispiel mit Eumelos, dem Mann von der Staatssicherheit, keine gemeinsame Sprache finden. Als sie sein Vorgehen missbilligt, weil es der eigenen Sache mehr schade als dem Gegner, fürchtet sie noch den Bruch mit der herrschenden Schicht, der sie zugehört. „Aber glaub mir doch! Ich will doch das gleiche wie ihr", ruft sie fast bittend und muss die eisige Antwort hören: „Ausgezeichnet. So wirst du unsere Maßnahmen unterstützen."

Kassandra lernt – in ihrer Emanzipationsgeschichte – auch das Neinsagen. Ihr Name ist für Christa Wolf ein Losungswort dafür, in bedrohlicher Zeit auf die Etiketten nicht mehr zu achten, die einem aufgeklebt werden. Freilich bleibt angesichts des tragischen Untergangs der Titelheldin das imaginierte Glück der Selbstfindung, der gelungenen Identität eher Wunschbild als heiter gestaltete literarische Realität. In einer Art Trotz – wider alle Erfahrung – hält die Autorin daran fest, „in die finstere Gegenwart, die alle Zeit besetzt hält, einen schmalen streifen Zukunft vorzuschieben".

In: Deutsches Allgemeines Sonntagsblatt Nr. 22/1983

1. *Geben Sie die Hauptaussagen der vorliegenden Rezension von Manfred Jäger wieder.*

2. *Nehmen Sie zu einzelnen Ihnen wichtigen Aussagen des Textes Stellung und beziehen Sie sich dabei auch auf Christa Wolfs Erzählung.*

3. *Würdigen Sie die Rezension als Ganze. Begründen Sie Ihre Ausführungen.*

Sibylle Cramer:
Kassandra, eine weibliche Widerstandsfigur (Rezension)

... „hier ende ich, ohnmächtig, und nichts, nichts was ich hätte tun oder lassen wollen oder denken können, hätte mich an ein anderes Ziel geführt." Das ist die Stimme Kassandras vor dem Tor von Mykenae, into-
5 niert von Christa Wolf, die sich neben sie stellt: „Hier war es. Da stand sie. Diese steinernen Löwen, jetzt kopflos, haben sie angeblickt ... Nah die zyklopisch gefügten Mauern, heute wie gestern." Und dann, kaum von der Stimme der Autorin unterscheidbar,
10 schon Kassandra: „Mit der Erzählung geh ich in den Tod." Das ist die zweite Ankunft der Autorin am Tor von Mykene und der Anfang der Erzählung. Das Gegenüber von Autorin und Figur hat sich in ein Nebeneinander verwandelt, nachdem die in Grie-
15 chenland ausfindig gemachte Kassandra mit der Rückkehr in den DDR-Alltag der eigenen Wirklichkeit ausgesetzt wurde, dem 20. Jahrhundert, seinen Bedrohungen. Die Gewissheit, den Untergang Europas vor Augen zu haben wie einst Kassandra den von
20 Troia, bindet sie an ihre Figur. Im Medium Kassandra denkt sie über die weibliche Objektrolle in der kriegerischen Geschichte des Patriarchats nach, über die Geschichte der weiblichen Geschichtslosigkeit. Kassandra wird zum Zeugnis weiblicher Anwesenheit in
25 der Geschichte, zu einer Figur weiblicher Traditionsbildung, ihre Geschichte, die Geschichte eines weiblichen Widerstands, zum Vermächtnis und zur mythologischen Begründung weiblichen Schreibens.
Die Ästhetik weiblichen Widerstands. Aus der Losung
30 des apollinischen Orakels „Erkenne dich selbst" leitet sie eine die abendländische Geschichte des Rationalismus begleitende männliche Ästhetik ab, der sie Begriffe wie Analyse, Geschlossenheit, Dualismus, Objektivität zuordnet. Dagegen setzt sie: Offenheit,
35 Subjektivität, Fragmentcharakter, „Netzwerk", eine weibliche Gegenbegrifflichkeit, die sie aus Kultformen des Matriarchats ableitet, aus dem Chorgesang der Priesterinnen. Mit solcher aus magischen Ursprüngen abgeleiteten Ästhetik riskiert sie die Nähe zu alten
40 kunstreligiösen Vorstellungen, wonach der Dichter als Priester und die Literatur als Offenbarung in einer Welt ohne Gott zu verstehen ist. Zugleich setzt sie sich mit ihrer ästhetischen Arbeit in Widerspruch zu ihrer ästhetischen Theorie. Im engen Bezug auf die Ilias er-
45 liegt ihre Erzählung Formzwängen des Heldengesangs, dem ihre ganze ästhetische Kritik gilt. Christa Wolfs Kassandra ist eine Heldin des Widerstands.
„Hier ist es. Diese steinernen Löwen haben sie angeblickt. Im Wechsel des Lichts scheinen sie sich zu rüh-
50 ren". Das ist die dritte, die endgültige Ankunft der Autorin vor dem Tor von Mykene, wenn Kassandras

Angstmonolog abbricht, wenn sie durch das Tor verschwindet; wenn sich in der Erzählung Vergangenheit in lebendige Gegenwart verwandelt hat [...] Kassandra steht auf dem Schnittpunkt zweier Unendlichkei-55 ten. Wenn sie am Ende Abschied nimmt von Aineias, ihrem Geliebten, der sie in seine römische Zukunft mitnehmen will, leistet sie Widerstand gegen eine heraufziehende Geschichte der Sieger. Ihnen aber gilt ihr Hass, allen voran dem Helden Homers, Achill, der 60 Verkörperung jenes Teils der menschlichen Natur, die im Sieg ihren Untergang sucht. Wie dieser Achill Troia sein Gesetz diktiert; wie Troia griechisch, sich selbst fremd wird und Kassandra, die Widerstand leistet, zur Fremden in Troia; wie das souveräne Troia 65 des Anchises, des Aineias, der Kassandra und ihrer Mutter Hekabe, von dem feine Fäden führen zu jenen zwanglos und frei lebenden Frauen vor den Toren der Stadt, die sich um ihre archaische Muttergöttin scharen, wie das Troia, das den Frieden will, unterliegt ge-70 gen Priamos, den verletzte Eitelkeit in den Krieg treibt; wie Priamos, der Vater, sich in einen Herrscher und Patriarchen verwandelt, der Stärke demonstriert, weil er schwach ist: das ist Kassandras Geschichte vom Trojanischen Krieg. Der Wahnsinn, den er ge-75 biert, wird Gestalt in Kassandras Schwester Polyxena, ihrer Komplementärfigur, die die andere weibliche Opferrolle im Geschichtsprozess übernehmen muss, die des Sexualobjekts.
Wenn der Monolog hier angekommen ist, wenn der 80 Krieg seine Eigengesetzlichkeit gewinnt, löst sich aus dem trojanischen Lebensteppich, dem Netzwerk der Erzählung der rote Kriegsfaden, richtet sich das [...] Interesse der Erzählung auf die dramatische Schlachtszenerie. Die Erzählung zieht sich zusammen auf ei-85 nen Ereignismechanismus von Sieg und Niederlage, Tod und Trauer. Das breit orchestrierte Präludium dieser Klagekantate mündet in eine Tonleiter des Entsetzens. Die Sprache der Leidenschaft, das Pathos dieser Prosa verklammert Gedanke und Gefühl, Reflexion 90 und existenzielle Erfahrung. Ein zu jambischen Rhythmen neigendes Sprechen, das zu jenem magischen Ton unterwegs scheint, der aus der Einheit von Leben und Schreiben hervorgehen soll: weibliches Schreiben im Verstand der Autorin. 95
Darin liegt der andere Widerspruch dieses bewundernswerten Prosawerks: auf der Suche nach neuen Schreibformen im Jambus zu landen. Und schließlich gefährdet die makellose, die klassische Geschlossenheit und Autonomie der Erzählung das Netzwerk des 100 Antikenprojekts, die wechselseitige Bezogenheit seiner Teile.

In: Frankfurter Rundschau Nr. 17, Mai 1983

1. Geben Sie die Hauptaussagen vorliegender Rezension wieder.
2. Überprüfen Sie bei einigen ausgewählten Hauptaussagen, wieweit sie durch den Textbefund der Erzählung gestützt werden.
3. Vergewissern Sie sich im Rückgriff auf Ihre Mitschriften, welche Textaussagen Sybille Cramer in ihrer Rezension übergeht und ob diese Auslassungen zu akzeptieren sind.

Die Konzeption der Kassandra-Figur

Berlin, 2. Januar 1981 Die Kassandra-Geschichte, wie sie sich mir jetzt darstellt: Kassandra, älteste und geliebteste Tochter des Königs Priamos von Troia, eine lebhafte, sozial und politisch interessierte Person,
5 will nicht, wie ihre Mutter Hekabe, wie ihre Schwestern, das Haus hüten, heiraten. Sie will etwas lernen. Für eine Frau von Stand ist Priesterin, Seherin der einzig mögliche Beruf (den in grauer Vorzeit überhaupt nur Frauen ausgeübt haben: als die oberste Göttin ei-
10 ne Frau war, Ge, Gaia, die Erdgöttin; ein Beruf, den im Verlauf anscheinend jahrtausendelanger Kämpfe Männer den Frauen streitig machten, in dem Maße, in dem Götter sich an die Stelle der Göttinnen schoben – wofür das Orakel von Delphi, das der Gott, Apol-
15 lon, direkt von Gaia übernimmt, ein schlagendes Beispiel ist). Dieser Beruf, ein Privileg, wird ihr zugeschoben: Sie soll ihn nach dem Herkommen ausfüllen. Genau dies muß sie verweigern – zuerst, weil sie auf ihre Art den Ihren, mit denen sie innig verquickt und
20 verbunden ist, am besten zu dienen meint; später, weil sie begreift, daß „die Ihren" nicht die Ihren sind. Ein schmerzhafter Loslösungsprozeß, in dessen Verlauf sie, wegen „Wahrheitssagen", zunächst für wahnsinnig erklärt, dann in den Turm geworfen wird – von ihrem geliebten Vater Priamos. Die Gesichte, von denen 25 sie überwältigt wird, haben nichts mehr mit den rituellen Orakelsprüchen zu tun: Sie „sieht" die Zukunft, weil sie den Mut hat, die wirklichen Verhältnisse der Gegenwart zu sehen. Das schafft sie nicht allein. Unter den heterogenen Gruppen im Palast und 30 um ihn – sozial und ethnisch heterogen – findet Kassandra Anschluß an Minderheiten. Dadurch begibt sie sich bewußt ins Abseits, entledigt sich aller Privilegien, setzt sich Verdächtigungen, Verhöhnungen, Verfolgungen aus: der Preis für ihre Unabhängigkeit. 35 Kein Selbstmitleid; sie lebt ihr Leben, auch im Krieg. Versucht, den Spruch aufzuheben, der über sie verhängt ist: daß sie zum Objekt gemacht werden soll. Am Ende ist sie allein, Beute der Eroberer ihrer Stadt. Sie weiß, daß es für sie keine lebbare Alternative ge- 40 geben hat. Die Selbstzerstörung Troias kam der Zerstörung durch den äußeren Feind entgegen. Eine Periode wird kommen, in der Machtstreben und Gewalt dominieren. Aber nicht alle Städte des ihr bekannten Erdkreises werden zerstört werden. 45

Aus: © Christa Wolf: Voraussetzungen einer Erzählung: Kassandra. Erschienen im Luchterhand Literaturverlag, München, einem Unternehmen der Verlagsgruppe Random House GmbH, S. 96–97.

☐ *Geben Sie die Hauptaussagen des vorliegenden Ausschnittes aus den „Voraussetzungen einer Erzählung: Kassandra" wieder und überprüfen Sie im Rückgriff auf die Erzählung, ob Christa Wolf ihr 1981 dargelegtes Konzept umsetzte.*

Die Bedeutung von Literatur

Tabula rasa

Hüten wir uns vor Verstiegenheiten. „Prosa" – das ist doch nichts anderes als eine Idee, eine Vorstellung, eine Abstraktion. Ihre Verkörperung wird auf dem
5 Markt in Form einer Ware gehandelt: als Buch. Dieser Vorgang, der ziemlich reibungslos funktioniert, wird nicht genügend bestaunt – wir haben uns daran gewöhnt, daß man uns Erfindungen, deren praktische Verwendbarkeit höchst zweifelhaft, wenn nicht aus-
10 geschlossen ist, zum Kauf anbietet. Manche Menschen haben die Stirn, ihre eigene Existenz auf diese höchst unseriöse Manipulation zu gründen: nicht nur Verleger, Drucker, Buchhändler und Propagandisten, sondern sogar Autoren sind so frei.
15 Leisten wir uns ein Gedankenexperiment. Eine Kraft, nicht näher zu bezeichnen, lösche durch Zauberschlag jede Spur aus, die sich durch Lesen von Prosabüchern in meinem Kopf eingegraben hat.
Was würde mir fehlen?
20 Die Antwort ist nicht nur mörderisch, sie ist auch unmöglich. Wenn einer sie geben könnte, wüßte man Genaueres über die Wirkungen von Literatur.
Beginne ich in mir abzutöten: das makellose, unschuldig leidende Schneewittchen und die böse Stief-
25 mutter, die am Ende in den glühenden Pantoffeln tanzt, so vernichte ich ein Ur-Muster, die lebenswichtige Grundüberzeugung vom unvermeidlichen Sieg des Guten über das Böse. Ich kenne auch keine Sagen, habe mir nie gewünscht, an der Seite des hür-
30 nenen[1] Siegfried dem Drachen gegenüberzutreten;

niemals bin ich von einem Rauschen im finstern Wald erschrocken: Rübezahl! Die Tierfabeln habe ich nie gelesen, ich verstehe nicht, was das heißen soll: „listig wie ein Fuchs", „mutig wie ein Löwe". Eulen-
35 spiegel kenne ich nicht, habe nicht gelacht über die Listen der Schwachen, mit denen sie die Mächtigen besiegen. Die Sieben Schwaben, die Schildbürger, Don Quijote, Gulliver, die Schöne Magelone – hinweg mit ihnen. Weg mit dem ohnmächtig donnernden
40 Zeus und der Weltesche Yggdrasil, weg mit Adam und Eva und dem Paradies. Nie ist eine Stadt mit Namen Troja um einer Frau willen bestürmt und eingenommen worden. Nie hat ein Doktor Faustus mit dem Teufel um seine Seele gerungen.
45 Arm, ausgeplündert, entblößt und ungefeit trete ich in mein zehntes Jahr. Brennende Tränen sind ungeweint geblieben; der Hexe im Märchenbuch wurden nicht die Augen ausgekratzt; die jubelnde Erleichterung über die Rettung eines Helden habe ich nicht kennengelernt; nie
50 bin ich zu den phantastischen Träumen angeregt worden, die ich mir im Dunkeln erzähle. Ich weiß nicht, daß Völker verschieden sind und doch einander ähnlich. Meine Moral ist nicht entwickelt, ich leide an geistiger Auszehrung, meine Phantasie ist verkümmert. Verglei-
55 chen, urteilen fällt mir schwer. Schön und häßlich, gut und böse sind schwankende, unsichere Begriffe.
Es steht schlecht um mich.
Wie soll ich ahnen, daß die Welt, in der ich lebe, dicht, bunt, üppig, von den merkwürdigsten Figuren bevöl-
60 kert ist? Daß sie voller Abenteuer steckt, die ausgerechnet auf mich gewartet haben?

Aus: © Christa Wolf: Lesen und Schreiben. Erschienen im Luchterhand Literaturverlag, München, einem Unternehmen der Verlagsgruppe Random House GmbH, S. 18f.

---

1 hürnen: altertümlich für „aus Horn" (in Anspielung auf die Unverwundbarkeit Siegfrieds)

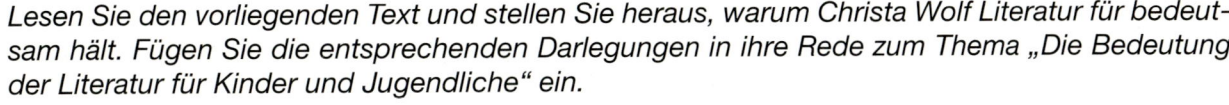 Lesen Sie den vorliegenden Text und stellen Sie heraus, warum Christa Wolf Literatur für bedeutsam hält. Fügen Sie die entsprechenden Darlegungen in ihre Rede zum Thema „Die Bedeutung der Literatur für Kinder und Jugendliche" ein.

Von der Unmöglichkeit, einen Mythos zu verfassen – ein Schüleraufsatz

Der Mythos kann nichts mehr erklären

Die Aufgabe, meine Version eines Mythos zu schreiben, kann ich nicht erfüllen, weil ich im Mythos keine Wahrheit an sich erkenne und mich daher mit keinem der im Unterricht behandelten Mythen identifizieren kann. Stattdessen versuche
5 ich eine Darstellung meines Mythologieverständnisses und die Erklärung dafür zu geben, warum ich den Mythos und die mythologische Darstellung nicht mehr für aktuell halte.

Meiner Meinung nach ist das Mythenverständnis eine Frage der Weltanschauung. Als grundsätzlich verschiedene Weltanschauungen und Erkenntnisformen
10 gibt es die mythisch-religiöse auf der einen und die wissenschaftliche auf der anderen Seite. Der Mythos ist wie die Wissenschaft eine Methode, die Welt zu erklären und zu interpretieren. Doch statt wie die Wissenschaft Tatsachen und Naturereignisse zu untersuchen und deren allgemeine Gesetze abzuleiten, werden im Mythos Tatsachen, Naturereignisse und Ideale symbolisch, bildhaft ausge-
15 drückt und personifiziert. Den stark religiösen Charakter der Mythen kann man daran erkennen, dass im alten Griechenland Naturereignisse Göttern zugeschrieben wurden (z.B. blitzschleudernder Zeus) und dass noch in späteren Zeiten alle unerklärlichen Dinge wie z.B. Entstehung der Welt, Tod, Leben nach dem Tod, durch Götter erklärt werden. Das sieht man besonders deutlich im Chris-
20 tentum und der Bibel, die aus vielen Mythen besteht, und alle diese Fragen zu beantworten versucht (Vater im Himmel, Schöpfer von Himmel und Erde, Heiliger Geist, etc.). Die Mythologie hat auch ihre Bedeutung in der Literatur als Symbol für Weltanschauungen, Ideale und ethische Vorstellungen des Autors.

Die einzige Möglichkeit, zu einer „Wahrheit" durch einen Mythos zu gelangen,
25 ist die Interpretation des Mythos. Man erhält dadurch Kenntnisse über die Geschichte, Philosophie, ethischen Vorstellungen und Ideale der Entstehungszeit des Mythos oder seiner literarischen Interpretationen. Zusammenfassend kann man sagen, dass der Mythos die Tatsachen nicht erklärt, sondern eher verschleiert. Da ich ein wissenschaftliches Weltbild habe und überzeugt davon bin,
30 dass alles wissenschaftlich erklärt werden kann, halte ich das Verfassen eines Mythos nicht für sinnvoll.

In: Harro Müller-Michaels: Deutschkurse. Frankfurt a.M. 1987, S. 191

☐ *In diesem Aufsatz erklärt ein Schüler, warum es ihm unmöglich ist, der Aufgabe nachzukommen, selbst einen überlieferten Mythos aus moderner Sicht zu gestalten. Stellen Sie sich vor, sie läsen diesen Aufsatz als Lehrperson. Versehen Sie den Aufsatz mit Randkorrekturen und schreiben Sie einen längeren Kommentar dazu. Wenn es Ihnen möglich erscheint, können Sie auch eine Note geben.*

Friedrich v. Schiller: Kassandra

Freude war in Trojas Hallen,
Eh die hohe Feste fiel,
Jubelhymnen hört man schallen
In der Saiten goldnes Spiel.
5 Alle Hände ruhen müde
Von dem tränenvollen Streit,
Weil der herrliche Pelide
Priams schöne Tochter freit.

Und geschmückt mit Lorbeerreisern,
10 Festlich wallet Schar auf Schar
Nach der Götter heilgen Häusern,
Zu des Thymbriers Altar.
Dumpf erbrausend durch die Gassen
Wälzt sich die bacchantische Lust,
15 Und in ihrem Schmerz verlassen
War nur eine traurge Brust.

Freudlos in der Freude Fülle,
Ungesellig und allein,
Wandelte Kassandra stille
20 In Apollos Lorbeerhain.
In des Waldes tiefste Gründe
Flüchtete die Seherin,
Und sie warf die Priesterbinde
Zu der Erde zürnend hin:

25 „Alles ist der Freude offen,
Alle Herzen sind beglückt,
Und die alten Eltern hoffen,
Und die Schwester steht geschmückt.
Ich allein muss einsam trauern,
30 Denn mich flieht der süße Wahn.
Und geflügelt diesen Mauern
Seh ich das Verderben nahn.

Eine Fackel seh ich glühen,
Aber nicht in Hymens Hand,
35 Nach den Wolken seh ich's ziehen,
Aber nicht wie Opferbrand.
Feste seh ich froh bereiten,
Doch im ahnungsvollen Geist
Hör ich schon des Gottes Schreiten,
40 Der sie jammervoll zerreißt.

Und sie schelten meine Klagen,
Und sie höhnen meinen Schmerz.
Einsam in die Wüste tragen
Muss ich mein gequältes Herz,
45 Von den Glücklichen gemieden
Und den Fröhlichen ein Spott!
Schweres hast du mir beschieden,
Pythischer, du arger Gott!

Dein Orakel zu verkünden,
50 Warum warfest du mich hin
In die Stadt der ewig Blinden

Mit dem aufgeschlossnen Sinn?
Warum gabst du mir zu sehen,
Was ich doch nicht wenden kann?
55 Das Verhängte muss geschehen,
Das Gefürchtete muss nahn.

Frommt's, den Schleier aufzuheben,
Wo das nahe Schrecknis droht?
Nur der Irrtum ist das Leben,
60 Und das Wissen ist der Tod.
Nimm, o nimm die traur'ge Klarheit,
Mir vom Aug den blut'gen Schein.
Schrecklich ist es, deiner Wahrheit
Sterbliches Gefäß zu sein.
65

Meine Blindheit gib mir wieder
Und den fröhlich dunkeln Sinn.
Nimmer sang ich freud'ge Lieder,
Seit ich deine Stimme bin.
Zukunft hast du mir gegeben,
70 Doch du nahmst den Augenblick,
Nahmst der Stunde fröhlich Leben,
Nimm dein falsch Geschenk zurück!

Nimmer mit dem Schmuck der Bräute
Kränzt ich mir das duft'ge Haar,
75 Seit ich deinem Dienst mich weihte
An dem traurigen Altar.
Meine Jugend war nur Weinen,
Und ich kannte nur den Schmerz,
Jede herbe Not der Meinen
80 Schlug an mein empfindend Herz.

Fröhlich seh ich die Gespielen,
Alles um mich lebt und liebt
In der Jugend Lustgefühlen,
Mir nur ist das Herz getrübt.
85 Mir erscheint der Lenz vergebens,
Der die Erde festlich schmückt,
Wer erfreute sich des Lebens,
Der in seine Tiefen blickt!

Selig preis ich Polyxenen
90 In des Herzens trunknem Wahn,
Denn den besten der Hellenen
Hofft sie bräutlich zu umfahn.[1]
Stolz ist ihre Brust gehoben,
Ihre Wonne fasst sie kaum,
95 Nicht euch Himmlische dort oben
Neidet sie in ihrem Traum.

Und auch ich hab ihn gesehen,
Den das Herz verlangend wählt,
Seine schönen Blicke flehen,
100 von der Liebe Glut beseelt.
Gerne möcht ich mit dem Gatten
In die heimsche Wohnung ziehn,

Doch es tritt ein styg'scher[2] Schatten
105 Nächtlich zwischen mich und ihn.
Ihre bleichen Larven alle
Sendet mir Proserpina,
Wo ich wandre, wo ich walle,
Stehen mir die Geister da.
110 In der Jugend frohe Spiele
Drängen sie sich grausend ein,
Ein entsetzliches Gewühle,
Nimmer kann ich fröhlich sein.

Und den Mordstahl seh ich blinken
115 Und das Mörderauge glühn,
Nicht zur Rechten, nicht zur Linken
Kann ich vor dem Schrecknis fliehn,
Nicht die Blicke darf ich wenden,
Wissend, schauend, unverwandt
120 Muss ich mein Geschick vollenden,
Fallend in dem fremden Land." –

Und noch hallen ihre Worte,
Horch! da dringt verworrner Ton
Fernher aus des Tempels Pforte,
Tot lag Thetis' großer Sohn!
125 Eris schüttelt ihre Schlangen.
Alle Götter fliehn davon,
Und des Donners Wolken hangen
Schwer herab auf Ilion.[3]

Aus: Friedrich Schiller: Werke in drei Bänden. Herausgegeben von Herbert G. Göpfert. Bd. II. München: Hanser 1966. S. 767 f.

☐ *Kennzeichnen Sie die inhaltlichen Schwerpunkte der Ballade.*

☐ *Weisen Sie nach, welche Elemente aus dem griechischen Mythos sich in Schillers Ballade wiederfinden lassen und welche er übergeht.*

☐ *Arbeiten Sie den Gegenstand der Klage Kassandras heraus. Leiten Sie daraus ab, welche Auffassung Schiller von der Figur vermittelt.*

---

[1] umfangen
[2] Styx ist der Fluss der Unterwelt. Seine Erwähnung zeigt die Nähe des Todes an.
[3] anderer Name für Troja, nach dem Stadtgründer Ilos

Gustav Schwab: Die Zerstörung Trojas

Textstelle 1
Auszug aus dem Kapitel *Priamos, Hekabe und Paris* (S. 261)

Paris lebte voll Hoffnung geraume Zeit als unerkannter Hirte auf den Höhen des Ida; aber da die Wünsche, welche die Göttin in ihm rege gemacht hatte, so lange nicht in Erfüllung gingen, vermählte er sich hier
5 mit einer schönen Jungfrau namens Oinone, die für die Tochter eines Flussgottes und einer Nymphe galt und mit welcher er auf dem Berge Ida bei seinen Herden glückliche Tage in der Verborgenheit verlebte. Endlich lockten ihn Leichenspiele, die der König Priamos
10 für einen verstorbenen Anverwandten hielt, in die Stadt hinab, die er früher nie betreten hatte. Priamos setzte nämlich bei dem Fest als Kampfpreis einen Stier aus, den er bei den Hirten des Ida von seinen Herden holen ließ. Nun traf es sich, dass gerade dieser
15 Stier der Lieblingsstier des Paris war, und da er ihn seinem Herrn und König nicht vorenthalten durfte, so beschloss er, wenigstens den Kampf um denselben zu versuchen. Hier siegte er in den Kampfspielen über alle seine Brüder, selbst über den hohen Hektor, der
20 der tapferste und herrlichste von ihnen war. Ein anderer mutiger Sohn des Königs Priamos, Deiphobos, von Zorn und Scham über seine Niederlage überwältigt, wollte den Hirtenjüngling niederstoßen. Dieser aber flüchtete sich zum Altar des Zeus, und die Tochter des Priamos, Kassandra, welche die Wahrsagergabe von den Göttern zum Geschenk erhalten hatte, erkannte in ihm ihren ausgesetzten Bruder. Nun umarmten ihn die Eltern, vergaßen über die Freude des Wiedersehens die verhängnisvolle Weissagung bei seiner Geburt und nahmen ihn als ihren Sohn auf.

Textstelle 2
Auszug aus dem Kapitel *Hektors Leichnam in Troja* (S. 409)

Hermes begleitete den König bis an die Furt des Skamander. Dort schied er aus dem Wagen und entfloh zum hohen Olymp. Priamos und der Herold aber trieben seufzend und wehklagend die Rosse mit dem Wagen
5 gen des Königs und die Maultiere mit dem Leichnam in die Stadt. Es war früher Morgen, alles lag noch im Schlummer, und niemand sah sie herankommen. Nur Kassandra hatte die Burg von Pergamos erstiegen und sah von fern ihren Vater im Wagensitze stehen, den
10 Herold mit dem Maultierwagen und in diesem auf Gewändern ausgestreckt den Leichnam. Da begann sie laut zu wehklagen und rief, dass es in der stillen Stadt widerhallte: „Schaut doch hin, ihr Troer und Troerinnen, dort kommt ja Hektor, ach nur der tote Hektor!
15 Habt ihr euch jemals über den Lebenden gefreut, wenn er siegreich aus der Feldschlacht zurückkehrte, so begrüßt jetzt auch den Toten."

Textstelle 3
Auszug aus dem Kapitel *Das hölzerne Pferd* (S. 459)

Aber die Trojaner waren fortan mit Blindheit geschlagen und führten das Ungeheuer jubelnd auf ihre heilige Burg. Mitten unter der Raserei der öffentlichen Freude blieb nur das Gemüt und der Geistesblick der Seherin Kassandra, der gottbegabten Königstochter
5 des trojanischen Hauses, ungetrübt. Nie sprach sie ein Wort aus, das nicht erfüllt worden wäre. Aber sie hatte das Unglück, niemals Glauben zu finden. So hatte sie auch jetzt unheilvolle Zeichen am Himmel und in der Natur beobachtet und stürzte mit flatternden Haaren, vom Geist der Weissagung getrieben, aus dem
10 Königspalast hervor; ihre Augen starrten in fieberhafter Glut, ihr Nacken wiegte sich hin und her wie ein Zweig im Windhauche, sie seufzte tief auf und rief durch die Gassen der Stadt: „Ihr Elenden, seht ihr
15 nicht, dass wir die Straße zum Hades hinunterwandeln? Dass wir am Rande des Verderbens stehen? Ich schaue die Stadt mit Feuer und Blut erfüllt, ich sehe es aus dem Bauch des Rosses hervorwallen, das ihr mit Jauchzen auf unsere Burg hinaufgeführt habt.
20 Doch ihr glaubt mir nicht, und wenn ich unzählige Worte spräche. Ihr seid den Erinnyen geweiht, die wegen Helenas frevelhafter Ehe Rache an euch nehmen."
Wirklich wurde die weissagende Jungfrau nur verlacht
25 oder geschmäht, und hier und da sprach einer der Vorbeikommenden zu ihr: „Hat dich denn die jungfräuliche Scham ganz verlassen, Kassandra? Bist du ganz irre geworden in deinem Geist, dass du dich öffentlich auf den Straßen herumtreiben magst und nicht
30 siehst, wie dich die Menschen verachten, törichte Schwätzerin? Kehre zurück in dein Haus, damit dich nicht Schlimmes treffe!"

Textstelle 4
Auszug aus dem Kapitel *Abfahrt von Troja. Der Tod des kleinen Ajax* (S. 467)

Wie die Helden nun voll Hoffnung und Sehnsucht vorwärts blickten, so schauten die gefangenen trojanischen Frauen und Jungfrauen mit bekümmertem Herzen rückwärts nach dem rauchenden Troja, und
5 verstohlen seufzten und weinten sie den verhaltenen Schmerz aus. Die Mädchen hatten die Hände in den Schoß gefaltet, die jungen Frauen hielten Kinder in den Armen. [...]
In der Mitte anderer Gefangener stand Kassandra, und
10 ihr edler Wuchs ragte hoch über die andern hervor. Aber ihr Auge war tränenlos und sie spottete über die Klage, die rings um sie her ertönte: denn jetzt war geschehen, was sie geweissagt hatte, und worüber sie von den Jammernden verlacht worden war. Nun höhn-

15 te wohl ihr Mund die Mitgefangenen, aber ihr Herz
blutete heimlich über das Unglück der zerstörten Va-
terstadt. [...]
Die Sieger hätten auch wirklich die Küste Griechen-
lands glücklich erreicht, wenn nicht Pallas Athene ih-
20 nen über die Untat des Lokrers Ajax gegrollt hätte. Als
sie nun an die stürmische Küste von Euböa gelangt
waren, sann die Göttin darauf, dem Sohne des Oileus
ein trauriges, unbarmherziges Los zu bereiten. Sie
hatte dem Göttervater im Olymp den Frevel geklagt,
25 den er in ihrem eigenen Tempel an ihrer Priesterin
Kassandra begangen hatte, und begehrte Rache an
dem Verbrecher zu nehmen. Und Zeus, der Verwalter
der Gerechtigkeit auf Erden, setzte sich ihren Wünschen nicht entgegen [...] und erlaubte seiner Tochter,
30 den Griechen einen verderblichen Sturm zu erregen.

Textstelle 5
Auszug aus dem Kapitel *Die letzten Tantaliden*
(S. 476)

Vor der Stadt Mykene kam ihm das gesamte Volk entgegen, an der Spitze sein Vetter Ägisthos, der im ganzen Land als königlicher Verwalter des Reiches galt.
Hierauf erschien auch, von den Frauen ihres Hauses
5 begleitet und von den streng bewachten Kindern umgeben, die Königin Klytämnestra. Wie man bei er-
heuchelter Freude zu tun pflegt, empfing sie den Ge-
mahl mit allen erdenklichen Ehrenbezeigungen und
mit übertriebener Ehrfurcht, ja, statt ihn zu empfan-
10 gen, warf sie sich vor ihm auf die Knie nieder und er-
goss sich in Beglückwünschungen und Lobsprüchen.
Agamemnon aber eilte freudig auf sie zu [...].
In seinem Gefolge befand sich auch Kassandra, die
weissagende Tochter des Priamos, die aus der Beute
15 dem Völkerfürsten zuteil geworden war, der sie aus
den ruchlosen Händen Ajax' des Lokrers befreit hat-

te. Sie saß mit gesenktem Haupt und niedergeschlagenen Augen auf einem hohen, auch mit anderer Beute beladenen Wagen. Als Klytämnestra die edle Gestalt der Jungfrau erblickte, überschlich sie ein Gefühl 20
der Eifersucht, zu dem sie freilich am wenigsten berechtigt war; aber gewaltiger noch befiel sie ein
Schreck, als sie den Namen der Gefangenen hörte und
erfahren hatte, dass sie die wahrsagende Priesterin der
Pallas in ihrem durch Ehebruch entweihten Hause be- 25
herbergen sollte. Die höchste Gefahr schien ihr des-
wegen, mit ihrem verruchten Vorhaben länger zu zö-
gern, und schnell war ihr arglistiger Entschluss
gefasst, die fremde Jungfrau in *einer* Stunde mit dem
Gatten zu vernichten. Doch verbarg sie ihr Inneres 30
sorgfältig vor der Seherin, und als der ganze Zug vor
dem Königspalast zu Mykene angekommen war, trat
sie freundlich an den Wagen heran und rief ihr zu:
„Steige herab, traurige Jungfrau, und unterdrücke deinen Kummer! Musste doch selbst Alkmenes unbe- 35
zwinglicher Sohn Herakles einst in die Knechtschaft
wandern und sein Haupt unter das Joch einer fremden
Herrin beugen! Wem das Schicksal einen solchen
Zwang zugedacht hat, der darf sich glücklich preisen,
wenn er unter Herren kommt, bei denen alter Reich- 40
tum zu Hause ist; denn wer das Glück erst kurz und
unverhofft geerntet hat, pflegt hart und übermütig gegen Knechte zu sein."
Kassandra verändert bei diesen Worten ihre Miene
nicht; lange blieb sie ohne Regung auf dem Stuhl ih- 45
res Wagens sitzen, die Dienerinnen mussten sie nötigen, ihren Platz zu verlassen. Endlich sprang sie vom
Sitz wie ein gescheuchtes Wild; ihr Herz wusste alles,
was ihr bevorstand; sie war gewiss, dass der Schluss
des Schicksals nicht zu ändern sei; und hätte sie ihn 50
hindern können, sie hätte der Rachegöttin den Feind
ihres Volkes nicht entziehen wollen, und weil er doch
ihr Retter war, so verdross es sie nicht, mit ihm zu sterben.

Aus: Gustav Schwab: Die schönsten Sagen des klassischen Altertums. Wien 1954

Peter Michael Hamel: Szenarium zu „Kassandra"

Dunkel. Schwarze Felsen. Gestein.
Im Hintergrund ein riesiges Augenpaar.
Kassandra allein.
Komposition MYKENE

5 Dämmerung, Lichtwechsel.
Mykenes Mauern und Geröll.
Hekuba und Kassandras Dienerin
mit den Kindern.
Komposition SEHERBLICK

10 Kassandras Dienerin spricht
ERWACHEND Hekuba spricht
MYKENE.

Auftritt der Frauen Trojas.
Bewacht vom Heer Agamemnons.
15 Kassandra wendet sich an ihre Mutter.
Komposition TROJA

Hekuba spricht
SONNFINSTERNIS

Kassandras Dienerin wendet sich
20 an Hekuba und spricht
TROJA

Gleißendes Licht.
Die Frauen von Troja erheben sich.
Komposition DURCHS TOR
25 Aschenregen.

Dunkel.
Jahrtausende vergehen.

Hekuba spricht
SEHERBLICK

30 Komposition SONNFINSTERNIS –
Kassandra und Frauen.

Hekuba und Kassandras Dienerin sprechen
DURCHS TOR

Lichtwechsel.
Dämmern, Wolken, Meer.
Komposition ERWACHEND –
Kassandra und Frauen.

Im Hintergrund das riesige Augenpaar.
Dunkel. Schwarze Felsen. Gestein.

Erich Arendt: SEHERBLICK

Augenlos
in erste
Schreckensstille: der Morgen.
Todhelle der
5 Wasser, ungreifbar
die andere Insel, wie sinkend,
wo nicht
Wind weht noch Same,
der Feuerflügel
10 des Mondes zerfällt.

Schierlingsmeer, tief
um Rippe und Hals, aber
dich trifft im Gehöhlten
weithin der Blick.
15 Schleierlos. Und Säule
um Säule gestürzt. Nur die nicht,
eine,
tönt wie aus
dem untersten
20 Unten, weiß in den Himmel.

Oben – gilt's dir? –
schnürt der Kreis,
ins Schattenlose der Geier, der
niederstößt, jäh,
25 auf den irren Handschuh
Leere, den
die Nacht am Ufer
verlor.
Du, im
30 Morgenzerwürfnis, fühl
die Spindel sich drehen,
im Fingerlosen im
Licht. Längst
die Aschenblume der Göttin
35 Staub dir –

Sehnsucht, die stirbt, nicht
sterben kann: zu landen
wieder! kommend
aus Asiens Toden, blutfarben
40 das Segel, zu scheitern
zu lieben zuletzt!
als wär der Tag
auf fraulicher Insel und
der Fels
45 stete Geburt.

Du aber, vor Zeit,
hast das kalte
Verrauchen geschmeckt,
das Grauen der Haut, eh
50 am Flügel der Helle
die Stirn
die Unaufhaltsamkeit spürt,
den eigenen
Tod.

55 Umarmtest du auch –
leer

unterm Lid ist
der Schatten. Wie
aus tantalidischem Aug hier
60 im Licht, das
aus Stein sich hebt
und Vergessen, der gleiche
wilde Schrecken,
lockt!

In: P. M. Hamel: Werkstattproduktion „Kassandra", Musiktheater. In sechs Gedichten von Erich Arendt. Operbonn 1989, S. 42f. und 14

Antike Vasen

Kalpis des Kleophrades-Malers

Halsamphora des Kassandra-Malers

Lebenslauf der Christa Wolf

Christa Wolf, geborene Ihlenfeld, wurde am 18. März 1929 in Landsberg an der Warthe geboren. Sie besuchte dort die Grund- und Oberschule und war Mitglied im BDM.

5 1945 floh die Familie Ihlenfeld nach Mecklenburg. Nach dem Abitur im Jahre 1949 begann Christa Wolf mit dem Studium der Germanistik. Jena und Leipzig waren ihre Studienorte. In jener Zeit trat sie auch der SED bei. 1951 heiratete sie Gerhard Wolf. Ihre Töchter wurden 1952 und 1956 geboren.

10 Von 1953 bis 1955 arbeitete Christa Wolf im Schriftstellerverband. 1956 bis 1962 war sie Verlagslektorin und Redakteurin in Ostberlin und Halle.

Die Familie Wolf zog 1962 nach Kleinmachnow bei Berlin. Als freie Schriftstellerin veröffentlichte die Autorin 1963 die Erzählung „Der geteilte Himmel".

15 Mit diesem Werk entsprach sie dem Bitterfelder Programm, das dazu aufrief, die Welt der Arbeiter aus ihrer Sicht zu gestalten. (Ein entsprechender Merksatz lautete: „Greif zur Feder, Kumpel!")

20 Mit ihrem Roman „Nachdenken über Christa T .“ erlangte Christa Wolf im Westen erhöhte Aufmerksamkeit. In der DDR ging die Veröffentlichung mit heftigen Querelen einher. Dass in diesem Roman die

25 Ansprüche des Individuums verteidigt, Misserfolge und Scheitern als notwendig für den Prozess der Subjektwerdung erklärt wurden, stand im Widerspruch zur herrschenden politischen Meinung.

In dem Roman „Kindheitsmuster", der 1976 erschien,

30 setzte sich die Autorin mit eigenen Erfahrungen im Nationalsozialismus auseinander.

Im selben Jahr unterzeichnete sie einen „Offenen Brief" gegen die Ausbürgerung des Liedersängers Wolf Biermann. Ihr Engagement führte zum Aus-

35 schluss aus dem Vorstand der Berliner Sektion des Schriftstellerverbandes.

In den folgenden Jahren wandte sich Christa Wolf mehrfach literarischen Stoffen der Vergangenheit zu. In der Erzählung „Kein Ort. Nirgends" (1979) be-

40 schreibt sie die Begegnung der beiden Künstler Kleist und Günderode zu Beginn des 19. Jahrhunderts. Die Erzählungen „Kassandra" (1983) und „Medea" (1996) basieren auf Stoffen aus der griechischen Mythologie. Auf vielen Lese- und Vortragsreisen ins westliche

45 Ausland versammelte Christa Wolf aufmerksame und begeisterte Zuhörer um sich. Angehörige der Friedensbewegung sahen in ihr eine Fürsprecherin. Die Parteiführung der DDR nahm diese Bejahung zwar mit Skepsis zur Kenntnis, genoss andererseits aber das Ansehen einer Künstlerin aus ihren Reihen.

50

55

60

1989 trat Christa Wolf aus der SED aus. Dennoch hielt sie an ihrer politischen Grundüberzeugung fest, dass der Sozialismus eine Staatsform sei, für die es sich lohne einzutreten. Noch am 4. November 1989, also vier Tage 65 vor dem Mauerfall, forderte Christa Wolf ihre Landsleute dazu auf, die DDR nicht zu verlassen, vielmehr an dem Aufbau einer besseren Gesellschaftsordnung mitzuarbeiten.

Die 1990 veröffentlichte Erzählung „Was bleibt" stieß 70 auf heftige Kritik. Christa Wolf, die Jahre vorher vorübergehend selbst im Dienst des Staatssicherheitsdienstes gestanden hatte, breitete in diesem Buch negative Erfahrungen mit der Überwachungsinstanz aus. Das wurde von ihren Gegnern als Versuch gedeutet, 75 sich politisch zu entlasten.

Seit dem Fall der Mauer sah sich die Schriftstellerin mit einer Situation konfrontiert, die eine grundsätzliche Neubesinnung auf ihre Aufgabe bedingte. War bislang, auch wenn es um die Darstellung privater 80 Konflikte ging, der Einsatz für eine bessere sozialistische Weltordnung der Tenor ihrer Äußerungen gewesen, so verlagerte sie den Akzent jetzt mehr auf die Sphäre des Privaten, ohne allerdings grundsätzlich gesellschaftliche Verantwortung aus dem Auge zu ver- 85 lieren.

In ihrer Erzählung „Leibhaftig", die 2001 erschien, steht das leidende Individuum im Vordergrund. Dennoch sind politische Überlegungen und die Verarbeitung des Vergangenen unüberhörbar. 90

Literaturhinweise

Christa Wolf: *Nachdenken über Christa T.* Neuwied und Berlin 1971

Christa Wolf: *Lesen und Schreiben.* Neue Sammlung. *Essays, Aufsätze, Reden.* Darmstadt und Neuwied 1980

Christa Wolf: *Kassandra. Vier Vorlesungen. Eine Erzählung.* Berlin (Ost) 1983

Christa Wolf: *Voraussetzungen einer Erzählung: Kassandra.* Darmstadt 1983

Christa Wolf: *Sommerstück.* Frankfurt a. M. 1989

Christa Wolf: *Kassandra.* München dtv 2002

Christa Wolf: *Kassandra (Ausschnitt).* Cotta's Hörbühne 1989

Arias, P. E.: *Tausend Jahre griechische Vasenkunst.* München 1960

Aischylos: *Die Orestie, Agamemnon, die Totenspende, Die Eumeniden.* Stuttgart 1999

Beazley, J. D. (Hrsg.): *Bilder griechischer Vasen.* Mainz 1974

Beitler, U. E.: Christa Wolf, Kassandra. In der Reihe Mentor Lektüre-Durchblick Bd. 318. München 1996

Boardman, J.: *Rotfigurige Vasen aus Athen. Die archaische Zeit.* Mainz 1981

Böcker, A.: *Kassandra – eine Identifikationsfigur?*

Bloch, E.: *Das Prinzip Hoffnung.* Frankfurt a. M. 1959

Cramer, S.: *Kassandra, eine weibliche Widerstandsfigur.* In: Frankfurter Rundschau Nr. 17, Mai 1983, zitiert nach: Henze 1986, S. 57

Dörfler, H.: *Moderne Romane im Unterricht.* Frankfurt a. M. 1988

Documentation: *Christa Wolf. Ein Gespräch über Kassandra.* The German Quarterly Nr 1. Cherry Hill 1984, S. 105–115

Ebener, D. (Hrsg.): *Griechische Lyrik.* Bayreuth 1985

Epple, Th.: *Der Aufstieg der Untergangsseherin Kassandra. Zum Wandel ihrer Interpretation vom 18. Jahrhundert bis zur Gegenwart.* Würzburg 1993

Gerdzen, R./Wöhler, K.: *Matriarchat und Patriarchat in Christa Wolfs „Kassandra".* Würzburg 1991

Grant, M./Hazel, J.: *Lexikon der antiken Mythen und Gestalten.* München 1980.

Grauert, W.: *Eine moderne Dissidentin. Zu Christa Wolfs Erzählung ‚Kassandra'.* In: Diskussion Deutsch 1987, Heft 97, S. 423–435

Girnus, W.: *Wer baute das siebentorige Theben? Kritische Bemerkungen zu Christa Wolfs Beitrag in ‚Sinn und Form' 1/83, S. 38ff.* Sinn und Form 35 (1983), S. 439–447

Hamel, P. M.: *Werkstattproduktion „Kassandra", Musiktheater. In sechs Gedichten von Erich Arendt,* Operbonn 1989.

Henze, H.: *Christa Wolf: „Kassandra".* In: Praxis Deutsch 1986, Heft 86, S. 52–57

Höfer, A.: *Von der Frau und vom Frieden. Eine Studie zu Christa Wolfs Erzählung „Kassandra".* In: Literatur für Leser 1989, Heft 3/4, S. 233–253

Homer: *Ilias.* In der Übertragung von W. Schadewaldt. Frankfurt am Main und Leipzig 1997

Jäger, M.: *Kassandra. Wider die Macht der Erfahrung. Mythos und Utopie.* In: Deutsches Sonntagsblatt vom 29.5.1983, zitiert nach Dörfler 1988, S. 230f.

Kampa, K.: *Christa Wolf, Medea. Stimmen.* Hrsg. von Diekhans, J. In der Reihe: Ein Fach Deutsch. Paderborn 2001

Kliewer, U.: *„Kassandra": Heute wissen wir alles besser. Voraussetzungen für ein Verständnis im historischen Kontext.* In: Praxis Deutsch 1995, Heft 133, S. 54–59

Kurscheidt, G.: *Zur Deutung der Figur in Schillers Gedicht.* In: Zeitschrift für deutsche Philologie 1990, Bd. 109 (Sonderheft)

Magenau, J.: *Christa Wolf: Eine Biographie.* Berlin 2002

Maisch, Ch.: *Ein schmaler Streifen Zukunft. Christa Wolfs Erzählung „Kassandra".* Würzburg 1986

Müller-Michaels, H.: *Deutschkurse. Modell und Erprobung.* Frankfurt a. M. 1987

Nickel-Bacon, I.: *Schmerz der Subjektwerdung: Ambivalenzen und Widersprüche in Christa Wolfs utopischer Novellistik.* In: Studien zur deutschsprachigen Gegenwartsliteratur. Band 18. Tübingen 2001.

Nicolai, Rosemarie: *Christa Wolf „Kassandra". Quellenstudien und Interpretationsansätze.* In: Literatur für Leser 1985, Heft 3, S. 137–155

Nicolai, R.: *Christa Wolf „Kassandra".* München 1995

Nossack, H. E.: *Kassandra.* In: *Die Erzählungen.* Frankfurt a. M. 1987, S.93–118

Ranke-Graves, R. v.: *Griechische Mythologie. Quellen und Deutung.* Reinbek 1984

Rico, Gabriele: *Garantiert schreiben lernen. Sprachliche Kreativität methodisch entwickeln – ein Intensivkurs auf der Grundlage der modernen Gehirnforschung.* Hamburg 1984

Schnaitmann, G. W. (Hrsg.): *Theorie und Praxis der Unterrichtsforschung.* Donauwörth 1996

Schwab, G.: *Die schönsten Sagen des klassischen Altertums.* Wien u. Heidelberg 1954

Schubert-Felmy, B. (Hrsg.): *Christa Wolfs Erzählung „Kassandra" Im Unterricht. Schüler stellen ihre Interpretationsergebnisse vor.* In: Literatur für Leser 1985, Heft 3, S. 156–170

Schubert-Felmy, B.: *Wege der Imagination – Lesewege.* Augsburg 2001

Stephan, A.: *Christa Wolf.* München 1987

Trendall, A. D.: *Rotfigurige Vasen aus Unteritalien und Sizilien.* Mainz 1989

Wermke, J.: *Hören – Horchen – Lauschen. Zur Hörästhetik als Aufgabenbereich des Deutschunterrichts unter besonderer Berücksichtigung der Umweltwahrnehmung.* In Spinner, K. H.: *Imaginative und emotionale Lernprozesse im Deutschunterricht.* Frankfurt a. M. 1995, S. 193–211

Wilpert v., G.: Lexikon der Weltliteratur. München 1997

Zimmer-Bradley, M.: *Die Feuer von Troja.* Frankfurt a. M. 1988